凤凰师轩

行知工程

行思讲坛系列

教师最应该规避的教育误区

杨坤道◎编著

江苏教育出版社

图书在版编目（CIP）数据

教师最应该规避的教育误区/杨坤道编著.
—南京：江苏教育出版社，2012.6
ISBN 978-7-5499-1797-6

Ⅰ.①教…　Ⅱ.①杨…　Ⅲ.①教育工作　Ⅳ.①G4

中国版本图书馆 CIP 数据核字（2012）第 082498 号

书　　名　教师最应该规避的教育误区
作　　者　杨坤道
责任编辑　翟晶晶　马春霞
出版发行　凤凰出版传媒集团
　　　　　　凤凰出版传媒股份有限公司
　　　　　　江苏教育出版社（南京市湖南路 1 号 A 楼　邮编 210009）
苏教网址　http：//www.1088.com.cn
集团网址　http：//www.ppm.cn
照　　排　润星之源文化有限公司
印　　刷　九洲财鑫印刷有限公司
厂　　址　河北省三河市灵山大口
开　　本　787×1092 毫米　1/16
印　　张　15.25
字　　数　246 千字
版　　次　2012 年 6 月第 1 版　2012 年 6 月第 1 次印刷
书　　号　ISBN 978-7-5499-1797-6
定　　价　30.00 元
邮购电话　025-85406265,85400774　短信　02585420909
E - mail　jsep@vip.163.com
盗版举报　025-83658837

教育是难的

（代 序）

一代人自由思考的成果是下一代人的常识性知识。

——马修·阿诺德[①]

教育是什么？历来众说纷纭、见仁见智。古希腊哲人柏拉图在《大希庇阿斯篇》中有一个著名命题：美是难的。如果将这一命题用于描述教育，同样贴切，那就是：教育是难的。

我一直相信：教育的智慧，既是先天禀赋，更是后天习得。总是在无法预知的时候——或是从书页间的一个段落，或是在人生长路上的一处转折，那智慧忽然来临，我们的心中霎时充满了可能是伴随着刺痛的狂喜，也可能是神圣而又甘美得无法言传的战栗，恍如有一种悲悯从高处对我们俯视，又恍如重逢那消逝已久的生命最初始时的美好世界。

这是种令人相对忘言、无处不在、无时不有的真实存在。

我一直坚信，教育的本质绝不是训诫或告诉人们应该去过哪一种生活，而是向人们揭示本来可以拥有哪些美好的生活，从而使人有可能把握自己的命运，创造自己的生活。

“教育”在古汉语中是“上施下效”的意思，在英语中是“抚育、自由生成”的意思，在德语中则有“引导、唤醒”的意味。那么，教育到底是什么？教育是生长、是唤醒、是解放，是清除杂草、瓦砾以及那些企图消解生命活力的要素，让生命重新释放光和热。因此，作为教育者，既要善于发现学生的个性和天赋，并予以培养、培育；又要注意保护学生的各方面素质，使其能够和谐发展。

---

① 马修·阿诺德（Matthew Aronld，1822～1888）英国近代诗人、教育家，评论家。

今天的基础教育，特别是小学教育，对所有弱小、无助的孩子而言，最应该得到保障的是孩子们的安全，身心的绝对安全。首先，必须保证他们远离所有的危险，保证他们在课堂上、课外活动时，都拥有人的珍贵的尊严，可以放心地行使自己所有的权利而无须担心任何体罚、斥责、谩骂与污辱；无论他们多么顽劣，智力上有多大的缺陷，行为由于无法自制的天性而多么严重地违反纪律，学校都不应当使他们感到恐惧，教师更不应当使他们感到恐惧。因为只有当孩子的内心有安全感时，才能真正使他们的想象力、批判力和创造力得到发展，才能真正有助于他们天性的不断成熟，才能真正让孩子从入学的第一天开始就充满了对人的信赖。

然而，令人遗憾的是，我们的教育现实却常常背离“关注人的健康成长及人生幸福”这一终极目标，而堕落为奴化和物化的工具。造成这些问题的原因或许有很多，但最根本的原因还是对人的漠视和遗忘。这种教育方式不是把人理解为机器，就是把人理解为具有某种附加值的动物，以及由此衍生出来的种种变种。它们的实质都是一样的，即以物的、非人的方式看待人，仅从实然的、既成的角度去理解人，由此把人看做僵化凝固的实体，而看不到人的精神建构，特别是人的批判、创造和超越的一面。于是，一个严重的问题就产生了，当我们试图通过教育去解放人时，却发现最需要首先应该解放的恰恰是教育本身。因为“教育”中已经没有“人”了，这不能不说是对教育的一个莫大讽刺。

从 2009 年开始，笔者在对国内近百所中小学校进行深入观察和实地调研之后，完成了《教师最应该规避的教育误区》的撰写。

首先，本书是为了那些结果导向的教育管理者，他们每天面对着问责的压力。要知道，无论是 7 岁的孩子，还是高中的学生，只要出现那种个性突出、全面发展的学生都不是偶然的，都是教师富有技巧的教学与细心的呵护使他们如花般绽放。因此，对教育管理者而言，识别和培养优秀教师是一种必备的技能。本书中的一些案例和信息，将会帮助教育管理者改进学校的教学管理，激励他们更好地指导和培训教师，并帮助他们在教学人事安排上作出合理的选择。

其次，本书也是为教师而撰写的。它既是为了那些刚入职的教师，他们往往正在探寻知识、经验和灵感，寻求自己对于正确路径的理解与选择；

也是为了那些富有经验的教师，以便使他们调整教育教学中的某些偏差、局限和不足，使其从事教学的内在动力仍然鲜活有力。

再次，引用一段苏霍姆林斯基的话与大家共勉："你是明天的教师，请记住：每一个儿童都是带着想好好学习的愿望来上学的，这种愿望像一颗耀眼的火星，照亮着儿童所关注的情感世界。他们以无比信任的心情把这颗火星交给我们——教师。这颗火星很容易被尖刻的、粗暴的、冷淡的、不信任的态度所熄灭。如果做教师的人，能够像儿童对待我们那样，把无限的信任相应地给予他们就好了！那将是一种富有人情的相互尊重的美妙的和谐。"

最后，本书甄选了广大一线教育工作者在教育实践中容易陷入的各类误区，并列举相关案例进行辅助说明，最后提出了教师避免相应误区的教育策略，希望能对一线教育工作者有所帮助。书中如有疏漏和不足之处欢迎读者批评指正。同时，本书引用了一些见诸著作、网络中的材料，在此对作者们一并衷心致谢！

杨坤道

2012年2月28日

目　录

误区 1 体罚

——以粗暴的教育方式扼杀学生的灵性

有一个小男孩，和同龄孩子相比，他并不聪明，他7岁上小学，成绩也不是很好。但他善于观察，勤于思考，脑子里经常装着很多稀奇古怪的问题。同学们都说他笨，老师也说他是个低能儿，还经常体罚他，这给他幼小的心灵造成了很大伤害。在学校学习不到三个月，小男孩就被迫退学了，为了躲开众人的嘲笑和老师的体罚，他再也没有去过学校。

正是这样一个在学校里被同学说笨、被老师体罚的小男孩，长大后为人类作出了巨大的贡献，并受到全世界人民的尊重。他就是伟大的发明家——爱迪生。

“你的教鞭下有瓦特，你的冷眼里有牛顿，你的讥笑里有爱迪生。”这是陶行知先生对教师的忠告。这句话提醒教师要做到“有教无类”，以博爱与宽容对待每一个学生。爱迪生的故事是对陶先生这句话的最好诠释，它也道出了教育的真谛：在教师的心里，要给每个学生都留有足够的尊重和爱，而不是为了维护所谓的“师道尊严”去体罚学生。

据一项中小学教育调查的统计结果显示，有54%的学生曾经受到过体罚和变相体罚，且小学生受体罚的现象尤为严重，这不能不引起广大教育工作者深思。一些教师在教学中实施体罚的原因到底是什么？他们或许不是为了体罚而体罚，也不是为了损伤学生的人格和尊严，更不单纯是为了使学生身体遭受痛苦……深究起来，造成教师体罚学生的因素有很多，也许有些教师还有不得已的苦衷。但不论是何种原因，体罚不仅会降低教师的威信，而且还表明了教师的无助与无能。如果教师简单地以体罚管教学生，把教育过程、教育手段一味地简单化、粗暴化，这往往会铸成一种错误的行为模式，其对学生的消极影响也是巨大的，甚至是学生一生都难以消除的影响。

（一）体罚伤及的不仅是学生的身体，更是心灵

案例一：

2004年4月9日下午，某县一小学一年级班主任兼语文教师陈老师在给学生讲授《红领巾》一课时，将全班学生分成四个小组来朗读课文。第一、二、三组学生由于得到陈老师的“引导”，能顺利地朗读下去。陈老师认为，在前三个小组轮流复读的情况下，第四小组应该是可以顺利完成的，谁料第四小组学生的朗读没有达到陈老师的要求。陈老师一气之下，将第一组9名学生叫上讲台，令其脱掉裤子露出屁股，强迫第四组6名学生（3男3女）去舔第一组学生的屁股，让这些学生“舔股思过”。

该县教育部门认为，陈老师身为共产党员、人民教师，其行为严重违反了教师的职业道德，社会影响十分恶劣。为了维护学校正常的教学秩序和学生合法权益，根据《中国共产党纪律处分条例》和《中华人民共和国教师法》的有关规定，该县教育局决定给予陈老师留党察看两年、降两级行政工资的处分，并在全县通报批评。

案例二：

2004年3月18日，某镇小学的语文教师刘老师给五年级一班上课，为了惩罚学生上课说话的行为，第一节课，刘老师让学生们站了一节课。站立期间，她不允许学生写字，一写字就动手打。第二节课开始后，她让前排左边的学生依次伸出手来，她则手持削笔刀在学生手心里划。第一个被划的是坐在教室前排最南头的赵某，老师划的时候用的是刀背，所以受伤并不很严重；第二个被划的学生就远没有那样“幸运”了，这次老师开始改用小刀的刀锋，学生被划得疼痛难忍，哭了起来，刘老师就一脸怒相地训斥道：“不许哭！”

有的学生迟迟不肯伸出手来，刘老师就威胁道：“不伸手就直接在脸上划！”学生们只好一一伸出手来。划到倒数第二排的一个男生时，该学生被吓得大小便失禁，最后晕了过去。旁边另一名男生挺身而出，说：“划我吧，

我替他接受惩罚！”结果老师就在这个男生手上深深地划了一道。被吓晕的学生得以幸免，他是全班42名学生中唯一一个没被划伤的学生。

事情发生后，镇派出所派人及时赶到学校进行处理。警方侦查情况时，刘老师称自己的“划手”动机是“为了让孩子们好好学习”。最后，刘老师被刑事拘留，该镇总校校长和该小学校长被撤职。

案例三：

14岁，对于一个女孩子来说是一个如花的年龄。她是某中学初三年级的学生，聪慧漂亮，成绩优异，有着和同龄孩子一样美好的憧憬……但这一切的美好，在2009年1月8日的清晨戛然而止。美好的破灭不是源自一场突如其来的车祸，也不是源自无情的疾病，而是来自班主任的一次体罚。

2009年1月7日晚自习时，她和班上的一个同学传纸条被班主任发现，当即遭到班主任的严厉批评。班主任当着全班50多名学生的面，伸手打了她，并命令她在教室门口站到晚自习结束。随后，班主任将她带到办公室谈话，并电话通知了她的母亲。班主任对她的母亲说明了情况，要求她的母亲好好教育她，并说如果她能够承认错误，明天还是可以回学校上课的。

1月8日早晨，她的母亲6点30分叫醒了她，她洗漱后一句话也没说就出门了。7点左右，楼下的邻居发现她躺在楼下，赶紧拨打了“120”，但一切已经太晚了。一个14岁的生命，从8楼绝望地坠下永远离开了生她养她爱她的亲人，也永远离开了她曾怀有无限憧憬的世界。

近年来，教师体罚学生的事件在各类新闻媒体上屡见不鲜。教师体罚花样百出，有罚站、踮脚、双塔（高举双手）、金鸡独立……这些体罚中的自罚行为还算是轻的，重的是由“行刑人”——教师亲自执行，比如打手心、扇耳光、打屁股、打腿、拧耳朵、敲头等。为配合体罚，还有一应俱全的“刑具”，比如扫帚、教鞭、棍子、板凳腿、黑板擦……不同的“酷刑”配有不同的“刑具”，用来惩罚不同的错误。

当我们一次次听到教师体罚学生的新闻时，内心禁不住要质疑有些教师的职业道德。学博为师，德高为范。一个冷酷的靠暴力教育学生的教师能承担“教师”这样的称号吗？教师的体罚行为归纳起来主要有三类：一是直接伤害学生的身体，如打耳光、扯耳朵、用教鞭抽等；二是侮辱学生的人格，如讽刺、嘲笑、谩骂、威胁等；三是对学生进行变相体罚，如罚站、罚写作业、罚劳动等。少数教师之所以会陷入体罚的误区，主要有以下几个方面的原因：

1. 竞争压力的驱使

义务教育实施以来，中小学取消了留级制度，学生无分一身轻，但教师却必须要有“分数”——社会各界依然在用升学率来评估学校和教师。升学率的高低、分数的多少决定了一个学校在社会上的声望，决定了教师的考核、晋级和聘任。一边是厌学的学生，一边是盯着分数的家长和社会，学校和教师就是这样在夹缝中艰难地生存着。

随着教育用人制度的改革，教师聘任制已成为现实。教师为了保住自己的饭碗，不得不想方设法提高教学成绩。随着时代的发展，学生的个性越来越强，也不再百分百依附老师，其中一些学生养成不好的学习习惯，扰乱课堂秩序，给教学带来了一定难度。少数教师因缺乏正确的教育手段，又为了维持正常的教学秩序，所以只能用体罚来管制学生。

2. 封建传统思想的影响

在封建社会，专制思想风行，教师不仅拥有教育学生的权利，也有惩罚学生的权力。

在中国早期的学校里，弟子的行为是受到严格控制的。教师控制学生行为的手段之一，便是体罚。在整个漫长的封建社会里，体罚被当作了教师的法宝。所谓“严师出高徒”“棍棒底下出孝子”“不打不成器”等封建教育思想源远流长，至今仍影响着一小部分教师。

3. 上层领导的纵容

个别学校领导对教师体罚学生的危害性重视不够，当出现教师体罚学生的问题时，学校领导会先袒护教师，这也是导致体罚增多的一个重要原因。

在一些教师的意识里，学生的任何错误都应遭受体罚，大到破坏课堂纪律，小到算错了题。最常看见的是发试卷时，教师会拿着教鞭，喊着名字让学生上讲台领试卷，除了考得特别好的少数几个学生，几乎所有学生都会挨上那么几鞭，即使是女生也不例外。有些教师为什么喜欢体罚学生呢？归纳起来主要有以下六种心态：

1. 情绪易冲动

这类教师体罚学生不是为了达到某个教育目的，他们在主观意念上是没有目的性的，体罚纯粹是自身的情绪波动、行为冲动的自然结果。比如在课堂上，一个学生不认真听课做小动作，教师批评后学生竟然顶嘴，态度不屑一顾，教师顿时就会怒火中烧，本能地一巴掌打过去……而这类教师往往会在事后感到后悔、沮丧："我怎么这么不理智啊！"

这种体罚行为一般不是教师有意为之的，其行为是被动的，是被自己过激情绪所控制的。此类行为一般较多地发生在初为人师的年轻教师身上，他们血气方刚，易冲动，有些还意志薄弱，他们常常会陷入感情用事的泥潭中，事前难以控制自己的情绪，事后又后悔自责，反反复复。

2. 为了师道尊严

少数教师常常会自认为所谓的"师道尊严"被学生伤害了，个人的人格自尊被学生践踏了，或在工作上想争取的某些"名利"被学生扯了后腿等，因此对学生采取体罚行为。

这类教师的主观目的是很明确的，他们不是为了"教育学生"，而是出于对学生的排斥和憎恨，通过对学生肉体的打击折磨，以求得自己心理上某些快感的满足和怒气的发泄，借以维护自己的尊严。

3. 源于心理障碍和心理问题的体罚

当一般的体罚行为达不到这类教师的心理需求时，他们就会变着花样来加大体罚力度，想方设法地让学生在身心上都受到伤害。学生的痛苦越多，他们就越有兴奋感。

这类教师要么师德低下，要么品行恶劣，要么在心理上或多或少存在着某些缺陷和问题，因而把自己的不满以及烦躁、焦虑、压抑的情绪发泄在学生身上。很多时候，他们还会因此失去"理智"，做出在旁人看来不可理喻的事情。

4. "学生不打不成器"的思想在作祟

少数教师体罚学生，是因为其骨子里崇尚"学生不打不成器""学生不打不怕你"的观念。学生有"问题"出现，尤其是"屡教不改"时，这类教师就会采用"武力"来威慑，使学生尝到肉体上的痛苦，从而企图达到让学生服从、屈服、害怕的目的。

但这类教师体罚时通常都会考虑到学生的承受能力，因"生"施"罚"，大都是打学生的手掌心、臀部等非要害部位。学生对这类教师的体罚一旦有了耐受力，就会产生"免疫力"，教师所谓的"震慑"也就形同虚设，这类教师也会顿时变得无计可施，无可奈何。

5. 摆样子，敷衍应付

这类体罚是少数教师敷衍应付“问题生”的一种惯常手段，此类教师已不再考虑体罚能否有效，反正只要学生出了难以处理的“问题”就打，打完就算把“问题”处理完毕了。说得直白一点，这只不过是教师在向全体学生摆摆“教育”的样子，搞搞形式上的交代。

这类教师往往对工作不求有什么成绩，不想有什么突破，只求做一天和尚撞一天钟，得过且过。

6. 情绪焦虑，出于苦闷发泄

这种类型的体罚，既有教师情绪冲动的成分，更有教师心情忧愁压抑的成分。如果学生所犯的“问题”恰巧碰上这类教师心情糟糕的时候，他们就会被无辜地点燃体罚的“导火线”。

在这类教师的影响下，学生一般也会受到感染，变得焦虑不安、提心吊胆、带有攻击性等。

7. 巧“罚”可以帮助教育

持这种心态的教师会强调，只要通过自己艺术地处理，很有技巧地把“体罚”融入教育，就能让学生体会到教师对他的好，从而被“罚”得心服口服，进而改变存在的“问题”。

这类教师往往对教师职业充满热忱，热爱学生，关注学生，对“体罚”具有主观能动性，能见机而行，随机应变，在教育技巧上有着自己丰富的“经验”。但这样的教师毕竟是少数，尤其能把“体罚”运用自如的更是少数，很多教师也往往出于好心，由于经验不足等原因，很难把握体罚的尺度，一不小心就变得事与愿违。

体罚不像其他教育手段，一旦失误，给学生及师生关系造成的伤害也是无法挽回的。

首先，体罚会导致学生的攻击性行为。因为教师是学生潜在的榜样，倘若教师常使用体罚解决大多数问题，学生就有可能以同样的方式解决自己的问题。其次，体罚还能引起学生的抵触和粗暴的报复，也会在其他学生中引发消极影响。另外，体罚还会损害学生的自尊心，甚至给学生造成生理伤害，严重影响他们的身心健康。所以，教师要意识到体罚的危害性，完善自己的教育手法以规避体罚。

（二）纠错有术，罚有讲究

河北省承德市第七中学有位学生叫小阔，他非常调皮，经常在课堂上故意“为难”老师，遇到脾气稍不好的老师，小阔难免会被体罚，因为他实在是太“可气”了。但教他语文的邱焱老师却有一件非常有效的教育法宝，那就是采用迂回的批评方式。

片断一：

一日，邱老师讲《诗经二首》之《关雎》篇。她问：“诗中描写小伙子追求心上人，而未达到目的时的苦闷心情的是哪几句？谁愿意来回答？”估计是同学们不好意思回答，所以无人举手。

邱老师开始点将，叫了女孩小洋。没等小洋回答，小阔就接茬道：“嘿，小黑，叫你呢。”原来，由于小洋皮肤偏黑，所以大家送给她一个外号“小黑”。在同学们的哄笑中，小洋的脸一下子红了。

邱老师心想，小女孩受了奚落，心里肯定不好受。怎样才能既保护小阔的自尊心，又惩治他对别人的无礼呢？她说：“刚才我们班杀出一匹黑马来，现在就请这位黑马王子——小黑——小阔来回答。”全班同学一听邱老师的话立即笑倒。只见那小阔——黑马王子——小黑，闪动着黑黑的眼睛，嘿嘿地笑着，狡黠地望着邱老师，转而做一脸讨好状。

邱老师不禁暗笑：看你今后再叫谁“小黑”，这就叫“以黑制黑”！

片断二：

一日，讲一篇写景课文时，邱老师用一段话来煽情：“这里是一片绝尘净域，美得让你一听倾心，一见钟情；这里是一方旷古秘境，神奇得让你如梦如幻，如痴如醉。”话音刚落，小阔站起来就问：“老师，可以提个问题吗？什么叫‘一见钟情’？”

一个九年级的学生，怎么会不知道什么是“一见钟情”呢？他分明在哗众取宠。如果邱老师说不知道，那太没面子了；如果真要给他一个正经解释，岂不是合了他的心意？你看这小阔多么的“可气”，但邱老师并没有生气，她眉头一皱，计上心来，说：“所谓‘一见钟情’，就是老师在第一次见到小阔的时候，就喜欢上小阔了。”说完，下课铃声响起。邱老师故意昂首挺胸，目不斜视，扬长而去。教室里一阵排山倒海似的笑声。

片断三：

第一单元作文题目是《让我如此感动》，邱老师给学生开拓写作思路："这种类型的题目，我们可以写亲情、写友情，还可以写师生情等人间真情。""老师，可以写爱情吗？"不用看是谁，单听声音就知道又是那个小阔，他又拿老师开涮。如果邱老师说不能写爱情，好像是老师在束缚学生的写作思路；如果邱老师说能写，似乎又在鼓励学生早恋。一个念头迅速在邱老师脑海闪过，她打定了主意，深沉而平静地说："如果你能将老师感动了，你可以写。"

习作收上来了，小阔之爱情篇《一见钟情》精彩出炉。他写的初恋竟让邱老师联想起自己的中学时代，这孩子真是个怪才！让邱老师吃惊的是，文末他写了这样一句话："老师，我发誓再也不和您捣乱了。"好有个性。不过令邱老师没想到的是，快中学毕业了小阔依然很守纪律。

遇到小阔这样调皮的学生，有些教师即使不敲他一脑瓜或扇他一耳光，至少也会当场呵斥，严厉制止。但案例中的邱焱老师却用她的机智幽默一次次巧妙地化解了他的捣乱，还达到了良好的教育目的，最终使他认识到捣乱行为的不对。教师笑着看学生，学生就会笑着看教师。幽默是一种艺术，更是一种力量，用于惩戒，有时比体罚更有效。

奖赏和惩罚是常用的教育手段。在教育呼唤爱心与赏识教育的今天，奖赏更符合以人为本的理念，应该大力提倡；但教育只靠赏识是远远不够的，它也必须要有相应的惩戒手段加以辅助。这个惩戒不是提倡使用体罚，而是提倡如案例中邱焱老师这样机智的惩戒方法，即做到纠错有术，罚有讲究。

奖赏给予学生的是高兴、满足、自信、成功等快感，使学生步入良性发展的轨道。惩罚虽然给学生以难过、羞愧、后悔、内省等负面情感因素，却也会如一剂治病救人的对症良药。正是由于这两种不同色彩的情感叠加，才促使学生逐渐明白如何珍惜奖赏，避免惩罚，从而不断完善自我。

惩罚虽然有批评、否定、处罚、劝诫等含义，但也蕴涵着爱、尊重、宽容和期待。如果没有爱，教师又何必使用惩罚？如果没有尊重，教师岂不成了动辄责骂的封建式家长？如果没有宽容，教师干脆把学生一棒子打死；如果没有期待，教师又何必煞费苦心？

教育需要惩罚，但不需要体罚，高明的、睿智的、适当的惩罚是一种内敛的"偏爱"，并非所有的学生都能享受到如此的"偏爱"，教师的这种"偏爱”应该让学生对它记忆深刻，理解透彻，感激不尽。这才是一个教师最成功的惩戒教育。

（三）走出体罚误区的策略

《中华人民共和国义务教育法实施细则》第 22 条规定：“实施义务教育学校的教育教学工作，应当适应全体学生身心发展的需要。学校和教师不得对学生实施体罚、变相体罚或者其他侮辱人格尊严的行为。”第 42 条又规定：“对体罚学生情节严重的，应视其情况给予处罚。”这是不是表明教师体罚学生的情况就不存在了呢？回答是否定的。那么，如何才能避免教师做出体罚学生的行为呢？

1. 倡导“爱”的教育，转变落后教育方式

教师应学会剖析学生的成长轨迹，明白不良惩罚并不能唤醒学生，只会让学生在迷途中越走越远。

教师应学习爱的教育，并多看多研究成功的教育案例，从中认识“爱”才是古今中外教育成功的真谛。在教育过程中，教师可以通过学习、思考、讨论剖析等方式，提高学生的认识，形成正确的观点，从而让学生由他律到自律。

2. 学习课堂控制艺术，提高科学教育手段

缺乏科学的教育是产生体罚的重要原因。教师应运用多种途径学习课堂控制艺术，提高自身的教育素养，以便依据学生的心理特点、行为特征采取行之有效的教育方法和教育手段，以避免体罚。

为了提升教育艺术，教师平时可以多看一些教育书籍，并向身边的名师学习，学习他们的教育技艺和成功之处；还可以向中外教育名家学习，汲取名家的教育艺术精华，逐步积累各种教育方法和教育手段。

3. 学习教育学、心理学，做理论与实践并重的教师

教师应学习教育学、心理学，正确认识学生的所思、所想及行为表现特点。对学生经常表现出的一些不良言行，教师既需要了解，更需要理解，为采取恰当的教育方法奠定心理基础。为了避免体罚，教师还要不断自我探索与创新。

4. 对严重违纪学生的处理小技巧

有时对某些学生光靠说服教育很难奏效，甚至无效，这时教师采用一定

的惩戒手段，是完全可以的。以下是既可以达到惩戒学生又能避免体罚的一些行之有效的小技巧：

（1）教师事先可在班内制订一些纪律，如魏书生所说的“对于迟到的同学的处理就是在休息时给大家唱一首歌，稍严重的违纪就要求学生做一件好事”等。这些惩戒手段，可由学生自己讨论通过，借助集体力量来约束学生。

（2）在教师在场的情况下，将学生留滞在办公室，并对其进行训导或令其自我反省、写出检查，帮其分析错误原因及改进方法。

（3）对于有重大违纪、攻击性强的学生，教师可通知家长到校，由学校、老师、家长三方面密切合作，协调教育，必要时还可以用停课反省的方式来对其进行矫正。矫正攻击性行为有效的方法主要有：创设适宜的环境；教会他们宣泄侵犯性情感；干预他们的侵犯事实；培养他们的自我控制能力；心理调节法；自我教育法；增加学校生活的吸引力；开展青春期教育等。

总之，要根据学生心理发展规律，耐心、细致地做工作，通过奖励、批评教育、沟通等对其进行矫正，以转化学生的不良行为。

5. 提高素质，综合利用多种教育手段

师者，传道、授业、解惑。教师要让自己具备扎实渊博的知识、高尚的道德情操、丰富的教育教学手段和灵活多样的教育方法，才能掌控自己的情感，才能不以体罚学生来发泄自己的不良情绪。

同时，作为一名合格的教师，还应掌握灵活的教育方法，善于处理各种突发事件和教育过程中遇到的其他问题。教师对学生既要尊重信任，又要严格要求、防微杜渐；既要一视同仁、面向全体，又要区别对待、因材施教；既要适时适度，又要持之以恒；既要重视学习，又要注重品德、体质的发展。

6. 学法守法，做懂法教师

教师要经常学习《教育法》和《未成年人保护法》，在思想上要有足够的重视，自觉禁止使用体罚，做懂法教师。

体罚，作为一种具有严重病理的教育方法（或者手段），已经在大多数国家被宣布为非法行为。学生是未来和希望，作为教师应对其多一点耐心、关心和爱心，努力用知识和美德去点燃学生智慧的火把，让体罚远离学生。

误区 2 不沟通

——不知学生所思所想，教育无的放矢

小公主病了，她娇憨地告诉国王，如果她能拥有月亮，病就会好。国王立刻召集全国的聪明智士，要他们想办法拿到月亮。总理大臣、魔法师和数学家都说，月亮在几十万公里之外，而且还很大，不可能有人能拿下它。

国王又气又恼，叫宫廷小丑来给他解闷。小丑得知情况后，心想：月亮的大小和材质每个人想的都不一样，当务之急便是要弄清楚公主心目中的月亮到底是什么。

于是，小丑来到公主的房间探望公主，并问她："月亮有多大？"公主回答说："月亮比我拇指的指甲还小一点，因为我只要把拇指的指甲对着月亮就可以把它遮住了。"

"用什么做的呢？"

"当然是金子！"公主斩钉截铁地回答。

小丑立刻找金匠打了个小月亮，穿上金链子，给公主当项链。公主很高兴，第二天病就好了。

这个故事告诉我们，不沟通就不会了解他人的真实需求。完全按照自己的意愿做事，结果不论多么努力，效果总是不好。师生之间也是如此，有沟通才会彼此了解，才会知道彼此的需求，教育才会变得有的放矢。

目前，现行教育的问题在很大程度上是沟通的问题。在教育中如果师生间缺乏沟通，学生的"心事"，教师永远猜不明白，而教师的"好意"，学生也永远弄不懂，这样双方都互相埋怨并都深陷在苦恼中，最终只有令教师失

望、学生伤心。

(一) 教育盲目的根源是不沟通或不善沟通

片断一：不沟通，令师生间高墙筑起

某老师当了两年的班主任，平时有课就到学校，下课就走，从不与学生谈心，更不做家访。到了第三年，师生关系因此变得异常紧张，学生和家长都不知道这个老师除了教书还会不会点别的，也因此许多家长经常到学校、教育局去告这个教师的状。学生开始与老师为敌，经常在课堂上故意起哄，使老师无法正常上课。学校迫于压力，最终撤销了该老师的班主任一职。从此，他的教学任务也变得越来越少。

不沟通，让学生和教师之间仿佛隔着一堵墙，谁也猜不透谁的心思。学生牢骚满腹，教师也有不满和失望。长此以往，不论是教育还是教学都无法正常进行。

造成以上情况的原因，主要有以下两点：

1. 错误的师生观

中国历来的教育强调“师道尊严”，甚至有“一日为师，终身为父”的说法。这些说法原本都只是出于对教师的尊重而提出来的，但久而久之却转化成了一种畸形的师生观，即认为教师在学生面前是高高在上的，认为师生之间是命令与服从的关系。

时至今日，虽然提倡“师生平等，要建立民主的师生关系”，但还是有部分教师不能摆脱错误师生观的影响，在对待学生时常常表现出专制、霸道、控制和命令的态度，持这种观点的教师当然很难和学生进行有效的沟通。

2. 独断专行

在实际的教育活动中，教师遇到的教育问题一般都很琐碎，需要灵活处理，当系统的理论无法具体有效地解决这些问题时，有些教师就只好按照自己的习惯来处理，在处理问题时教师往往单方面作出决定，学生因此常常埋怨教师不理解、不尊重自己。其实教师大多都能了解学生的需要，也想去满足他们，但因为不善于与学生沟通，所以他们也不知道该如何去满足学生的要求。

片断二：教师如果居高临下，会令学生更加逆反

小磊是小学二年级的学生，他的道德品行、行为习惯、学习成绩等各方面表现都比较差。他的班主任一见到他就头痛，并且经常盛气凌人地批评、指责他，从不给小磊辩解的机会。这令小磊对班主任很反感，也最终导致他厌学、逃学。

“你为什么总是犯这样的错误?”“你应该……”“如果你听从我的劝告，就会……”“你必须……”等，这些是小磊班主任在与小磊沟通时常用的语言。

一些教师往往把自己的位置摆得很高，因为他们认为学生终究是学生，与自己比实在是“差”得太远，没有必要和学生进行平等对话。这是这些教师内心惧怕失去传统赋予的权威地位，而有意识地不敢放下身段与学生进行平等沟通所造成的。

这种居高临下的单向沟通方式会令教师在批评学生时，做出不注意时间、地点、场合的举动，造成没有深入调查和分析就处理问题的不公现象，有的教师甚至在遇事不顺时把个人情绪带入课堂，对学生进行过多的惩罚和指责，这必然会伤害、挫伤学生的自尊心。

片断三：教师不重视学生的沟通意愿，终酿悲剧

2007年，广东某校的一名男生曾向班主任反映自己遭遇几个同学索要保护费的问题，并向班主任寻求帮助。但班主任并没有对此给予足够的重视，也没有想过跟这名男生好好沟通并探讨解决问题的办法，而是对此一言带过。

随着该男生被勒索的次数增多，在他完全失去对班主任的信任后，他“逼不得已”做出了可怕的事情——用铅笔刀分别刺死刺伤了6名同学。

案例中的事件足以引起教师的反思——教师对学生的沟通意愿应该给予足够的重视，如果漠然视之，就有可能酿成严重的后果。

在学生的心目中，教师应是负责任、值得信任、能给学生帮助的人。如果教师对学生的心事视而不见，对学生毫无倾听和交谈的意愿，那么学生就会对教师失去信任而按自己不成熟的意愿行事。而这所导致的后果也许会令人痛心。

在教育活动中交往的主体是教师与学生，其交往过程服务于教育目标，通过信息交流实现双方互动，以达成共识、共享、共进。如果在教育的过程

中，主体间没有交往，就不会有真正意义上的良好教育。

良好的沟通，既是教育的核心、教育的条件，也是教育的内容和手段。而现状是，有些教师不仅不善于与学生沟通，而且不愿意与学生沟通，更不敢在学生面前敞开心扉。由此可见，我们很多教师都缺乏积极的沟通意识、能力和技巧。

教师容易走入不沟通或不善沟通误区的原因还有以下几个方面：

1. 习惯用嘲讽的语气

上课铃响了，教室里乱哄哄的，老师整顿了好几次课堂纪律都没有效果。此时一名女生站了起来，大喊了几声："安静，老师在等上课了！安静，不要再讲话了！"可还是一点效果也没有。这时，老师拍了两下桌子，当着全班学生的面对着那个站起来的女生喊道："你给我闭嘴，全班就你最吵，上课了还叫那么大声，你以为你是谁啊，真正的老师是我，轮不到你讲话！"该女生委屈得一句话也没说就坐下了。

案例中的女生本想帮老师维持纪律，可没想到老师反倒批评了自己。不论这名同学在方法上是对还是错，她都是出于好意，想帮自己的老师做点事。而不会沟通的教师往往就会随口说出这类嘲讽的话伤害到学生。

2. 走入"说教"的误区

我们经常会看到这样一种情况：办公室里，老师坐在办公桌前，旁边站着一个低着头的学生，学生一句话也不说，老师对着学生滔滔不绝："你都这么大了，怎么总是记不住，我跟你说过的事要自己记得去做，不要每次都让别人提醒你，自己要好好想想……"

教师这样做虽然是出于对学生的关心，想让学生做得好一点，但是其在沟通上却陷入了说教的误区。因为反复的诉说，只会让学生觉得教师很烦，从而让学生产生逆反心理，最后把教师讲的话当耳边风。

3. "命令"式的沟通僵局

"这张纸是在你的座位底下，你就必须把它拣起来！""轮不到你讲话，这里不是你的家！"等这样的命令式的语言会让人觉得学生就必须顺从教师，教师是主体，不用在意学生的感受和需求。这样的沟通方式也会使学生对教师产生距离感，甚至是怨恨、恼怒和敌对的情绪。

在这种沟通方式下，有的学生会顶撞、抗拒，甚至故意惹老师生气，当师生间的沟通变得僵化时，教师只有采取请家长的方式来解决了，结果是学生被家长和老师批评。这种做法不仅解决不了学生的问题，而且只会让学生更加反感教师，最后导致学生不再愿意与教师做任何交流。

4. 泛泛之辞，让学生有被敷衍的感觉

“没关系，回去好好休息休息，明天就好了。”

“没关系，一步一步来，你的路还长着呢。”

“不要难过，每天的太阳都是新的，明天你就会好起来。”

……

沟通是师生双方共同的事情，沟通需要教师以心换心、以真诚的爱来赢得学生的尊重和爱戴。没有沟通，就不会有和谐融洽的师生关系。倘若教师与学生不能适时有效地沟通，就会使学生产生对教师的不理解，而学生自身出现的一些诸如情绪焦虑、精神抑郁、态度散漫等问题也就无法得到解决。

在学生生理、心理发展的起始时期，存在很多影响学生生理、心理发展的不稳定的因素，学生稚嫩的心灵很容易受其干扰和伤害。学生的大部分时间是在学校里度过的，其言行举止、心理、情感无一不受到教师的影响。所以，教师在日常工作中只有“眼观六路、耳听八方”，及时了解学生或积极或消极的表现，并与学生进行必要、适时的沟通与交流，才不至于导致各种不良后果甚至不堪设想的局面出现。

教师如果经常说以上所列举的对解决问题没有什么实质性作用的话，学生就会怀疑老师是否是在敷衍自己，对自己不重视、不关心，不喜欢自己。长此以往，师生关系就会不融洽，师生之间的隔阂也将日益加深。

“通”则“不痛”，“痛”则“不通”。通过沟通，教师可以走进学生的内心世界，也可以让学生真正理解教师；通过沟通，师生之间才能彻底拆除妨碍情感交流的墙，才能形成良好的教育网络，才能促进教育目标的顺利实现。

（二）巧妙沟通可以化干戈为玉帛

一天清晨，孙老师听班长说班上的小石同学受了很大的委屈，他的妈妈今天可能会过来跟老师理论。经了解，原来前一天的晚上在张老师值日时，他发现小石他们的寝室在熄灯铃响过后，还有好几个学生站在床边聊天，没有要睡觉的意思，于是张老师批评了他们，同时推了小石一下，叫他马上上床睡觉，而小石在被推后差一点摔倒在床上，他因此感觉非常委屈，认为老师故意整他，当晚就打电话告诉了妈妈，妈妈以为儿子被老师打了，所以答应儿子第二天过来找学校理论。

小石一家共四口人，他、父母和一个姐姐。他父母的关系一直不好，他们在家里基本上是一天一小吵，两天一大吵。每次父母吵架时，姐姐就会站在母亲那边，而小石则对此不闻不问，忍无可忍时就大喝一声，这时“战争”就会在他的干预下戛然而止。父母唯一的共同点就是过分溺爱儿子。父亲在溺爱中选择了放纵，母亲则在溺爱中望子成龙，小石从小就在父母这种矛盾的教育观中成长。所以，小石的性格也就变得比较怪异。

知道事情的前因后果后，孙老师赶在小石的妈妈到来前，把小石叫到了办公室，并与他进行了如下沟通：

师：小石，就昨晚的事我们谈谈吧，怎么样？没有摔着吧？是不是很生气？

生：当然生气了，那个张老师总是欺负老实人。（他还列举了很多他认为张老师欺负“老实人”的例子）

师：真有这事呀，那倒真的是很让人生气，怪不得你会找妈妈，要是我也会的，我能理解你的感受。

生：就是，看我人小又老实就欺负我，我可从小到大没被人这样骂过，还推我，我要是摔伤了他要怎么负责？

师：其实老师也没有故意要推你的意思，只是他刚好站在你旁边，就顺手推了你想让你赶紧上床睡觉，可能由于他是学机械的，所以力气比较大吧。（这样说时，孙老师在他的肩上拍了两下）

师：怎么样，我是学数学的，力气是不是不如张老师的大呀？（这时小石的脸上已露出了些许微笑）其实我知道你并不想怎么样，只是心里觉得很委屈才跟妈妈讲的。但是你有没有想过，假如你是值日老师，你能不能容忍在熄灯铃响过后寝室里还是吵吵闹闹的呢？

生：……

接着，孙老师给小石分析了张老师会批评他的原因，并告诉他张老师的这种做法是负责任的表现。当然，张老师推学生是不对的，而他不按时就寝的做法同样也是错误的。

通过这次巧妙的沟通，小石认识到自己在这件事情上有做得不对的地方，并原谅了张老师的做法。在小石的妈妈来到学校后，小石主动跟妈妈说明了事情的原委，从而避免了不必要的误会。从那以后，小石基本上都能做到按时就寝，并以积极的态度面对张老师，在校园内外遇到张老师时也能主动向张老师问好。

案例中孙老师先站在学生的角度——“真有这事呀，那倒真的是很让人生气，怪不得你会找妈妈”引起学生的共鸣，然后再对其进行认知教育，这种沟通方式使用得非常巧妙，让学生有遇到“知音”之感，同时也为顺畅的沟通建立了情感基础。这是沟通的力量、教育的智慧。

教师和学生在教育教学过程中结成的相互关系，包括彼此所处的地位、作用和相互对待的态度等。良好的师生关系是提高教育质量的保证。在教育工作中，教师设计的所有德育活动都是在特定的师生关系中进行的，师生关系的好坏将直接影响着教育的成败。从这个角度来说，教育对学生产生的效果如何，是由师生关系的状况来决定的。

所以，教师必须懂得并善于运用师生沟通的艺术，与学生建立良好的人际关系，在高质量的沟通过程中，使学生受到情绪上的感染、思想上的震撼、精神上的鼓舞、心灵上的启迪，从而取得良好的教育效果。

良好的师生沟通，不是教师单方面的活动，而是教师与学生之间双向的交流；师生沟通也不仅是一个教师给学生帮助的过程，而是在教师给的同时，教师也会从中获得意想不到的快乐。

新型的师生关系要求教师与学生在人格上是平等的、在交互活动中是民主的、在相处氛围上是和谐的。它的核心是师生的心理相容，心灵的互相接纳。在新型的师生关系中，教师的角色应是导师、朋友、助手和榜样。

（三）规避误区，实现与学生有效沟通的策略

教育是一项极其复杂而艰辛的工作，但不论怎样，成功的教育总离不开真情的付出。教师对学生的爱、对学生真切的关怀，就像阳光之于万物、雨露之于禾苗，是学生渴望得到的。当学生从沟通中感受到教师博大的胸怀、宽容的心、真心奉献的精神和对他们满腔挚爱之情时，教师方能在学生的情感世界里拥有一席之地。这也为学生接受正确的教育和引导做了一个良好的铺垫，正如俗话所说的：“始乎情，方能入乎理。”

1. 学会无声的沟通

师生间的“沟通”并不一定是言语的交流，很多时候无声的语言同样可以发挥沟通的作用，而且往往比有声的语言更有效。例如：

刘老师班上有一个文静、可爱的小女生，高一刚入学时，她的脸上总洋溢着甜甜的笑容。不久，笑容却从她的脸上消失了，她每天默默地坐在座位上，很少说话，对班级的事也变得漠不关心。

起初，刘老师并没在意，以为这是她的性格所致。直到有一天，当刘老师发现这个女生用非常冷漠的神情看着讲台上侃侃而谈的他时，刘老师的内心一下子有了警觉。直觉告诉他，这个女孩不快乐和他有关。通过侧面了解，刘老师才知道，这个女孩在初中时是一个学习优秀、才华出众的学生，而且非常受老师的器重。但她性格腼腆、心思细腻，在陌生的环境中缺乏主动表现自己的勇气和信心，因此，很容易被新老师忽视。由于她内心的失落和惆怅无法排解，所以只好用“冷战”来抗议刘老师对她的忽视。

刘老师决定重新激发她心中的热情，改善师生关系。其实，她的需要非常简单：一个展示自我的机会和来自老师的关注。于是，刘老师为她争取了一个代表班级参加演讲比赛的名额。当刘老师拍着她的肩膀以示鼓励和信任时，她的脸上终于露出了久违的笑容。在参赛前的日子里，刘老师总是寻找时机与她目光相对，并微笑着对她点点头或眨眨眼；当她上台演讲时，刘老师还伸出两根手指冲她做了一个坚定的“V”型手势；等她演讲结束时，刘老师又由衷地竖起大拇指向她表示祝贺。这些无声的语言给了她莫大的勇气和信心，让她感受到了老师的关注。结果，她为班级捧回了“第一名”的奖状。

从此，这个曾经很腼腆的女孩变成了班级建设的活跃分子，虽然依旧那样文静，却多了一份事事行动在前的热情和自信。有一天，她悄悄塞给刘老师一张纸条：刘老师，是您无声的鼓励唤醒了我的自信，激发起我对班级的热爱，愿您继续关注班上每一个沉寂的心灵，使我们的班级变成爱的海洋。

可见，良好的师生关系也可以在无声的沟通中建立。对学生而言，教师所做的每一件事都是在与学生进行沟通，包括教师的一举一动、一颦一笑、说话的语气、面部的表情，甚至是作业本上教师画出的红道道，都是在向学生传递着一种信息。所以，师生之间的沟通实质上是师生双方所有信息沟通的综合，这种沟通每时每刻都在不间断地进行着。

作为教师，不妨多尝试运用无声的语言和学生沟通，即使一天当中，教师和学生没有说上一句话，但教师无声的语言也能及时告诉学生：老师并没有忽略你的存在。

2. 倾听是有效沟通的基础

当学生犯错误时，教师一般习惯于采用批评教育的方法，认为自己的“经验之谈”是“拯救”学生的灵丹妙药。而事实上，这种“训话”往往不能从根本上解决问题，反而使问题潜伏下来，成为师生之间的一道情感障碍。正如教育心理学专家所说的：当你滔滔不绝，而学生沉默不语或点头称是时，这并不意味着问题已经解决了，这只不过是学生想尽快逃脱你的喋喋不休所采取的一种方式罢了。

教师要想使问题真正得到解决，首先就要学会倾听。教师只有积极倾听学生的诉说，才能捕捉到学生的需要与愿望，才能准确地找到解决问题的切入口，走进学生的内心，从而从根本上解决学生的问题。例如：

某男生从一开始就给老师留下了顽劣的印象。高一开学第一天新生报到时，他就接连和三个学生发生冲突。面对老师的调解，男生态度非常强硬，他一边痛陈对方的种种不是，一边用不礼貌的肢体动作表示自己的愤怒。

经过调查，老师把男生叫到跟前，证据确凿地指出了他所犯的一系列错误，并指出他应该为自己的行为向同学道歉。出人意料的是，他不仅一边骂骂咧咧地指责同学的不是，而且还一边痛哭流涕地抗议老师的“偏袒”。老师严厉地阻止了他的“狡辩”。那一刻，老师隐约看到了他眼中的失望。这个喜欢惹是生非的男生很快就成为了班里最不受欢迎的人。

老师开始一次次地找他谈话，给他讲为人处世的道理，可他不是狡辩，就是闭紧嘴巴流着委屈的眼泪。他的抵触使老师开始反思自己的教育方法，觉得应该寻找一把真正能打开他心扉的钥匙。他为什么易怒？为什么总为自己辩解？为什么喜欢报复？为什么不听劝解？为什么屡教不改？后来老师通过和他母亲及其他同学的谈话，终于找到了问题的根源：这名男生个性很强，性情急，喜欢表现自己，希望得到别人的认可，还爱较真，缺少宽容和协作的意识，这就导致他在很多时候表现出了令人不快的言谈举止。为了维护自尊，当他面对别人的批评和指责时，他总是极力申辩，不肯承认错误。最后他过度的自尊演变成了自负与自卑相交织的复杂性格，敏感而脆弱，防范意识强，总是以进攻别人达到保护自己的目的。所以，他现在需要的不是喋喋不休的教导，而是建立在尊重、信任基础上的倾听，听一听他的理由和委屈，听一听他的愿望和要求。于是，老师决定试一试。

当同学再次反映这个男生的“恶行”时，老师不再采取批评他的方式，而是找了一个能使人心平气和的环境和他交流，每次老师都是倾听者，他是讲述者。老师专注、温和的表情使他感到安全。偶尔，老师也会插一句类似“哦，原来是这样”“看来，这个问题挺复杂的”“你们双方都有各自的道理”等这些中立而表示理解的话。他的眼睛告诉老师，得到老师的理解、信任和尊重是多么快乐的事情。慢慢地，他们的谈话中出现了以前老师从未听到过的语言：“老师，其实这件事也不能全怪他们”“老师，这件事我应该负一定的责任”……老师极力掩饰自己的惊喜，依然温和地看着他。每次谈话结束后，老师都会拍一下他的肩膀，说：“我相信你会处理得很好。”

男生逐渐学会了宽容、合作和反思自己。一天，他说出了一句令老师倍感惊异的话：“宽容别人是一件快乐的事情，其实宽容别人就是宽容自己。”语出惊人的人往往是对这个问题有深刻领悟的人。老师的积极倾听使他懂得了得到宽容和宽容别人都可以使自己快乐起来这样一个道理。通过对这件事情的处理，老师也认识到了师生沟通中倾听的重要性。

上述案例中，教师的积极倾听使他更准确地了解了学生的真实状态，更理解了学生的内心需要，从而使师生之间的沟通在相互理解的基础上得以顺利进行。教师的倾听态度也使学生感受到老师的关注和尊重，从而愿意接受老师的教育。

3. 用真诚唤起信任

教师对学生的期望都是出于良好的愿望，但不是每位教师对学生的好心都能被学生接受。所以，一些教师时常抱怨好心没好报。造成这种结果的一个主要原因是：教师在和学生沟通时，学生对教师的真诚有所怀疑，无法信任老师，自然，教师的教育行为也就得不到积极的回应。

所以，教师在与学生沟通时，首先应该是真诚的。教师只有让学生感受到绝对的真诚，才能唤起学生对教师的信任，实现师生之间良好的沟通。

某教师的班上有这样一个女孩，她的言谈举止一直在表明自己是一个前卫、固执、叛逆的人。别看她整天大大咧咧，不拘小节，但只要谁提到她中学的一点点事情，她都会神经质地大叫，并把愤怒的目光投向班上那名和她来自同一所中学的女同学。

一次课间，教师目睹了她发怒的样子，本想好好安慰她，不料却被她甩下一句“我恨天下所有的老师，他们害了天下所有的孩子”，然后就跑出了教室。老师好像遭了雷击一样，半晌没有明白这句令他心惊胆寒的话。

她是住宿生，晚自习前，教师约她到校园的小凉亭里，也许这里能让她感觉好一些。刚坐下，她就表情茫然地盯着别处。教师首先打破尴尬，轻声地说：“如果我做了什么伤害你的事情，请你原谅我，因为我无意于这样做。”

她审视了老师几秒钟后，平静地说：“和你无关，我和同学闹着玩的。”

幼稚的谎言。老师清楚她不打算和自己说实话，戒备心很强。“那好，聊点别的”，老师和她聊起了她感兴趣的韩国 Super Junior 组合。老师能明显地感觉到她的敌意在一点点减少。他们的第一次谈话以笑容画上了句号。

在以后的日子里，老师经常会在楼道里对她会心一笑，在课堂上也会向她投去关注的目光。终于在一天午休时，他们进行了一次畅谈。她的第一句话就是：“你和我以前接触的老师不同。”

“哪儿不同?”

“比较尊重学生，不自以为是。”

“你怎么知道?”

“观察。”

原来她一直在考察老师，当她觉得没有什么危险时，她才肯摘掉面具直接面对老师。“我对老师的恐惧和戒备是在中学时形成的。她们很不守信用，不仅骗取我的信任，套出我的真话，而且转身就出卖我，告诉家长，告诉同学，结果家长训斥我不长进，同学讥笑我神经病。初中快毕业时，我几乎崩溃了，渴望快快逃离那个令我痛苦的地方。我希望忘掉初中的一切，可是一直在老师的庇护下与我作对的她竟然和我分到同一个班级。她的存在让我永远活在过去。”

“初中老师为什么要出卖你?”

“因为我长得丑。”

“难道你不认为这是一个错误的评价吗?”

“同学们都这么说。”

“他们犯了同样的错误。”

也许老师的话拨动了她的心弦，她开始讲述初中老师如何偏袒漂亮女孩，却歧视她、打击她的事。老师一直耐心地听着，他知道自己无须为她的初中老师辩护什么。他现在要做的事情就是建立起她对自己的信任，只有让她相信自己是可信赖的，和她原来心目中的老师是不同的，他才有可能拯救这名女生那颗因为受伤而走向偏激的心灵。

在接下来的日子里，老师刻意为她提供了几次发挥特长的机会，如辩论、主持、表演、绘画。她的表现虽然不是最好的，但确实很出色。每次，老师都给予她极大的支持和鼓励。慢慢地，他们之间建立了一种彼此信任、相互尊重的关系，师生关系中也多了一层朋友色彩。她开始主动找老师聊天，时常对他的班主任工作提出改进意见，而他总是欣然接受。她感受到了来自老师的真诚和尊重，愤世嫉俗的言行在她身上逐渐减少，偏激、固执、敏感的个性有了很大转变，学习成绩也由班级的中等水平提高到班级前五名。老师确信，她的内心世界已经有阳光在照耀。

4. 用童心与学生沟通

每个人都有属于自己的童年，童年的印象对于教育工作者来说，是一笔很宝贵的财富。由于学生的思维发展还处于初级阶段，所以教师不能总是以成人的眼光看待学生。如果那样，学生的言行在教师的眼里就都是幼稚的，学生那些新颖、奇特的想法就会被否定，学生的创造性也就会被抹杀。

在课余时间，教师要多和学生生活在一起，并主动接近他们。只有这样，师生之间的沟通才会变得顺畅。

5. 真诚地与学生分享自己

对于师生间的沟通，一些教师只着眼于打开学生的心灵之窗，了解学生的内心世界，而自己的内心世界却没有与学生分享，这就造成了沟通的不平等。

教师要学会放下架子，主动打开自己的心灵之门，将自己的内心世界、所思所想、情绪感受、观点态度等适时适度地、自然真实地与学生分享，让学生看到角色之外的鲜活的教师形象，从而使双方达到真正的心灵互动和平等沟通。

6. 善于捕捉沟通时机

学生的情感体验与个人需要是否得到满足有直接的联系。当需要得到满足时，学生便会产生积极的情感体验；反之，便产生消极的情感体验。此外，当学生最需要爱护、理解和引导的时候，也就是师生沟通的最佳时机。

有一个男生，他平常学习散漫，又容易跟别的同学不和，在班上被看做是问题学生。

有一天，他吃午饭的时候说头疼，老师摸了一下他的额头，发现他发烧了。老师便带着他去看校医，喂他吃药。下午他跟老师说自己感觉好多了，并对老师说："谢谢老师，从来都没有人对我这么好。"

老师立刻抓住这一时机去了解他的内心。原来他父母离异，一直跟着父亲生活，但父亲因为工作忙，在生活上给予他的关心很少，一做错事就骂他，不给他任何解释的机会，所以他觉得父亲一点都不疼爱他。于是，他便把在家里无法宣泄的情绪带到了学校，他不喜欢读书，还经常跟同学打架。老师了解情况后，劝导他，让他站在父亲的角度去想："父亲工作忙，要体谅他，不要让他操心。你做错事，他没有跟你好好沟通就骂你，是他的不对，但是你应该先做好自己的本分，让父亲觉得你变乖了，懂事了，让他改变对你的看法，然后跟父亲好好谈一次心，解除你们之间的误会。"

之后的一段时间，他开始认真学习，在为人处世上也有了很大的进步，并且跟父亲的关系有了好转。在一次评选早读课纪律班长的时候，他居然主动说他希望有这么一个机会，并一再表明他的目的是想为班级出力，同时也想让同学们了解他的为人和能力。看到他积极要求上进、渴望得到信任和尊重理解的眼神时，老师满足了他的要求。

在得到老师的信任后，他非常珍惜这个自我展示的机会，在生活和学习中处处以身作则，使自己各方面的能力得到了充分发挥，并得到了同学们的称赞。

当学生陷入某种困境或心理上的困扰时，教师要抓住时机，并及时与学生进行沟通，这时学生就会产生感激心理，从而自觉改正错误。

沟通是一门艺术。教师想规避不沟通或不善沟通的误区，就要自觉地运用有效的方法，除了要有良好的技巧、手段外，更重要的是要有一颗平等待人的心。在沟通中，只有师生共同投入、互相影响、互相启发、互相发现，师生间的沟通才能实现预期理想的效果。

误区3 有失公平
——厚此薄彼，对学生不能一碗水端平

在1968年的墨西哥奥运会上，当美国国旗在国歌的伴奏声中升起时，200米赛跑金牌得主托米·史密斯和铜牌得主约翰·卡洛斯低头举起了戴着黑色手套的拳头，他们以这样的方式抗议美国对黑人的不公平待遇——种族隔离政策。那两只黑色的手套，史密斯事后称他的右手代表了“美国黑人的权利”，而卡洛斯的左手则代表了“美国黑人的联合”。虽然他们随后就因此被驱逐出奥林匹克村，但他们的做法赢得了美国所有黑人的尊重。

有不公平就会有反抗，教育也是如此，如果教师对待学生经常有失公允、不能一碗水端平，那么那些遭受不公平待遇的学生就会因此产生对抗心理，或以小动作在课堂上捣乱，或漠视教师的讲解，或把教师的教育当成耳边风，等等。

所以，在学生的眼里，公平可以说是理想教师最重要的品质之一，是保障师生关系和谐的重要基础。学生最希望的莫过于教师对所有学生一视同仁，不厚此薄彼，最不满意的是教师凭借个人的喜好偏爱、袒护某些学生，或冷落、歧视某些学生。

（一）有失公平导致教育天平失衡

1. “喜爱”不等于“偏袒”

小高是个聪明伶俐、活泼大方的学生，胖乎乎的，很可爱。她小嘴特别甜，老师们都很喜欢她，就连她犯错时有些老师都舍不得批评她。一次在做

课堂练习时，小高做得比以往快，范老师就毫不犹豫地表扬了她。这时她的同桌小戴说："老师，小高在听课的时候没好好听讲，在偷偷做这个练习，她当然快了。"

范老师正在检查其他同学的练习，小戴的声音又很小，所以老师也就没太在意。小戴看老师没反应，就撅着小嘴和其他几个同学说开了："老师真偏心，小高作弊，老师也不说她。"这次小戴的声音很大，她的这句话一下子引起了大家的共鸣，于是同学们就七嘴八舌地说开了："就是，就是，老师就偏向小高。"

当范老师听到学生们的议论，他突然意识到，以前在各项活动中，他都是给小高开绿灯的，这种做法让小高在不知不觉中养成了自傲耍赖的习气。再加上老师们没有及时制止，这让其他学生早已对老师的做法产生不满情绪。

由上述案例可知，教师的不公平不仅会伤害被老师特别关照的学生，而且更会伤了全班学生的心。学生都有一颗敏感而细腻的心，他们需要教师公平的对待，学生一旦在稚嫩的心灵里种下怨恨的种子，他们就有可能会在未来的生活中不公平地对待别人。所以，作为教师，应该把成功的机会给予每一位学生，使每一位学生都能够展示自己的亮点和风采，而不应心存偏见，厚此薄彼。

人们常说每个孩子都是一本有趣的书，要想读懂这本书并不容易，只有爱他们的人才能读懂。每个学生都来自于不同的家庭，他们有着不同的生活经验和生活环境，他们的性格特点也不相同，每个学生都有着明显的个性差异。作为教师，应该具备一颗公平公正的心，并善于发现学生的个性差异，及时捕捉学生的闪光点，从而采取有效的教育方法教育每一位学生。

2. 教师不公导致学生评价失衡

在学习了"看图编故事"后，讲故事比赛成了吕老师班里学生比较热衷的活动之一。学生在这个活动中既是参赛者又是评委，他们的兴趣别提有多高。每次比赛后，学生的评选结果和吕老师的评比结果都八九不离十。

然而，有一次比赛却深深触动了吕老师。

那天和往常一样，吕老师在课堂上利用一段时间进行讲故事比赛。有两名学生被推选上讲台演讲，一个是小雨，他平时各方面表现都比较突出，在班里威信很高；另一个是小怡，她平时在班里默默无闻。当小雨走向讲台时，同学们都纷纷为他打气。有的同学甚至忍不住轻轻地说：“小雨，加油！”更有甚者：“小雨肯定赢！”吕老师也心想：这是一场没有悬念的“战争”。

比赛开始。小雨可能由于事先没有好好准备，所以故事讲得断断续续，因此也就谈不上有什么动作和表情了。他的故事终于讲完了，吕老师不免生出些许失望，看得出来，小雨自己也很懊恼。在小怡讲时，她的故事讲得非常清晰，语言流畅，故事情节也很生动。

然而评选结果却大大出乎吕老师的意料，绝大部分学生为小雨高高地举起了小手，而为小怡举手的却很少，而且仅有的那几双手好像也迫于某种压力在慢慢往下缩。吕老师问一脸羞愧的小怡：“你觉得你们两个谁讲得好？”小怡毫不犹豫地说：“当然是小雨讲得好！”

这件事深深触动了吕老师，原来不同的学生在同学们心目中的地位是不一样的。小雨确实有许多优秀的地方，他做的很多事情往往都能得到老师们的表扬。而大多数学生又有着强烈的从众心理，他们坚信常被老师表扬的学生肯定是好学生。所以对于比赛结果，学生在教师平时不公平对待的潜移默化下，不再看他们的表现，而是自然而然地拥护那些所谓的“好学生”。这也就不难理解，案例中为什么有那么多的学生为小雨举手，而为小怡举的那几双小手又要往下缩了。

作为教师，有义务让学生明白：比赛是公正的、平等的，不能因为参赛者是平时的好学生而袒护他；更不能因为参赛者平时表现不怎么好就抹杀了他在比赛中的好表现。教师应该注意发现每个学生的独特之处，公平地对待每一个学生，这样才不至于让学生评价失衡，从而使学生树立起自信心，以此促进他们其他方面的发展。

3. 不公会让学生失去积极性

在一次公开演讲比赛中，平时成绩不怎么好的小乐也积极报了名。他在演讲中发挥不错，赢得了很多同学的掌声，但评委老师却没有让他进入复赛，而另外一个学习成绩不错的学生虽然讲得磕磕绊绊却进入了下一轮竞争。

小乐觉得很不公平，就找自己的班主任理论，他的班主任也是这次比赛的评委之一。班主任看小乐当着这么多老师和学生的面质问他，感觉很没面子，就对小乐冷冷地说：“平时也没见你好到哪里去，你怎么跟人家优秀生比！”小乐听了这话，低着头默不作声地回到了教室。从那以后，小乐就再也没有参加过任何比赛，就连他上课举手也很难见到了。

教育的公平是让每一个学生都有受教育的权利，都有受尊重的权利，而不是像案例中的班主任那样以平时的表现论英雄，把后进生一棒子打死。这会极大影响学生的积极性，甚至有可能毁了学生的一生。

所以，教师在教育学生时不能心存偏见或先入为主，在对学生进行批评和表扬时要就事论理，做到公平公正。这样教育的目的才会指向促进学生的进步、帮助学生理解正确的道德观念和道德要求、帮助他们分清是非、辨别真伪这一方向。

有了公平，教育才不会使好学生因为老师的宠爱而变得骄横跋扈，才不会让后进生变得心灰意冷，失去学习的动力。

（二）让公平之爱激荡每个学生的心灵

苏联著名教育家、心理学家赞科夫曾经说过：“请你不要忘记，孩子们受到不公平的待遇，特别是这种待遇来自一个亲近的人，如教师、父母的时候，他的痛苦会在心灵中留下一个长久的痕迹。”身为一名优秀教师，安徽省濉溪县实验小学的赵曼丽老师深深懂得这个道理。

在课堂上，赵老师总是时刻关注着每个学生，对后进生也不例外，甚至更加关注他们，从而使每个学生都能感受到来自她的关心和公平之爱。

一次，在英语课上讲述水果类的单词时，赵老师把事先从家里带来的作为教具的水果放在讲桌上后，笑着说道：“现在我给同学们几分钟的时间，看谁把单词记得又快又准。谁记得又快又准，谁就能领到一个相应的奖品。”说着，她拿起一个水果向学生展示。

听说可以领水果，学生们雀跃不已，眼睛里都流露出一种渴望的神情，接着就开始认真背起单词来。

过了一会儿，赵老师开始检查学生的单词背诵情况。她先提问了几个平时学习成绩不错的学生，这些学生都回答得很好，纷纷领到了奖品。就在这时，赵老师发现班里最调皮、学习成绩最差的小华正目光紧紧地盯着讲桌上的香蕉，同时他的小手在桌面上似举非举着。

赵老师立刻抓住这一时机，提问了小华。

听到老师的点名，小华明显地愣了一下。他根本没想到老师会提问到自己，因为他太调皮了，常在课堂上讲话、捣乱。赵老师几次找他谈话都无济于事，而且他的学习成绩又非常差，很多老师都不喜欢他。但小华很快就站了起来，并准确地读出了“banana”。

“读得非常准确！来，小华，拿你的奖品。”赵老师满脸兴奋地说。小华欢快地跑上讲台接过奖品，神情充满了兴奋与感激。

“希望你下次继续努力，好吗?”在小华拿奖品的那一刻，赵老师鼓励他说道。

“嗯。”小华使劲点了点头。

“来，我们鼓励一下小华。”班里顿时响起了热烈的掌声，小华露出了害羞的笑容。

受到小华表现的鼓舞，更多的学生开始举手回答问题，特别是一些后进生。对此，赵老师毫不吝啬地给了他们机会。就这样，课堂气氛变得更加热烈起来了。

从那以后，小华上课不再讲话、捣乱了，而是变得非常认真、积极起来。赵老师也更多地在课堂上接触到了他那跃跃欲试的目光，而一旦小华小声讲出了自己的答案，赵老师就会鼓励他大声说出来，并适时地加以表扬。

随着老师的不断鼓励，小华的变化也越来越大，成绩也迅速提高了很多。特别是英语成绩，与以前相比，简直有了天壤之别。

公平地对待每个学生，才会让教育深深地进入学生的心灵，教师的每一次评价和鼓励才会激荡学生的内心，让学生感受到教师的真挚，而不是虚假的敷衍。案例中，赵曼丽老师就是因为公平地对待每一个学生，特别是后进生，才使像小华这样的学生变得上进，这是浇灌“公平之爱”的结果。

教师规避了“有失公允”这一误区，就会让教育带给学生莫大的勇气和自信，从此使他们开始认真听课，积极学习，并使他们的成绩有了突飞猛进的进步。教育离不开公平，学生更需要教师的“公平之爱”。教育有了公平，教师才会承认学生之间存在的差异，也就不会要求后进生像优秀生一样回答问题精准，平时表现乖巧。

教师的公平性，不仅是教师职业道德的重要表现，而且它对促进师生关系的和谐、提高学生的课堂学习积极性也起着重要的作用。

1. 有利于课堂教学活动的展开

教师在课堂上公平地对待每一个学生，有利于教师对学生的直接教育，以及良好教学环境的形成。在实际课堂教学活动中，由于教师对优秀学生的偏爱和对后进生的忽视或其他不公正的对待，会使后进生出于反抗心理而强化其“捣乱”倾向，结果自然会引起课堂秩序混乱，影响课堂教学的正常展开。

2. 有利于增进师生关系，提高教师威信

公平是人格的脊梁。教师既是教育者，同时也是课堂活动的设计者和管理者。在课堂上，如果教师偏爱优秀学生而鄙视后进生，就会影响到教师在学生心目中的地位和威信，使教师对学生的教育失去说服力，从而影响课堂秩序。也就是说，一个没有威信或威信不高的教师，是很难与学生建立良好关系的。

3. 有利于提高学生的积极性

教师在课堂上公平地对待学生，对于激发全体学生的学习积极性也很重要。

教师对优等生的溺爱会助长其骄傲和浮躁的情绪，使其丧失不断进步的动力；而对后进生的忽视，则会损伤其自尊，打击其本来就不高的学习积极性。所以，教师要想自己的课堂教学能够调动起所有学生的学习积极性，就应该公平地对待每一个学生，建立起平等、和谐、融洽的师生关系。

4. 有利于学生良好道德的养成

公平本身是道德教育的重要内涵，教师的公平性在某种程度上构成了德育的基本内容。

在学生心目中，教师往往是公平、无私、正义的代表，学生对教师有非常美好的期待。这一美好的期待决定着当教师在教育中做到公平对人时，学生就会感觉到公平的美好和必要，从而奠定努力追求公平的心理基础。反之，当学生对有着美好期待的教师在教育中不能表现出公平时，这不仅会伤害学生对教师的美好情感，而且还会让他们怀疑公平本身的合理性，从而妨碍他们的道德成长。

所以，作为教师必须规避“有失公允”这一教育误区，从而做到对学生一视同仁，公平对待。

（三）规避误区，公平对待学生的策略

公平公正地对待学生，要求教师必须规避先入为主、只爱优秀生的思想误区，在教育中公平地对待每一个学生，将教育面向全体学生，从而唤起所有学生的学习兴趣和参与意识。

1. 让学生都能感受到教师的爱

夏丏尊先生曾说过："教育之没有情感，没有爱，如同池塘没有水一样。没有水不能称其为池塘，没有情感，没有爱，也就没有教育。"罗素也曾说过："凡是教师缺乏爱的地方，无论是品格还是智慧，都不能充分自由地发展。"现实教育中，正是因为一些教师缺乏公平之爱，才使得一些学生越来越远离教师，不愿意学习，甚至对学习失去兴趣。

教师要想让自己的教育有效果，使自己与学生的关系和谐融洽，首先就要做到对全体学生一视同仁，关爱每一个学生，特别是让后进生也能感受到自己在老师的心目中也占有一定的位置，让他们感受到自己和优秀生一样也能得到老师的爱。这种关怀和爱能够在教师和学生之间架起一座情感的桥梁，有利于教师鼓舞学生积极向上，奋发图强。

2. 让每位学生都能体验到成功的快感

心理研究表明，智力因素差的学生一般都有自卑感、无助感、孤独感，意志容易消沉，无所作为。所以，教师要想让教育有效果，就不要淡忘那些智力稍有偏差的学生，要公平地给他们创造成功的机会，满足他们的表现欲。

其中，课堂提问是给他们创造成功机会的最好形式。为了体现公平，针对学生中存在的参差不齐的现象，教师在备课时就要做到因人而异，因材施问，设计出不同难度的问题。

对于学习稍差的学生，教师可以让他们在课前就做好充分准备，或者在课堂上提一些简单易答的问题让他们回答。他们回答上来后，教师应立即给予表扬和肯定，让他们认识到自己并不比别人差多少。而对学习相对优秀的学生，则应提出一些难度较大的问题，让他们"吃好吃饱"，同样感受到"跳一跳摘果子"的成功喜悦。

苏霍姆林斯基说："在学习中获得成功，是学生精神动力的唯一源泉。"

有了这样的精神动力，等待学生的必然是一次又一次的成功，而这也必将激起全体学生的参与热情，更会使教师的教育深入人心。

3. 公平正确地评价每位学生

在一个班级中，学生的个性特点、才能品质不尽相同。作为教师，不能在平时表现出特别喜欢哪位学生，或者特别头疼哪位学生，应该公平对待每一位学生，对每一位学生都能作出实事求是的评价。

教师在作评价的时候，不能滥用溢美之词。批评要讲究艺术，表扬也要讲究艺术。对学生的表扬和鼓励，不能仅仅集中在几位学生的身上。即便是那些经常答错问题、调皮捣蛋的学生，教师也不要轻易地批评甚至怒斥，应当发现他们缺点中的闪光点，及时给予积极评价，做到“知其心，救其失”，帮助他们把缺点转化为优点。

课堂应该是允许学生犯错误的地方，教师要相信学生有一个自我学习、自我发展的过程，应该以宽容的心态面对学生的种种错误。

4. 尊重学生的个性，提供公平竞争的机会

教育公平的重要体现之一，就是教师一视同仁地给每个学生提供公平竞争的机会，并且在其间注意尊重学生个性。如在组织课堂辩论赛时，教师不能想当然地把辩论机会都给自己喜欢的学生，而应采用尽量公平的方式来确定人选。如果学生在课堂上意见有了分歧，教师也不能不问青红皂白，首先批评所谓的后进生，而应该先调查清楚事实，再做定论。

教师如果不能尊重学生的个性，其对学生的教育就会失去客观公正。同时，学生也会因此而丧失对教师的信任感，这样就会影响到师生关系的和谐。所以，教师对待学生的态度要始终一视同仁，充分尊重他们的个性特征，而这也是教师塑造自身形象、赢得学生尊敬尊重、促进师生关系和谐发展的必要条件。

5. 让学生都能感受到师生协作的愉快

教育不仅是一个知识探究的过程、师生协作的过程，而且还是良好师生关系尽情体现的过程。在教育过程中，教师应该懂得注意聆听，而不应随意打断一个学生为自己所作的解释，即使是学生在无理辩解也应该先让他讲完。而对问题认识清醒的学生，教师应及时予以肯定。对错误认识不清的学生，教师也不要一下子全盘否定，应针对实际情况，引导他讲出自己的不当之处。比如采用提问等合理的形式，引导其认清错误，并与之进行讨论、辨

析，或做适当提示，让学生自己找到错误的根源。这样不但能让学生易于接受老师的教育，更能让学生体会到老师的公平，从而加深师生之间的情感。

学校是一个微型化的社会，师生之间、学生之间的互动构成了教育活动。教师的态度、责任心、敬业精神、对学生的尊重、教育观念和教育方法等，都会对学生的心理、人格、学业成绩产生重大影响，所以教师只有规避不公平的误区，公平地面向全体学生，才能使全体学生共同进步。

误区4 以偏概全
——重分数，轻素质

教师在一张纸上，点了一个黑点，然后拿起纸问学生：“你们看到了什么？”学生1回答：“一个黑点。”学生2回答：“一个不规则的黑点。”学生3……教师很奇怪，“难道你们除了看到一个小黑点外，就没有看到这么大的白纸？”

故事里的学生犯了一个很多成年人都会犯的错误：对一条路径过于熟悉、关注，往往会忽略其他路径的存在，甚至捷径。对一些教师而言，当自己陷入只注重学生分数的应试教育误区后，很有可能会轻视学生良好综合素质的培养。

老师不能把分数作为衡量学生的能力的唯一标准，而要看学生在思想和行为中所表现出来的综合素质。有些教师只重视智育，而忽视了学生德、体、美全面的发展，导致一些“优秀学生”也成了“问题学生”——有的成了“豆芽儿”体型，只重学习不重锻炼；有的缺乏审美能力；有的不注重道德修养，变得自私自利等。

所以说，教师的教育如果走入以偏概全的误区，只重分数而轻素质的话，只会导致一些学生除智力发展外，其他如语言能力、交际能力、创新能力等诸多能力的发展受到限制，对学生未来的前途发展也会造成很大的阻碍。

（一）死抓“分数”，轻视了综合素质

1.“神童”在分数这棵“大树”上枯萎

当年闻名大江南北的“东方神童”魏永康从中科院肄业回到老家。这是为什么？是“神童”不“神”吗？魏永康2岁就能认识1000多个汉字，4岁就上初中，8岁跳级到县属重点中学，13岁时又以高分考进湖南湘潭大学物理系，17岁考入中科院高能物理研究所硕博连读。魏永康富有传奇色彩的经历足以证明这是个“神话”。

那么，神童退学的真正原因是什么？

在魏永康的生活中，他除了学习还是学习，没有伙伴，也没有玩具，他与人交往的方式仅仅是一句话：“你好”；一个动作：握手。在与记者接触的半天时间里，他所说的话非常有限，就是一些短语：“谢谢哥哥”“谢谢姐姐”“是的吧”“我不知道”……甚至他答应的接受央视“新闻会客厅”的采访也无法进行，因为他在节目录制的前几个小时突然“失踪”了——找个地方躲起来了。

神童缺失了什么是显而易见的。在现代社会里，不，应该说一个人只要生活在这个世界上，就免不了人与人之间的交往。卡耐基曾指出：一个人在社会上是否成功，专业知识的作用只占15%，而交际能力却占85%。而如今的教育所培养出来的不擅交际、不愿交际、甚至害怕交际的学生却有很多。有的到了成年，还视交际如险滩，“神童退学”只不过是一个特例罢了，它昭示着我们的教育只重视分数，而忽略了对学生综合能力和素质的培养。

虽然新课程改革在这方面做出了许多有益的努力，如教材中出现的“口语交际”便是从这个方面去考虑的。然而，“口语交际”课的现状如何？教师怎样对待这个“新课题”？“口语交际”是否真正拥有“自己的天空”？教师走出误区才是关键。

据《中国青年报》报道，近两年来内地赴香港读大学的学生有很多，并一度传出“北大清华沦为二流”的声音。但很快有消息传来，一位毕业于内地著名高中的尖子生因适应不了香港的学习和生活而被迫退学回家。这让很多人感到诧异：香港和内地语言相通、文化相近，为什么优秀的内地学生会“铩羽而归”？

据说该学生选择“逃离”的原因主要有三个方面：一是独生子女后遗症，无形中造成了该学生生活自理能力差；二是香港高校全英文的教学方式让内地一些学生难以适应；三是吃不惯、睡不好，生活习惯的差异使得一些内地学生要融入香港社会并不容易。

这一分析未必准确，但报道所揭示的高分低能、适应能力差、自理能力弱等问题，在不少独生子女身上是客观存在的。这不得不引起教师的高度警醒：在对学生传授知识的同时，我们重视他们的素质培养了吗？如果教育的“瘸腿”现象不改变，那学生们又将如何迎接未来的挑战呢？

2. 分数成了“纵容”学生的理由

某中学初三（5）班的一名女生在体育课上做体操时，不小心把一只鞋子踢飞了，这一幕顿时引得全班同学大笑。那名女生低着头、光着脚把鞋子捡回来，默默回到队列中，准备继续上课。但全班同学还是在笑，那名女生性格内向，平时寡言少语，虽没去理会别人的嘲笑，但脸上明显流露出了委屈。

这时，一名叫小莉的女生看不过去了，她骂了几句在嘲笑的学生，班长小燕也立马跟着喝止，而班长的喝止并没有起效，小燕就对着那个笑得最凶的同学训斥。但那个叫小星的同学自恃成绩并不输给班长小燕，所以并不服她管束，竟当场跟小燕吵起架来。在一旁的体育老师见他们两人吵得厉害，为了劝开他们，体育老师竟然骂那名踢飞鞋的女生“哑巴啦，也不帮忙说几句”。因为体育老师心里清楚，小燕、小星一直都是班上的尖子生，都很受其他老师的器重，而那名女生成绩较差，平时也不受老师的欢迎。为了阻止小燕和小星吵架，所以体育老师就批评了一直在旁边默不出声的女生。

体育老师是一名刚出校门的年轻老师，没有半点威严，他不仅喝止不住学生们的笑声，而且还在一旁袒护那些吵闹的尖子生，致使一次简单的事件演变成一场大家看吵架的闹剧，整节体育课就为阻止学生们的争吵而浪费了一大半的时间。

这件事情发生后，本来随着下课铃声的响起也应该就此结束了。但那几名尖子生却将此事告诉了父母，他们的父母也开始责怪起那名女生来，说是她把好学生都带坏了，自己成绩不好，还做那么出丑的事影响别人上课。这件事反映到学校后，该班的班主任也不问缘由，立刻让那名女生向吵架的那两名尖子生的父母道歉，还将此事告诉了该女生的父母，说如果她再做这些影响别人的事就不让她毕业。女生的父母是老实巴交的农民，认为老师说的话都是对的，根本就不同情自己的女儿被人冤枉，回家后就对自己的女儿破口大骂。

从那以后，这名女生就更加少言寡语了，她的学习成绩更是一落千丈，最后勉强熬到毕业，小小年纪便选择去外地打工，但她自己却觉得像是得到了解脱。

从上述案例可看出，眼里只有成绩的教师在面对学生的对错时会毫不犹豫地偏向成绩好的学生，而这一做法导致的结果就是教育的不公平，这使得那些成绩不好的学生深受打击，甚至有可能造成严重的心灵创伤。如案例中的那名女生，这种不公平的教育方式很有可能就此毁了她的一生。从另一个角度来说，教师如此纵容尖子生，也可能会让这些学生变得目无尊长、骄横跋扈，最后剩下的除了成绩就再无其他了，想必这样的“尖子生”将来很难融入社会。

国家一直在提倡素质教育，它重视的是人的道德素质、能力培养、个性发展。如果教师只重视分数，必然会导致大批学生只追求高分而放弃其他方面的学习和进步。而如此培养出来的学生也必定只是低素质的“两脚书橱”，而不是优秀人才。

所以，作为教师不应以偏概全，把成绩不好的学生一棒子打死，应综合考量一个学生各方面的能力，用自己的教育智慧与教育技巧，让所有学生都学有所长。

（二）转变视角，发现优点，让每个学生都成功

小熙曾是北京人大附中邓兰萍老师班上的一名学生，他有着超常的绘画天赋，但他的理科成绩却常常是个位数。这样的成绩，在人大附中几千名学生中，真是为数不多。他上数学课就是按一个程序走，先是认真听，跟着老师的思路走，当老师越讲越深时，他就似懂非懂了，等到老师再往深处拓展，他就如同听天书了。所以在他听不懂的课上，画画就成了他的寄托和描绘思绪的方式。

一次上数学课，邓老师讲到了几何中的圆，同学们都仔细地听着，小熙却听得云里雾里，不知不觉就走了神。他拿起笔在笔记本上画了一个非常工

整的圆，随后又在圆形旁边画上了几朵云彩，一个圆变成了一轮太阳。接着，他继续丰富自己的画作，在太阳下方画上了一池湖水，湖水被风吹出一道道涟漪，湖边几棵柳树被风吹得倾斜着……不一会儿，大雨将至的场景跃然纸上。

下课后，邓老师走过来问："小熙，上课发什么呆呢？"

小熙没有躲藏，低下头说："我在看窗外的太阳怎样从云层里一点一点透出光亮来，于是画下了眼前的这幅《日出图》。"小熙以为邓老师对自己一定会很无奈、很失望。而邓老师似乎也感受到了他的心绪，停了片刻，说："乌云怎么能挡住太阳呢？乌云总是暂时的，太阳迟早会从乌云背后走出来的。"

小熙低着头说："每次我看到那些几何图形或公式时，都会感到头疼。"

邓老师并没有因此而责怪他，而是在培养小熙数学兴趣的基础上，用鼓励、启发的方式教育他："真正的大画家不是偏才，是全才，艺术大师达·芬奇的数学就非常好。所以他画起画来掌握比例十分精确，而且还设计发明了许多精妙无比的东西；雕塑家米开朗琪罗擅长绘画和建筑设计，而建筑设计显然必须精通数学，他在西斯廷教堂800平方米的天花板上完成了《创世纪》巨型天顶画，如果数学不好，也是无法驾驭这一传世名作的。"

小熙听着邓老师的教导，连连点头。

此后，邓老师丝毫没有减弱对小熙文化课的培养："你是人大附中的特长生，你在特长生中应该是非常优秀的，你也应该以优秀的文化考试成绩被录取进艺术院校。"

小熙很懂事地说："是，老师，我会尽全力的！"

面对这个对数学不开窍的孩子，邓老师想尽了办法。每当遇到比较简单的典型题，邓老师便让小熙回答。每一节数学课后，邓老师几乎都要专门走到小熙身边，问他哪里没有听懂，哪道题还不会解答等。有时，邓老师会在小熙的数学作业本上留下这样的评语："虽然错误不少，但看得出你做得很认真，加油！"

正是这些鼓励的话语，让小熙始终没有放弃努力，尽管数学学得很艰难，但他相信只要不放弃，数学成绩一定能有所提高。小熙在邓老师的激励与赞扬下，敞开心怀，把老师当成了自己的朋友，和老师一起探索新知，分享人生的种种滋味。

小熙的英语老师丁毅，得知小熙是一名美术特长生之后，也想方设法地为小熙创造发挥特长的机会。她找到小熙并对他说："初中阶段英语学习的关键是单词，你们现在普遍都不爱背单词，咱们得想办法给大家找到快速背单词的窍门啊。"

小熙马上想到了给单词配上图画的方法，他在小学学英语的时候，班里就有同学用单词卡片，上面不但写着单词，而且还有相应的图画。于是，小熙建议说："我把您要讲的单词也做成单词卡片怎么样？把图画跟单词结合起来记忆，这样单词就变得生动起来了，记单词的效率就会比较高。"

小熙的建议与丁老师的想法不谋而合："对，就是这样，把单词配上图画，如果能附上一些说明就更好了。"

"没问题，老师。您还有什么要求吗？"小熙爽快地答应了。

"我没什么要求，你自己随意发挥吧。老师把这个任务交给你，同时也把信任交给了你。"丁老师拍拍小熙的肩膀。

后来没想到小熙把任务完成得十分出色，他用了很正规的画图专用纸，16 开作业本大小的图画纸上描绘着生动形象的图案。其中一张上面工整地写着单词"cloudy"，意思是"多云的"，小熙不但画出了天空中的云彩，还画出了灰暗的天空和陆地上的花草树木，一派"山雨欲来风满楼"的景象跃然纸上。

小熙将自己的绘画天赋发挥得淋漓尽致，这远远超出了丁老师的预想，那堂英语课也因为这十几幅漂亮的图画变得活跃起来。

在老师们的眼中，小熙是个聪明能干、才华横溢的孩子，他协助过历史老师画一些教学用图，帮助过数学老师画几何图形，甚至体育老师也愿意找他帮忙，为运动会办板报、宣传栏等。小熙成了老师们不可缺少的好助手。

教语文的张雅萍老师也总是能发现小熙身上的很多闪光点："这个孩子语言幽默，博学多才，思维跳跃很快，想象力很强，对生活有着比较深刻的思考，而且还时不时地在作文后面附上一幅栩栩如生的图画……"

在这样备受尊重的学习环境里，小熙的绘画技巧越来越娴熟，创作兴趣也越来越浓厚。在学校的英语角中，小熙充分发挥了自己的才能，他成功地组织了一个叫《魔戒》的音乐剧。让人想不到的是，小熙与出演《魔戒》的其他同学很快成为了校园里的公众人物，通过组织音乐剧他们学会了团结协作、自强自立。在老师和同学们的共同努力下，人大附中的英语角不断拓展着它的内容和形式，从英语会话到舞台剧，再到英语电影，校园的舞台越来越广阔，同学们的表现也越来越精彩。

小熙快乐而自信地成长着，人大附中的老师们给了小熙很宽松的创作空间，使他的个性发展得到了充分的尊重和正确的引导，他没有因数学成绩差而被老师和同学们歧视和抛弃。相反，只要有展示小熙才华的机会，学校都会让他参加。他在回人大附中看望刘彭芝校长的时候说："人大附中给我最宝贵的东西就是营造了一个很宽松的学习环境，老师和同学的鼓励与支持，不断增强了我在绘画方面的自信，为我在求知的领域里竖了一把梯子，他们真正做到了发挥学生的特长。在这样的环境里成长，我对自己充满了信心，我会把这种信心放在该放的地方，而不把它当做一种骄傲。"

虽然小熙没有像其他同学那样具有优异的学科成绩，但是，他凭借自己优秀的绘画才能及自幼展现出来的绘画兴趣，最终以高考数学 33 分的成绩被国内知名电影学府——北京电影学院录取。

条条大路通罗马。学生成才、成功的标准也绝非只有考人高等学府一途。

人大附中的老师把学生特长与学习贯穿在一起，相互促进，而没有揪住学生的弱项不放，并以欣赏和重视特长生的才能为前提，给特长生营造了宽松、愉快的学习环境，让每个学生都能获得成功。

"横看成岭侧成峰，远近高低各不同"。当教师转变观念，改变自己的视角，把目光放在学生的优势上，放在学生的闪光点上之后，自身的教育方法和评价标准都会发生变化。

然而像人大附中这样的教师只是少数，多数教师因"怕影响学生成绩"而忽视了对学生综合能力的培养，即使一些具有创新精神的教师也会在高考等重大考试面前放弃对学生的素质教育。

特别是在高中阶段，社会和家长要求的是学生考人理想的大学，除此之外，概不讨论。平时学习成绩不错的学生在高考中还有可能马失前蹄、名落孙山，更何况一般学生，所以教师哪敢不重视分数。一个教师只有将自己的学生送人大学，最好是名牌大学，这个教师才是称职的。否则，不管他教出的学生有多么全能，都不能算是好老师。一句话，教师优劣的评判标准，而且是唯一的标准，那就是学生的学习成绩与升学率。

所以，在当前以考试分数为人才衡量标准的时代，在高校保送生政策和高校自主招生条件中学科类竞争奖项仍是“硬杠杆”的时期，“轻分数，重素质”自然就不吃香了。

尽管素质教育培养出来的优秀学生，多半也能通过高考进入高校，但是高招的政策却明显没有支持和承认高中的素质教育。如此一来，哪个家长和教师都不愿意也不敢用短期内看不见效果的“素质教育”去和学生的前途赌，谁也没有能力去承担失败后的结果。

所以，以上压力让很多教师不得不“重分数，轻素质”。但事实上，一些教师的教育实践表明，适当减弱对分数的重视而加重素质教育的比例不仅不会让学生成绩降低，反而提升了学生的学习热情。重素质的教育并未削弱国家必修课的地位，不会对学生文化学科的学习造成冲击和产生负面影响，反而有辅助和促进作用，解决了学生的学习能力和动力问题。

因此，教师只有摒弃只重分数的教育思想，才能将素质教育彻底贯彻执行，当前新的教育形式要求有新型的教师人才，所以教师只有不断提升自身素质，才能适应不断更新的教育理念，才能教育出高素质的学生。以下是新型教师需要突破的地方：

1. 改变观念，跳脱固有樊笼

更新教育观念，是教师的当务之急。教师只有把对素质教育的认识与理解落实到自己的思想和行动上，树立正确的教育观、质量观、人才观，才能真正尽快地使自己的教育从“只重分数”的樊笼里跳脱出来。

2. 以“素质”带动“素质”

教师的工作是一种以人格来培育人格、以灵魂来塑造灵魂的工作，教育过程自始至终都是一个教师与学生之间相互影响、相互作用的过程。所以，要想使学生的人格在素质教育中得以健康的发展，教师就必须首先塑造好自己的高尚人格。具有人格力量的教师，就不会只看见学生的分数而忽略了其他方面对学生的作用。

3. 以多种教育形式教育多样化的人才

教师的职责是教书育人。教书育人是一门科学，要教好书、育好人，教师应坚持不懈地练好教育教学的基本功。教师只有不断地探索教育的规律和技巧，努力提高自身的业务水平，增强育人能力，才不会只盯着学生的分数看，才会发现学生各方面素质提升的重要性。

4. 正确看待学生的“分数”

目前的教育还离不开考试这一形式，而有考试便会有分数的产生，也就会出现比较。所以，教师想要脱离只重分数这一误区，首先就要端正对考试的态度。

考试的积极意义在于它是对学生个人近期学业情况进行自我检查的手段，而不是教师作为评判学生好坏的唯一标准。教师只有端正对考试的看法，才能正确对待学生的分数。

（三）规避误区，把素质教育落实到位的策略

素质教育的第一要义就是要面向全体学生，第二要义就是德、智、体、美、劳全面发展，第三要义是让学生自主地发展。首先，教师要满足学生个体生存与持续发展的需要，使学生学会学习、学会发展、学会做人、学会健体、学会劳动、学会共同生活；其次，教师要满足学生的兴趣爱好，发挥学生的特长和潜能，使学生的个性得到充分而自由的发展，充满创造的活力。

1. 以发展学生的自主学习为中心，讲究教学相辅

要做到这一点，教师首先要改变过去满堂灌的“注入式”教学方法，要把工夫用在“导”字上，通过引导、诱导、指导的形式，从而让学生自主学习。凡学生所能之处，教师一概不包办代替，而是在课堂内最大限度地为学生提供思维发展的时间和空间，争取用最短的时间、最出神入化的方法去点拨、诱导学生思考，把大量的时间留给学生去讨论、去尝试、去归纳总结，给他们成功的机会，从而激发他们的求知欲。当学生体验到学习的愉悦时，求知的课堂就会变成智慧的乐园，学生就会在自己喜爱的天地里自主学习、快乐学习。

2. 更新理念，培养学生的创新能力

旧的教学理念、教学方法缺乏让学生展现自我能力的平台，不利于学生的个性发展，更不利于学生特长的发挥和创新能力的培养。

创新能力是人的能力中最重要、最宝贵、层次最高的一种综合能力，它包括发现问题、分析问题、提出假设、论证推理、解决问题以及在解决问题过程中进一步发现新问题、新方法，从而推动事物的不断发展。学生创新能力的培养要求教师在更新理念的基础上，以启发式教学为指导，通过尝试运

用发现法、探究法等多种方法去拓展学生的思维空间，使教学过程成为一种有利于学生保持稳定探究心理的过程。

启发式教学要求教师“带着学生走向知识”，而不是“带着知识走向学生”。教学要始终发挥学生的主体性作用，采用以学生为中心的教学思路，通过相互启迪产生共鸣，使学生的思维由发散而集中，由集中而发散。让每个学生都能以自己独特的方式来表达自己的想法，审视教学中提出的种种问题。同时，教师也要鼓励学生标新立异，敢于独树一帜，让学生大胆质疑、争论和交流。

3. 创设氛围，培养兴趣，提倡知情相融

兴趣是开发学生智力的催化剂，是促进学生求知欲的强大动力。如果教不得法，就会引起学生的视觉疲劳、听觉疲劳，使他们产生厌学的情绪。因此，在教学中培养学生的兴趣是素质教育的必要途径，也是促使学生从“要我学”转变为“我要学”的有效手段之一。

首先，教师要创设激发学生兴趣的课堂氛围。课堂教学过程是学生的认知过程，又是学生思维能力发展的过程，教师要为学生创造一个和谐愉悦的学习情境，激发学生的学习兴趣，使学生以最佳的心理状态参与知识的形成过程。实践证明，学生的心情越愉快，思维就越活跃，聪明才智就越能有效地发挥，教学效果就会越好。所以，在教学时教师要抓住时机，给学生点拨、引导，使学生在解决问题的过程中获得知识，发展能力。

其次，教师要挖掘知识的趣味性，用知识独特的严密性、实用性去感染学生。比如数学，教师要结合教材的具体内容给学生介绍一些数学家的生平，谈世界数学发展史及我国古今数学家的光辉成就，如讲丢藩图的“生死方程”，从笛卡儿奇异设想谈宇宙的开发以及当今卫星轨道的精确计算等，这一系列真实而又令人充满幻想的故事，不仅能拓宽学生的知识面，而且还会进一步激发学生学习数学的兴趣。

4. 设置实践活动，倡导手脑并用

素质教育仅靠课堂教学是难以完成的。课堂因受授课时间的限制，使学生所学知识非常有限，知识能得到运用的机会也很少。所以，开设实践课就能弥补课堂教学的不足，同时也能锻炼学生运用知识的能力。

实践课的开设，应区别于一般的课外活动或第二课堂，应以提高学生的学习兴趣和知识应用能力为目的，在活动内容上既要与教材内容相辅相成，又要保证相对独立，自成体系。课程设计要遵循灵活、开放的原则，并不断给学生提供动手操作的机会，可以让学生动手拼一拼、摆一摆、量一量、折一折、剪一剪、画一画、想一想、说一说，通过调动学生的各种感官，从而激发学生的好奇心和求知欲。

5. 发展学生特长，坚持智能并重

素质教育是“合格＋特长”的教育，每个学生对知识的反应速度、认知水平是有差异的。面向全体并不是要求所有学生平均发展，让学生各个方面都去平均用力，而是以学生为本位，以学生的个性发展为前提。所以，教师要在充分了解每一位学生的反应速度、认知水平、动手能力的基础上精心设计每一堂课，给每位学生规划不同的奋斗目标，搭建成功的阶梯，这个阶梯尽管高度不一样，但学生每上一阶梯都将是与成功的接近，他们都会获得胜利的喜悦，都应得到鼓励和表扬，不求全部成功，但求都有进步，都有收获。只有这样，才能保证学生在全面发展的同时，个性也能得到充分的展现。

素质教育的价值取向是多元化的。既要让学生学会学习，同时又要满足学生的兴趣爱好，发挥其特长和潜能，使其在个性得到充分而自由发展的同时，充满创造的活力。为此，教师要转变“重分数”的应试教育思想，坚持大胆探索，积极实践，更新理念，改革教法，只有这样才能培养出适应未来社会发展的高素质人才。

误区 5 言行不一
——失信，势必丧失教师的尊严

巴克利是美国NBA的老牌球星。当中国籍球员姚明加盟NBA后，他宣布，如果姚明能在本赛季单场比赛中拿下19分，他将亲吻他的评论搭档——肯尼·史密斯的屁股。仅过了两天，姚明就在与湖人队的比赛中一举拿下了20分。这下让巴克利傻了眼，他必须践行诺言。

当电视台得知此消息后，记者们立即赶到现场准备拍摄这一新闻。可是，史密斯不愿意在观众面前暴露自己的臀部，于是巴克利作了变通，他花了500美元买回了一头驴，并亲吻了驴的屁股。

巴克利的举动虽然看似滑稽，但他信守承诺的举动赢得了大家的赞赏，也为自己挽回了尴尬的局面。如果他不履行诺言，可能他就会因此而失去作为球星的信誉。信守承诺可以说关乎一个人的人格。

作为教师更需要信守承诺，不要以为学生小，自己承诺过的事情可以转头就忘，如果经常这样，教师就会在学生面前失去威信。得不到学生的信任又如何去教育好学生呢？所以，信守承诺的教师不仅会成为学生的榜样，而且还能培养学生良好的道德品质。

（一）不要让学生因教师失信而受伤

有一个学生读到初二就不愿继续读书了，原因竟然是老师不信守承诺。他说："我就是不爱上学，我不喜欢老师，我讨厌他们。他们一个个都是伪君子，对学生说的是一套，做的又是一套，都是骗人的！"

第一个对这个学生说假话的，是他上小学时的一位语文老师。那时，他除了语文，其他几门课的成绩都不错。他特别不喜欢写作文。教他语文课的是一位20多岁的女老师，人长得很漂亮，说话的声音又脆脆的，像百灵鸟。所以，起初学生们都很喜欢她，还在背后给她取了个绰号叫“白雪公主”。

也许是这个学生的语文成绩拉了全班成绩的后腿，这令语文老师着急了。三年级下学期开学时，语文老师对他说：“如果这学期你能每天坚持写一篇作文，我保证趴在地上给你学三声狗叫。”

这个学生不敢相信自己的耳朵，他疑惑地问语文老师：“您说的可是真的？”

语文老师很严肃地点点头说：“当然是真的，如果你能坚持，我保证不食言。”

学生一听，心里高兴得乐开了花，让漂亮的女老师趴在地上学狗叫，那该多有意思呀，那一定是轰动全校的新闻。后来他将语文老师的话告诉了跟他很要好的几个同学，大家纷纷给他鼓劲：“这有什么难的，不就是一天一篇作文吗，你一定能坚持！”因为他们都想看到女老师趴在地上学狗叫的样子。

于是，他写作文有了巨大的动力。有时绞尽脑汁也写不出来，他也想过放弃，可是一想到女老师学狗叫的样子，他又硬着头皮坚持写了下去，那个学期他真的做到了每天写一篇作文。为了防止老师抵赖，他还每个星期都将自己写的作文送给她看。

一个学期终于过去了，他一共写了100多篇作文。

当期末考试结束，即将要放暑假时，语文老师似乎忘记了自己所说的话，只字不提学狗叫的事。这名学生心里暗暗着急。那天上午，女老师来给他们布置语文作业，他想这可是最后一次机会了，他一定要当面问问语文老师学狗叫的事，也许她把这件事给忘了。

语文老师布置完作业准备离开教室时，他突然站起来说：“老师，您还欠我三声狗叫。”语文老师听了，吃惊得张大了嘴。这时，教室里一阵骚动，因为班上的同学几乎人人都知道语文老师和他打赌的事，这时大家都想看看语文老师是不是真的会信守诺言。

此刻，语文老师的脸上泛起了一阵红晕，她恼怒地说：“你还当真了！我是为了鼓励你才说的，你看，这个学期你的作文不是有进步了吗？再说，老师怎么能学狗叫呢，亏你想得出！”说完，语文老师头也不回地走了。

他呆呆地站在那里，心里难受得直想哭。

这时，坐在他后面的一个同学走过来，拍拍他的肩膀说：“只有你这样的傻瓜才信她的话，活该！”

从那以后，他常常在语文老师的课堂上故意捣乱、不做她布置的作业，以此来报复语文老师。后来，他成了一个让老师既头疼又无奈的学生。上初中时，他的父母将他送进了一所区重点中学，希望他能有所改变。

然而开学不久，班上要竞选班干部。这次他遇到了第二个对自己说假话的老师。班主任老师当着大家的面宣布说，全班同学人人都可以参加竞选，谁得票多，谁当选。他也跃跃欲试，他想竞选文艺委员，因为他喜欢唱歌，还喜欢拉小提琴。为了能在竞选中获胜，他认真地准备了演讲稿，并将它背得滚瓜烂熟。

班会上，先是老师宣布报名参加竞选的名单，然后竞选人一个个上台发表“施政演说”。报名竞选文艺委员的，除了他，还有一个女生。女生排在他前面，上台后女生很紧张，说得结结巴巴的。而他上台后，先展示了自己的才艺，接着介绍了自己如果当上了文艺委员将要组织哪些活动。当他讲完后，教室里响起了一片热烈的掌声。当时，他就觉得自己已经稳操胜券了。

投票结果出来了，他果然比那位女生高出15票。可是老师并没有当场宣布当选者的名单，而是说投票只能代表一方面的意见，谁最后当选还要有待他与其他任课老师讨论后才能决定。原来不是说谁得票高谁当选吗，怎么又变了？他虽然心存疑问，可是这并没有影响他的心情，他认为文艺委员他是当定了。

第二天，当老师宣布班干部名单时，他从头听到尾，也没听到老师念自己的名字，文艺委员竟然是那个与他竞争的女同学。这个结果，犹如一瓢凉水对他兜头泼了下来，他的心一下子凉了。他万万没想到是这样的结果，老师怎么能出尔反尔、说话不算数呢？既然谁当班干部老师说了算，那为什么还要让大家报名参加竞选呢？这不是拿他当猴耍吗？他愤怒至极。

后来，他听一个很讨班主任喜欢的同学说，将他从班干部名单中拿下来的原因是，班主任听说他在原来的学校表现不好。他彻底灰心了，也彻底断了做一个好学生的念头。既然老师对自己有成见，一开始就将自己划到差生的行列，表现再好又有什么用。他又开始破罐子破摔，课不好好听，作业也不好好做，对上学越来越厌倦。到了初二，他就再也不愿意去上学了。

教师没有信守承诺学狗叫；没有信守诺言，便将获得高票的他从班干部的名单中剔除，也许这些事在某些教师眼里是不值一提的小事，但这些“小事”在某些学生眼里却是大事。教师可能没有想到，学生正是以一颗敏感而又纯真的心来感知这个世界的，他们相信一切，信赖所有人，一件教师看起来微不足道的小事，也许就会改变他们对人、对生活的看法；看到一点虚假，他们便以为这个世界都是虚假的；看到一点欺骗，他们就以为所有的人都是不能信赖的。

这不禁让人想起发生在美国加州佛雷斯诺市佛里蒙特小学的一个故事。该校校长赖斯达特为了激励学生读书，他别出心裁地给学生们许诺说：“如果你们能在四个月内阅读完7000本书，我便会亲吻一只小肥猪。”结果他的学生在四个月内完成了阅读量。赖斯达特校长信守诺言，他从当地一所大学的农业系借来一头小肥猪，在校内举办了一个别开生面的“吻猪仪式”，650多名学生雀跃着观看他们的校长如何履行诺言，当校长真的亲吻了那只小肥猪时，学生们兴奋得又蹦又跳。

赖斯达特校长知道“承诺是银，践诺是金”，所以他信守诺言亲吻了小肥猪。不管是谁，只要给别人许下承诺，就要去遵守，否则他就会变成一个不守信用的人。更何况是教师。

作为教师，诚实守信既是敬业的体现，也是教师职业道德的体现。教师一定要做“口的巨人，行的高标”，用良好的道德形象来影响学生，进而达到“随风潜入夜，润物细无声”的理想教育境界。

（二）在学生心中，教师的承诺重千斤

下课了，楼道里人来人往，好不热闹，在一片“老师好”的问候声中，何老师从学生中间穿过。忽然一个熟悉的面孔从她眼前一闪而过，原来是她班里的小敏。“老师好”，小敏不自然地对何老师笑一笑，然后低头走过。当时何老师没怎么在意，打那以后，何老师一连几次遇到这种情况。何老师心里格登了一下，心想：小敏有什么问题吗？为什么几次都是在初一（2）班的门口见到她，每次都像是做错了事一样难堪？何老师经过仔细观察，她发现小敏上课常常走神，一下课或放学就从5楼跑到1楼，而且最近她的学习

成绩也是一落千丈。

为了弄清小敏的问题，一天放学后，何老师找来小敏，问道："小敏你最近是不是遇到了什么事情？"

"什么事？何老师。"她小心翼翼地问。

"你上课总是走神，学习成绩也下来了，班里的事也不关心了，原来的你不是这样啊。"小敏低着头不说话，何老师继续说道："我忘不了那个充满热情、有激情的你，你能跟老师说说为什么吗？"小敏犹豫着，"如果你觉得很为难，那就算了，不过我要提醒你，你现在正处于学习的大好时光，可不要轻易消磨时光啊！"

小敏终于抬起头来，看着何老师说："老师，我最近很烦，总是安不下心来学习。"

"为什么会这样？"何老师追问道。

"因为……因为……"小敏吞吞吐吐的，"老师，我……我还有一个要求。"

"什么要求？"

"您能承诺不把这件事告诉我的妈妈吗？"

"行！我一定信守承诺。"何老师答应道。

小敏这才把整个事情的来龙去脉告诉了何老师。原来，她和初一（2）班的一个小学男同学关系不错，上了初中以后，两个人互相都很牵挂，上课不安心，下课就急于见面，总有说不完的话。听她讲完后，何老师说："小敏你是个大女孩了，随着年龄的增长，出现这种心理变化是正常的，你所说的感受我能理解，只是你们这个年龄还有一个很重要的任务，就是学习。如果长期这样下去，你的学习怎么办？前途怎么办？你考虑了没有？"那天何老师和小敏谈了很长时间，在这个问题上她们做了很多交流。临分手的时候，小敏说："老师，我太高兴了，您不但没有责骂我，而且还给我讲了这么多道理，我懂了，您放心，我会和他按您说的处理好关系，我不会脱离大集体的，不会辜负您的。"

从那以后，小敏有了很大的变化。她又恢复了从前的活泼、热情，她还经常跟何老师讲她的心里话。何老师也找来一些有关中学生早恋的书给她看，还不断给她提供一些淡化、疏忽这种情感的方法。可是没过多久，小敏的情绪又出现了反常，她见了何老师就躲着走，上课故意说话，也不好好完成作业了。何老师明显地感觉到小敏在跟自己赌气，为什么会这样？

经过调查，何老师终于知道了事情的原因。一次在与班上的一位任课老师交谈时，何老师无意中将小敏的事告诉了她，后来这位老师又把这件事透露给了小敏的妈妈。何老师意识到自己犯了错误，失去了学生的信任，她后悔极了，她责怪自己无论如何也不能失信于学生。

中午放学后，何老师给小敏写了一张纸条："小敏，我怀着十分愧疚的心情给你道歉，我欠考虑犯下了错误，我不奢望你能原谅我，但我多么希望你不要因为我的错而放弃自己，为了辛勤养育你的爸爸妈妈，为了你自己的前途，请你不要和任何人赌气，放下包袱，好好努力！送你一句话：把握好每一个今天，才能走向充满希望的明天，才能真正把握自己美好的未来。"

后来何老师又约小敏的家长交流，希望小敏的父母不要对小敏有太多的责骂，多理解她、多帮助她。经过何老师和小敏父母的努力，小敏终于重新振作了起来，她没有失信于老师和家长，最终以优异的成绩考取了省重点高中。后来，小敏给何老师写了这样一封信："老师，以前在我的眼里，老师和警察一样都是拿国家的钱，为人民服务的人，这一切是应该的。但是今天我懂了，世界上最长的一座桥就是老师，你只要需要她，她就会在你身边，帮助你跨过一切坎坷，她永没有尽头，永远都走不完。"

案例中，教师的真情、教师的承诺以及教师在失信后放下架子承认错误，这些在学生心中及行动中所引起的变化都充分说明了教师在与学生相处的过程中诚信的重要。教师的诚实守信是一种无声的语言，它比说上千遍上万遍的大道理更有示范作用。只有教师用心尊重学生，学生才会尊重教师，这样才会收到教育的最佳效果。

曾子杀猪，以实际行动给儿子上了一堂极其重要的人生课，教会了儿子做人要诚信；"商鞅变法，取信于民"，为建立诚信守约的社会风气和社会法制标新立异。商家合法经营，是诚信；人们相互之间平等交往，是诚信；教师传道授业解惑，也是诚信。

2003年3月，华西都市报借着公民道德建设宣传月活动，对成都市10余所中小学校的1000余名中小学生展开了问卷调查。调查问卷分为"选择题"和"问答题"，共设计了12道题。"你觉得你所认识的老师中诚信的多吗？"在这个问题上，有85%的学生选择的是"多"，10%的学生认为老师"一点也不讲信用"，还有5%的学生不置可否。

中学生们普遍认为，讲信用的教师大都言行一致，表里如一，认真备课，阅卷公平；解惑答疑尽心尽责，撰写论文真实新颖，对学生一视同仁，工作评价实事求是。

小学生则认为诚信的教师应该是：教育学生不说谎，不拿学生出气，不打骂学生，说到做到，不欺骗人，让大家多一些笑声，不乱改作业，十分坦率诚实，实事求是；如果教师做错了，公开道歉；不要以自我为中心，伤害学生等，还有一个学生写“尊敬学生，不要伤害学生的自尊”。

“当老师说话不算数，违背诺言时，你会怎么做?”70%的学生选择“敢怒不敢言”，20%的学生选择“当面质问”，6%的学生选择“私下里埋怨”，还有4%的学生觉得“无所谓”。在回答“你觉得对没有诚信的教师应该怎么处理”时，大多数学生的答案都很“严厉”，如开除、下岗、炒鱿鱼、通报批评等，答案后面还加上了三四个让人触目惊心的感叹号。

在问卷的最后，设计了一个很开放的问题：“你认为最难以忍受的老师的失信行为是什么?”超过30%的小学生说的是上课“拖堂”。有一个班的同学同时写道：我们的老师“拖堂”现象十分严重，都强调自己教的这门功课十分重要，占用课间10分钟，自习时间讲正课的很普遍，有时候连上厕所都得一路小跑。五年级的小军所在学校的老师霸占体育课的现象十分严重，“我们班主任经常说不会霸占体育课，但是她根本没有做到，而是经常用体育课的时间给我们讲题。”

可见，教师的诚信有多么重要。教师不信守诺言，言行不一，很容易让学生产生厌恶心理。试问，一个不受学生喜欢的教师又如何去教育学生呢?

教师的职责首先是教学生怎么做人，如何做一个有道德的人。这就要对学生进行思想品德教育。而此时，教师的“言传身教”示范性很强，这个特点就决定了教师必须严于律己，以身作则，为人师表。孔子说：“其身正，不令而行；其身不正，虽令不行。”教师是学生心目中的榜样，教师要教学生做诚实守信的人，教师自己首先就应该是这样的人。如果对学生的承诺时常不兑现，教师就会在学生心目中失去榜样的作用。

面对浩瀚的知识海洋，面对高度信息化的时代，面对人生观、道德观、价值观日益更新的今天，教师不是圣人，教师也难免会出现无法实现某些承诺的事情，问题在于教师该怎样面对自己出现的失信行为，是强词夺理、盛气凌人，还是坦然面对、真诚认错，自觉、积极地修正弥补？答案当然是后者。教师只有真诚地面对自己的失信行为，学生才会主动和你接近，因喜欢你而接受你的教育。

苏霍姆林斯基说："如果教师本人在他的学生心目中没有威信的话，不论把教师的劳动说得多么高尚，多么伟大，那都不过是一句空话而已……而当孩子们毫无保留地信赖他的精神力量时，他们会爱戴他，并会听从他的引导。"这就是"亲其师方能信其道"的道理。所以，作为教师一定要做到言行一致，表里如一。

（三）规避误区，做到信守承诺的策略

"学高为师，身正为范"，教育是一个特殊的行业，教师肩负着传承社会文明、推动社会进步的重任，其自身的人品应成为社会的楷模、人性的标尺。教师不应让自己产生诚信危机，因为教师的不诚信行为会严重影响到学生的诚信观念和行为。所以，信守承诺、言行一致应该成为师德的基本要求，教师必备的基本素质之一。

1. 以身作则，为人师表

为人师表是教师处理职业劳动和自身人格塑造之间的关系准则，是教育事业对教师人格提出的特殊要求。教师作为人类灵魂的工程师，要塑造具有高尚品德的人才，就应认真贯彻诚实守信、言行一致的行为规范。

首先教师要有他信力。教师要求学生做到的，教师必须首先做到，否则教育就成了空洞的说教。《中学生日常行为规范（修订）》《中小学生守则》是要求学生在学校中必须严格遵守的规章制度，它要求学生：自尊自爱，注重仪表；诚实守信，礼貌待人；遵规守纪，勤奋学习；勤劳俭朴，孝敬父母；严于律己，遵守公德。但在教师严格要求学生的同时，可否问一句：教师自己是否都做到了呢？

"身教重于言教"。以身立教是教师强有力的教育手段，教师的思想行为每时每刻都在影响着学生。如果教师在承诺上做到了"以身作则，为人师表"，那么就能让学生受到感染，从而达到"此时无声胜有声"的教育效果，而且这种影响往往是久远的。

2. 从小事做起，处处体现诚信

学生往往是从教师的一言一行中感受思想品德的陶冶的。如果教师在平

时的一言一行中都不诚信，学生就会看在眼里，甚至学在言行中。

比如教师进行职务培训的时候，如果经常迟到、早退、睡觉、聊天、看报、看杂志，甚至签个到就走了。试问，对照如此散漫不守信的行为，教师又如何让学生学会诚实守信呢?

3. 体现职业道德，具备敬业精神

少数教师在课堂教学中会故意保留一些内容不讲，而放在补课时作为收取不义之财的资本；或在批改作业和试卷时不能一视同仁，对自己教的班级另眼相待，以显示出自己比其他教师教学水平高；或是在进行公开课和研究课教学时弄虚作假。

还有少数教师没有认真备好课就进教室，在教学过程中碰到学生的疑难问题总是答应下次解决，可是下了课就忘到脑后。这种做法不仅是对学生不负责任，更是影响了学生对教师的信任。

诚实守信是中华民族的传统美德，也是每个人都应该做到的。作为教师，更是对此有着不可推卸的责任。“桃李不言，下自成蹊”，教师只有以信守诺言为荣，端正自身形象，健全自身人格，才能成为一个让学生真正喜欢的教师。

误区 6

忽视“短板”

——眼里只有好学生，疏于提升后进生

在课堂上，老师为了调动学生的积极性，声情并茂地对学生说：“谁回答问题最棒，老师就把这个苹果奖给他！”下边的学生喊成一片：“老师，我，我——”面对高高举起的小手，老师只叫了几个学习成绩好的学生回答。得到苹果的学生自然高兴，但他们得到奖品后，就开始摆弄起奖品来，不再认真听讲，而大多数未获奖励的同学则唉声叹气，刚刚调动起来的学习热情又跌入谷底，连发言的积极性也被打击了，课堂开始变得鸦雀无声。

教师把几个大苹果奖给回答问题最棒的学生，这说明教师的眼里只有好学生，而如此做的后果不仅是冷落了那些没有回答问题、没有得到苹果的学生，更是令整个课堂陷入了沉寂。其实学生都有表现的欲望，也都有得到奖品的渴望，教师厚此薄彼，学生心里必然不服气，甚至会变得灰心丧气，这样教学变得无法进行，更是不能达到深入人心的效果。

眼里只有好学生的教师在教育中容易忽视后进生的转化工作，导致后进生越来越差，甚至影响到整个班级的水平——就像木桶理论所言，要使木桶多盛水，就要提高水桶的整体效应，而不是去增加最长的那块木板长度，而是下工夫补齐木桶上最短的那块木板。

避免教育陷入忽视短板误区的办法有很多。比如，教师在请学生读课文时，面对小手林立，教师可以说：“那就请大家都站起来，有感情地读吧！”再如，面对积极回答的场面，可让学生进行小组交流，这样每个学生的表现欲望都可以得到满足，教育也就可以在群体中顺利进行。

在教师的眼里，所有的学生都应该是优秀的，不能人为地把学生划分为好中差，应尽量在心理上为学生营造一个平等、宽松的成长环境，促使每个学生都进步，尤其是促进后进生的成长。

(一) 忽视"短板"，只会使"短板"更短

一天，张老师让全班同学无记名投票选举班里的"差生"。第一次，大家选出了5名学生，亮亮名列其中。张老师将这5名学生的名字张贴到黑板的右上角，说这是"光荣榜"。后来，张老师又搞了一次无记名投票，增补了4名"差生"。亮亮说："我们的学习成绩是差一些，可没老师想得那么坏。老师为什么非要投票把我们搞臭呢？这对我的打击太大了，我觉得没脸面对其他同学，也不敢再跟同学们说话了。"

另一位女生兰兰是个生性活泼的小女孩，她和其他两个女孩比较要好。一次，有同学问兰兰，为什么她们玩得这么好？兰兰说她们是幽灵组合。没想到，孩子的一句玩笑话传到张老师的耳中后，张老师说这是黑社会，并罚她们写检查，这件事给兰兰的打击很大。接着，更可怕的事发生了。有一天，在课间兰兰拉着一位男生的衣服追问一件事，正好被张老师看到了。一上课，张老师就让兰兰站到讲台前面来："把你刚才做的丑事再表演一遍，女孩子家不知道羞耻，不自重，不要脸！"面对张老师的羞辱，兰兰感到无地自容……

放学后，兰兰留下一张字条："妈妈，女儿不孝，以后不能再孝顺您，我走了。"妈妈看到兰兰留下的字条时，已经是晚上7点多钟，一直到半夜11点兰兰都没回家，全家人都急疯了。所幸一个高年级的学生将精神恍惚的兰兰领到自己家，并打电话通知了兰兰的父母。从那以后，原本天真快乐的兰兰就像变了一个人似的，她发誓再也不回学校上课，否则宁肯去死。

自从"差生"选出来后，这些学生就被"剥夺"了上课的权利，一周至一个多月不等，用张老师的话说："我无权不让你上学，有权不让你上课！"差生们虽然每天按时到校，但是到了学校就被老师轰进杂物间，中午和晚上依然和其他同学一样放学回家，学生们都不敢把实情告诉给自己的父母。

一位家长愤怒地说，爱护和培育孩子们最宝贵的自尊心和自信心是教师的天职。身为教师，岂能如此摧残孩子的自信和自尊？

从这个案例可知，教师眼里如果只有好学生，而忽视差生的存在，其所带来的后果是严重的。案例中的老师对待“短板”学生只是这些教师走入教育误区的表现之一，除此之外，还有以下表现形式：

1. 用“屡教不改”评判“短板”

“短板”学生的一个明显特点是常出问题，而且有时是同一个问题反复出现。对此，有些教师两次三次还可以容忍，四次五次就没有了耐性，甚至有教师认为是学生的品行不好，是学生故意和自己作对。于是，便给学生贴上了“屡教不改”的标签。

教师如果继续用“屡教不改”来评判学生，只会给“短板”学生的“问题”雪上加霜。因为学生永远不会因为教师如此的评判而有所改变，反而会更加疏远教师。

2. 处理“问题”时，容易情绪化

教师情绪化的主要表现如下：当心情好时，就会兴致高涨，要么看学生的“问题”不成问题，甚至变得没有问题，难免心不在焉敷衍了事；要么突然变得耐性十足，对“问题生”百般教导，翻来覆去，不厌其烦。而当心情不好时，教师常常不问青红皂白，不是声色俱厉地批评，就是随意地惩罚，很少考虑“问题生”是什么感受，即使有所考虑，也只是考虑到学生总是错了又错，尽给自己找麻烦。

教师在处理学生的问题时如果很情绪化，就很容易使教师忽视“短板”学生。一方面表明这些教师对教育学生缺乏应有的责任心，纯粹凭自己的好恶去对待学生，造成教育的盲目性和随意性；另一方面也显示了这些教师个性心理的不成熟与不稳定，在某种程度上还可能是教师自身压抑、焦虑、苦闷的反应。这些反应既来源于“短板”学生制造的问题，更来源于教师对待他们的不正确方式，久而久之就会形成恶性循环。即教师越处理不好学生的问题，学生的问题就越大，最后教师就更加情绪化。

3. 总是一味地讲道理

对“短板”学生苦口婆心地讲道理，是某些教师的本能反应。虽然讲道理在一定程度上确实有一定的教育作用，但对“短板”学生一味地讲道理，有可能会使他们对教师一味的说教产生厌烦情绪。因为这些“短板”学生并不是不懂教师所讲的道理，只是在成长过程中年龄特征决定了他们心理的不成熟，性情的不稳定，自控力差，他们真正需要的是教师给予他们恰如其分的引导，为他们设置实实在在的马上就能实现的“方向”和“道路”。

所以，教师应该让“短板”学生在生活和学习中不断去体验和感悟自己的言行，而不是用讲道理的方式使学生脱离生活实际。如果生活是生活，道理是道理，即使教师说的道理条条都是真理，对学生而言也是苍白无力的。

4. 时时盯着学生的短处

少数教师一说起“短板”学生，闯入他们脑海的便是学生们的种种“短处”，并且教师习惯于盯着这些学生的短处不放，除了批评还是批评，好像唯有如此，才能控制住“短板”学生，促使他们改变。

实际上，这些教师的做法往往事与愿违。由于教师对学生的短处过分关注，从而强化了“短板”学生对自己消极的认识和自我贬低，觉得教师和同学都是这么看待自己，自己就是一无是处。如果学生一直处在这样的氛围中，那么就很容易陷入焦虑、烦躁、自卑的境地，久而久之，这些学生要么是自怜自艾，要么是破罐子破摔，要么是愤世嫉俗或玩世不恭。

5. 以苛求的态度关注“短板”学生

有些教师出于狭隘的爱和责任感，以及自身性格上的完美主义，总是期望学生经过自己的教育能在短期内把所有的“问题”都解决掉，不再出现。比如，成绩差的学生其学习成绩能大幅度地提高；作业丢三落四的学生能按时完成作业；上课做小动作的学生能变得自觉遵守纪律；骂人打架、调皮捣蛋的学生能变得礼貌待人等。为了达到这些目标，一些教师会不厌其烦、不辞辛劳地“关注”学生，会绞尽脑汁想方设法地屡屡“帮助”他们。然而，这看似“帮助”，实为强人所难，这么做对“短板”学生出现的点滴变化和进步很容易忽略不计、视而不见。

“短板”学生需要的是教师真心、恰当的关注，比如，用宽容的心态接纳他们已存在的不足和缺点，用赏识的目光捕捉他们的“闪光点”，用爱心体察他们特殊的心情与言行。这样的关注方能获得学生对教师的亲近。

有效的“关注”应当是灵活机智，“关注”既是目的，也是手段，关键是教师要考虑它的技巧和方式，能让学生喜欢的“关注”，才是成功的“关注”。

6. 不可救药，听之任之

当一些教师对“短板”学生感到无能为力、心生厌倦时，就会开始放弃他们。所谓放弃，就是对“短板”学生不理不睬，听之任之，教师以为这样自己就解脱了。

其实，这只是教师的一相情愿，因为"短板"学生还是坐在教室里，问题还是问题，而且由于教师的放弃，让"短板"学生明显地感到教师对他们的厌烦，导致师生关系越来越紧张，甚至陷入敌对的状态。而此时的"短板"大都处于被孤立的境地，所以，他们本能的反应就是制造更多更大的问题、麻烦以引起教师的关注，哪怕这样的关注是打击的和处罚性的。

所以，教师如果放弃"短板"学生，就相当于承认自身教育的失败。苏联著名教育家苏霍姆林斯基说："世界上没有教不好的学生，只有教不好学生的老师。"大量的教育实践证明，只要教师的教育方式得法，就没有不可救药的学生。不放弃任何一个"短板"学生，是所有教育工作者应尽的责任。

（二）激励"短板"，促进"短板"，教师得到的不仅仅是荣耀

"把错误的权利还给学生。"68 岁的曾老师总是向学生及家长传授这个道理。

2006 年教师节，渝中区教师进修学院举行庆祝大会，曾庆宇老师被聘为全区唯一的首席教研员。还没等会议结束，曾老师就摘下了胸前的大红花悄悄离开了，她将赶往复旦中学竹园分部，因为那里有一场特殊的家长会正等着她。即将年满 68 岁的曾庆宇老师是当时重庆市在职教师中年龄最大的一位，她头上有无数耀眼的光环：市政府参事、首届"重庆名师"、十佳师德标兵、渝中名师……为了让她安心工作，渝中区政府专门以她的名字命名成立了名师工作室，还破例给她一个人出台文件，允许她工作到 70 岁退休。最近十几年里，曾庆宇老师将全部精力都献给了差生教育。她匆匆赶去的就是一个差生班家长会，她要说服那些心烦意乱的家长把孩子放心地交给她。

在初一（4）班教室，39 名被划入"差生"行列的学生和他们的家长早已等候多时。由于曾老师承担了联合国教科文组织一项课题研究，该课题研究要求对学生实施分层分类学习。所以，新入学的初一学生按学习习惯、生活习惯、组织纪律、学习成绩等综合因素分别组班，最"差"的是 4 班。

"说白了，我们是差生班，我们承认学习进展有差异，但不认为真正有差生。"曾庆宇老师并不忌讳"差生"二字，一到班上便开始了宣讲："我们

这个班是全校重点班。”

曾庆宇老师说，国家规定不准分重点班，那是担心学校歧视差生，但在这里学生们却能受到最多的关注和最好的教育，有最好的老师帮助他们重新赶上。

曾老师在教室里挂上了这样两幅字：教室是学生出错的地方；把出错的权利还给学生。她接手这个班第一件事是让学生拿起纸和笔“吐苦水”，将自己在小学、在家里受到的委屈都写出来，然后再让学生去找各自身上的亮点，和学生们制订一个督促前进的计划，使他们养成良好的学习和生活习惯。“用学生们最喜欢的方式做最不喜欢的事”，曾老师用这套方法帮助调皮的学生。

“去年这时，我同样面对这样一批学生。”曾庆宇老师给家长们举例，当时班上 18 名学生都是学习成绩差、学习习惯差的“短板”学生。有个无心上课的学生，甚至在作业本上胡乱画满各种动物的生殖器搞展览，还在学校拉帮结派成立“薄刀帮”。但在老师的关怀下，仅仅一年时间，他的学习成绩直线上升，甚至超过很多 1 班的学生。班上很多同学都在大踏步前进，学校决定将 4 班学生拆散分入其他班级。但学生们竟然爱上了这个“差生班”，坚决不同意转班，有一个学生还用圆规刺破手指，写下“老师，求您了”5 个大字。因为学生的强烈要求，最终“4 班”被保留了下来。这个班的学生还将成长经历写成了一本书，名叫《4 班传奇》。

曾老师说：“帮一个迷途学生走回‘正道’，比教出 10 个北大清华的学生还高兴。”

素质教育的目标是让学生学会生存和发展，教育的短期、中期、长期及终极目标是把学生培养成和谐的人。只有和谐的人才能营造和谐的社会群体，才能开创和谐、文明、发展的人类生存空间。培养、塑造和谐的人是教育的使命，是教师的职能所在。所以，在教师的眼里不能只有成绩好的好学生，因为和谐的就是好学生，而不是只有听话、成绩好的学生才是好学生。

教师应该用发展的眼光，如案例中的曾老师一样，发现学生特别是“短板”学生身上的闪光点，让“短板”慢慢变长，让所谓的“差生”也能成为和谐的人。

“教室是学生出错的地方”，曾老师在教室里悬挂的两幅字掷地有声地表明了教育、教师存在的理由，既然如此，教师的眼中又何来“短板”？况且学生都是鲜活的个体，他们之间无论是天生禀赋还是后天影响都有差异，只用一把尺子衡量，不是很荒唐吗?

作为教师，和学生在一起的时间多则几年，少则一学期甚至几节课，然后彼此就擦肩而过。教师就像学生人生道路上的一束阳光，一滴雨露，一场春雨，更像一个加油站。教师的叮咛和努力，目的只有一个——让学生成为一个和谐的人，一个对社会有用的人。

所以，教师的眼里不应只有好学生，教师应将自己的职责和目标定在培养和谐的人的基础上，这样教师才不会有忽视“短板”的行为。因为每一个学生都可以培养成一个和谐的人。

(三) 规避误区，不忽视“短板”的策略

在实际的教育教学工作中，教师比较注重对“好学生”的提拔，而忽视了对一般学生的开发。如果一个教师将过多的精力用在关注好学生的身上，那么就会忽略课堂上的“短板”，从而使“短板”学生更加失衡。实践证明，如果教师对“短板”学生激励得好，其教育效果将大大胜过对“好学生”的激励。

1. 时刻关注学生，给学生作好个性评价

教师可以通过观察、谈心、讨论会、家访等方式，比较清楚地了解每个学生的智力状况、学习能力、行为习惯、意志品质、家庭情况等，只有对学生有了客观的认识，教师才能找出“短板”学生的障碍，诊断出他们的“病因”，从而对学生作出客观公正的评价，而不是一看见“短板”学生就产生厌烦情绪。

2. 心存永不放弃，才能做到不忽视“短板”

“短板”的形成原因是多方面的，主要因素有：没有良好的学习习惯；思维不活跃，接受能力差；家长对孩子的关心较少；教师对学生存有偏见等。尽管“短板”学生或多或少都存在自卑心理，但有一点是共同的，那就是他们都有一颗积极向上的心，他们都不会自暴自弃。

所以，教师首先要具备一颗永不放弃的心，多去关心帮助“短板”学生。在平时的教育中，教师应努力做到“三多”：

一是多谈心。教师应利用课前课后的时间多找“短板”学生谈心，了解

他们平时的思想动向、生活和学习情况，当他们遇到困难时，要及时给予帮助，并对他们提出希望和要求。

二是多关心。由于“短板”学生大多自我控制能力比较差，加之有一些不良的品行，所以难免会犯一些错误，这时他们更需要教师的宽容和理解。

三是多信任。课堂上，教师应多给“短板”学生发言和表现的机会，不要害怕他们说错和做错。对于有一些小缺点的学生，教师可以时常委以“重任”，让他们在与优秀同学的对比中，发现自己的不足和缺点，从而产生向优秀生看齐的愿望，并积极作出改变。

3. 要持之以恒

“短板”学生的问题不是一天两天形成的，教师做他们的改造工作是一项长期而艰巨的任务。教师只有具备持之以恒的精神才不会忽视“短板”，才能真正帮助“短板”学生进步。

在现行教育制度，特别是教育评估制度下，教师要做到不忽视“短板”，确实有一定的难度。但作为教师，必须要做到凭良心办事，尽可能做到不忽视“短板”，从而减少对学生的心灵伤害。只简单地用“好”与“不好”的标准来评判学生是没有价值的。因为人的生命形态丰富多彩，每个学生都会按照自己的方式设计出精彩的自己。所以，好的教育应该尊重每一位学生，包括那些爱犯错误的“短板”学生。

误区7 缺少童心

——用成人的心态处理孩子的问题

一天，乐乐和爸爸在一起画画。乐乐画了一棵树，爸爸说："树枝怎么能比树干粗呢？那就不是树了。"乐乐画了一只小兔子，爸爸说："兔子有红色的吗？那就不是兔子了。"乐乐画了一匹马，爸爸说："马有翅膀吗？那就不是马了。"乐乐还画了一只老母鸡。老母鸡下了一个蛋，那蛋比老母鸡还大。看着儿子的画，爸爸无法理解。

后来，乐乐拿着自己的画参加了一个国际儿童画展。结果，他获得了一等奖。

爸爸之所以不理解孩子的画，是因为他缺少童心，没有理解孩子的心灵，而是用了成人的标准来评价孩子的画。

在教育工作中，一些教师也像故事中的爸爸一样缺少童心，他们往往用成人的心态思考、处理学生的问题。结果，不但没有把问题处理好，还阻碍了学生的求知欲，甚至扼杀了学生的想象力与创造力，使教育效果走向了反面。

心理学家认为，人一生中各个年龄段的心理发展特点是不一样的。每一阶段的教育都要遵循其心理发展规律。学生是一个完整而独立的个体，教育方式不能违反他们的心理发展规律，如果用成人的标尺去衡量孩子的言行，这显然是违背孩子的成长规律的。

所以，教育家陶行知先生多次告诫教育工作者："我们必须会变小孩子，才配做小孩子的先生。"所谓"会变小孩子"，就是教师要尽量使自己具备童心——用孩子的眼睛去观察，用孩子的耳朵去倾听，用孩子的大脑去思考，用孩子的兴趣去探寻，用孩子的情感去热爱。即教师要学会换位思考，从孩子的角度处理问题。

（一）不要泯灭孩子的童心

1. 专横武断带给学生的将是遗憾

课堂上正当教师讲得津津有味时，突然一个学生把手举得高高的，教师以为学生要回答问题，便把学生叫起来。没想到，学生却说："老师，你写错了一个字。"教师定睛一看，才发现原来把"责备"的"责"字下面的一点写成了一撇。这种错误不仔细看是看不出来的。

然而，教师不仅没有承认错误，反而觉得学生是在众目睽睽之下故意让自己出丑，于是嘲笑着说："难道你比老师还正确吗?"

学生没有明白教师的意思，竟然再次质疑。

顿时，一团无名之火在教师心中燃烧起来，教师手中的教鞭"啪"地落在了讲台上，突然脱口而出："就你事儿多，坐那儿好好听！你这个家伙，平时不好好学习，上课稍有一点问题，你就信口雌黄，胡作非为，扰乱课堂，你安的是什么心？课堂上可以乱说话吗？祸从口出，你不知道吗？……"。

听到老师的批评，学生就像一只可怜的落水狗一样，没有丝毫还手之力，他呆若木鸡地听着老师的教训。之后，学生开始没精打采，他再也没有心思听老师讲课了。

可能对学生来说，仔细、严谨的学习态度尤为重要；而对教师来说，用睿智的目光洞察课堂教学的每一个细节，更是重要。写错字，似乎是一件小事，教师似乎可以不必在意，但这只是站在教师的角度看问题是这样的；如果站在学生的角度，这就是天大的事。案例中的教师没有洞察学生的心思，反之给学生的却是一阵暴风骤雨。虽然教师感觉心里安慰了，但却给学生带来的是遗憾。或许对学生来说，教师的这种专横武断的行为更是教师的一种奇耻大辱。

教育需要教师与学生换位思考，教师要常常站在学生的角度看问题。只有这样，教师才能真正体会学生的真实想法，才能使教育更科学、更有针对性。

2. 爱心不是童心

小广平时上课很懒散，每次老师批评教育他，他都不当一回事。

有一次，某教师去上课，当教师说完“上课”时，全班同学马上起立齐声说道：“老师，您好。”教师刚想说“同学们好”时，却发现小广还坐着，并且冲自己笑，他的样子好像在对自己挑战：“我就不站起来，看你能把我怎样！”

看到小广这样，教师很生气，于是大声对小广说：“小广，你站起来！”哪知小广根本不买教师的账，还是坐在那里冲教师笑。

此时，教师真想走到他面前把他从凳子上拉起来，但这位教师马上否定了自己的想法，因为小广脾气很倔，这样做的效果肯定不理想。

于是，教师决定换一种方法去处理这件事。教师先把自己的火气压下，对全班同学说：“有位同学还没作好站起来向老师行礼的准备，我们先不上课，等一下这名同学。”

随之，站着的学生不乐意了，他们一起对坐着的小广说：“小广，你快站起来……”

刚开始，小广还是不站起来。慢慢地，他受不了同学们的鄙夷，所以只好站了起来，然后举起手向老师敬礼：“老师，您好。”

“同学们好，现在我们开始上课……”课堂总算进入了正式环节。

课堂顺利进行，小广没有再犯错误。

下课后，该教师把小广叫到办公室与他沟通：“小广，你能不能告诉老师你为什么要这样做，是不是不喜欢老师？”

小广摇摇头说：“不是。”

“你和老师说实话为什么要那样做，老师不批评你。”

“我想让同学们都佩服我……”小广的回答出乎教师的意料。

听小广说完，教师对他进行了耐心的教育……

“我想让同学们都佩服我。”多么幼稚的想法！但这的确是学生的真实想法。由此可见，小广的本性并不坏。如果后来老师不是把小广叫到办公室仔细询问，就差点以成人的心理错怪了他，误认为他是个坏孩子。

一些教师总认为只要自己每天努力工作、负责任、对学生充满爱心，就一定能成为优秀教师。事实上，在从教的道路上，教师除了要有“坚定的事业心”“无私的爱心”以外，还要有一颗童心，要善于挖掘孩子的内心世界，并怀着孩子般的情感去理解他们。

3. 不理解会引来学生的反抗

某校体育老师樊老师请假了，班主任刘老师负责安排本班的四节体育课。想到本班学生的学习基础普遍不好，刘老师暗喜："这回可有时间把学生学得不牢固的知识夯实了。"于是给学生解释完原因后，刘老师理所当然地将体育课上成了语文课。前两次倒还风平浪静，可是第三次麻烦就来了。

这次体育课是下午第一节。预备铃响后，刘老师拿着书本照例来到教室，却发现教室里只有两三个学生，当他往楼下看时，发现学生们都聚集在操场上。

刘老师想也没想，就发布号令："快上来上课！"

学生们抬眼看了看刘老师，像没听明白，大家没什么反应。

刘老师不禁有些恼火，他提高嗓门说："听见了没有？"

没想到，学生们居然抗议似的一齐有节奏地大喊："体育！体育！体育！"

这意想不到的情景让刘老师一下愣住了。

案例中的刘老师本想牺牲休息时间为学生们补课，结果不但没有得到学生们的理解，反而遭到学生们的集体抗议。虽然学生的行为是过分了点，但是不是学生真的不听话呢？不是。教师可以想想，自己上学时，除了体育课，一周里其他时间都得坐在教室里上课，这样的教学安排多沉闷。再想想学生，他们正处于爱动的年龄，整整一周没一次室外课，他们怎么会没有怨言呢？

所以，教师要多从学生的角度出发，多理解学生的需求，文化课固然重要，但如果没有健康的体魄，学生又怎么能让学习更有效率呢？

（二）换位思考，从学生的角度想问题

从教以来，浙江省诸暨市东一中学班主任杨平老师一直信奉这样一句话："教育必须要走进学生的心里。"所以，杨老师一直在日常教育管理工作中坚持用换位思考、从学生的角度想问题的方式来教育学生，把自己的班级管理得有声有色。

1. 不一样的班级公约

又到了制订班级公约的时候了，杨老师还是把以前的公约套在了新一批

学生的身上。有一位好心的同事说："你怎么又是这个，怎么这么懒呀？网上有的是，改改吧，免得领导批评你。"杨老师知道同事并没有恶意，但杨老师有自己的打算，他只是笑了笑。

杨老师的班级公约与众不同，它分为两个部分：第一部分是针对学生的，"要做一个有责任心，有爱心，堂堂正正，有血有肉的大气的人，并时刻牢记三句话——我是一个好孩子；把自己的缺点藏起来；做每一件事时，想想自己最亲爱的人。"第二部分是针对班主任的："少一分苛求，多一分理解；少一分埋怨，多一分宽容；少一分指责，多一分鼓励。"

当杨老师把班级公约打印出来后，学生们对这份公约有一致的看法。他们是第一次看到这样的公约，因为有对班主任老师的要求，这在以往是根本看不到的。对老师和学生一样有要求，学生们很欣喜。

在班会课上，杨老师首先让学生牢记班级公约，把每词每句刻在心中，然后让学生一个个宣誓。最后，杨老师也和学生一样郑重宣誓。当杨老师宣誓完的那一刻，学生们都报以热烈的掌声。

2. 不一样的班级管理

在传统的班级管理中，往往是以班主任老师管理和几个班干部管理为主，少数学生从低年级到高年级"世袭"着班级管理者的角色。而大部分学生则长期处于被管理的地位，甚至几乎从未扮演过任何管理者的角色，他们从没想到或不敢向班主任老师去争取当管理者。

对于这种传统的班级管理做法，杨老师坚决摒弃。杨老师说："教育应面向全体学生，让每个学生的潜能和个性得到充分发展。参与班级管理，既是学生的权利，也是学生的义务，班级事务应该由大家一起来分担，而不是由几个人包下来。"在班级管理上，杨老师把班级还给了学生，让学生在自我管理的过程中达到自我教育、自我评估、自我服务的目的，使"自己的事情自己做"这一理念深入人心，而作为班主任则更多的是退居幕后指导、协调班级工作的开展。

杨老师推行值日班长轮流制，要求每天由两位学生担任值日班长。担任值日班长，人人都有机会，不论学习成绩好坏，不论原有能力高低，在机会面前人人平等。值日班长主要负责班级一日行为规范的督促、管理，如晨跑、晨操、早自修、课间纪律、眼保健操、午休、读报、晚自修、教室与绿化区的保洁、协调同学关系、班级日记、点评一日班级情况并打分（满意，

≥85分；基本满意，70～85分；不满意，<70分），对存在的问题提出整改意见等。值日班长交接工作在晚餐后，晚自修前进行。一个星期结束，没有轮到值日的其他学生要对本星期五组值日班长进行评价，并评选出三个奖项：管理有成效——优秀奖；工作有创新——创意奖；相互协作好——最佳搭档奖。当选者，上墙公布，并给予一定的奖励。

为了配合值日班长轮流制，杨老师还推行小组长制。小组长一般不更换人员，实行常任制。学习小组长由学习成绩相对突出又较稳定的学生担任，男女各1位；生活小组长（寝室长）由各寝室成员自己推选一位工作负责的学生担任，男女各2位，共4位；文艺小组长由在音乐、美术、书法方面有特长的学生担任，每科男女各1位，共6位；体育小组长由在体育方面有特长的学生担任，男女各1位。小组长的职责是发动全班学生讨论、制订学期班级目标与工作计划；从学生角度出发，代表班级负责与相应学科任课老师联系沟通；组织策划班级各项活动，如演讲赛、每周黑板报、每周的主题班会、班级各项体育赛事等。

每当值日班长和小组长管理班级时，杨老师就放手让他们干，必要的时候再加以指导。时常可以看到，杨老师旁听着由值日班长主持的学生会议或小组长会议。有时，还可以看到杨老师做值日班长或小组长的“下手”——帮着做会议记录。

自实行值日班长轮流制和小组长制以来，学生参与班级管理的热情空前高涨，人人出谋划策，个个奋发向上，学生从中也受到了很好的教育。从未当过班干部的学生，在受到同学们的肯定后，他们露出了欣慰、自信的笑容，相信自己也能行；以前比较自由散漫的学生，在参与了班级管理后，开始严于律己，加强自我约束、自我激励，其行为规范上了一个新台阶。

3. 不一样的日记

每每开学第一天，杨老师都会给学生布置写日记的任务。知道学生一般都不喜欢写日记，杨老师就“强调形式”：字数不限，可长可短，啥事都可以写，甚至没东西可写或没时间写的时候，写一个——“OK”（当然一个星期里面，“OK”不能超过两个）。

刚开始，学生们的日记主要是写自己的学习、生活情况，属于单向式的汇报。后来，随着杨老师的参与——批阅，大家才逐渐敞开心扉，畅所欲言。有的学生在日记里跟杨老师谈韩剧、谈明星；有的把听到的、看到的好词好句摘抄下来让杨老师欣赏；有的叫杨老师猜字谜；有的把家里父母争吵的事写下来让杨老师分析、评判；还有的甚至把喜欢过谁，以前跟谁谈过恋爱，后来怎么分手的事都当作话题来写。可以说，学生的日记内容丰富多彩，酸甜苦辣样样俱全。

对于批阅学生的日记，虽然任务繁重，每天要批改40多本，但杨老师却乐此不疲。杨老师认为，这样可以更及时、更全面地了解学生的个性差异，能让自己更有效、更有针对性地教育学生。

现在，小小的日记本已成了杨老师与学生交流情感的工具，学生非常喜欢用写日记的方式与杨老师交流。

4. 不一样的批评

学生犯了错误，杨老师也会批评学生。不过，杨老师批评学生的方法有些特别。为了达到教育的目的，杨老师会根据学生的个性特点、家庭背景、犯错程度等不同情况，采取不同的批评方法。

外向乐观的学生，通常性格开朗、充满热情，对老师的批评想得开，看得透，有较强的心理承受能力。这类学生犯错，杨老师是直言不讳、直接指出其问题，并明确要求，令其改正。

内向拘谨的学生，通常有比较强的自尊心，但又常常缺乏自信，对待缺点和错误，很容易使自己自卑。这类学生犯错，杨老师是给足情面，留有余地，不尖锐批评。

倔强的学生，易认死理，听不进别人的批评。这类学生犯错，杨老师是以柔克刚，压住火气，冷静处之，避免进行公开的批评。

而后进生，通常是听惯了别人的批评，所以会显得满不在乎。但他们有一颗比别人更强烈的自尊心。这类学生犯错，杨老师是特别的关心和爱护他们，他会用满腔热情去感动他们，使其改正错误。

杨老师采用这种因人而异的批评方法，对学生的教育起到了很好的教育作用。每当受到杨老师的批评，犯错学生都能深刻认识到自己的过错，并能感受到老师是真诚的在帮助自己，从而欣然接受批评，改正过错。

一样的学生，不一样的做法。杨老师用诸多不一样真正走进了学生的世界。由杨老师的教育实践证明：教师采用换位思考，从学生的角度处理问题，是教师拥有童心的具体体现。通过换位思考，从学生的角度处理问题，教师可以突破固有的思维习惯，学会变通，解决常规性思维下难以解决的事情；可以了解学生的心理需求，感受学生的情绪，与学生能更好地进行沟通；可以欣赏到学生的优点，并给予学生真诚的鼓励，从而激发学生的潜能和创造力；等等。只有这样，教育工作才能更好、更快地展开，进而取得事半功倍的效果。

许多教师都说现在的学生越来越难教了，许多家长也说现在的孩子也越来越难管了。难道真的是现在的学生都变得没有人情味、都不懂道理了吗？不是。时代变了，人的思想也变了，因此教育工作者的思考方式也应随之改变。现在，学生的思想比过去要丰富得多，教师不能再用传统的观念简单地看待学生，而是要与他们换位思考，站在他们的角度看待他们。

（三）规避误区，让教师拥有童心的策略

换位思考，从学生的角度处理问题，需要教师有满腔的热情、平等的关怀、细心的观察、灵活的教育手段。具体来说，包括以下五个方面：

1. 坚持贯彻四个基本教育理念

教师要换位思考，从学生的角度处理学生的问题，就一定要在教育工作中坚持贯彻四个基本教育理念，即爱学生、尊重学生、赏识学生、理解和宽容学生。

（1）爱学生

爱学生，是教师崇高的职业道德的体现，是激发学生进步的动力。师爱影响乃至决定学生个性的发展方向，它是做好一切教育工作的前提和基础。

捷尔任斯基说："谁爱孩子，孩子就爱他，只有爱孩子的人，他才可以教育孩子。"每个学生都希望得到教师的关爱、受到教师的关注，教师要用自己的爱去教育学生。这种爱不是偏爱，而是平等地爱所有的学生；这种爱也不是溺爱，而是关心学生的学习、生活和情感世界，关注学生的进步与发展。

（2）尊重学生

实践证明，学生只有在尊重、信任的氛围中，才会有思维活跃、参与主动、学习积极的表现。所以，教师在教育工作中一定要尊重学生，做到关心爱护每一个学生，平等对待每一个学生，尊重每一个学生的想法，从而营造师生平等、相互尊重的氛围，让每一个学生感到他们是班级的主人，学校的

主人。

（3）赏识学生

每个学生都渴望得到教师的肯定和赏识，如果得到教师的肯定和赏识，他们就会充满自信、朝气蓬勃、积极向上；相反，如果经常受到教师的训斥、嫌弃和惩罚，他们就会从中感受到教师的否定和排斥，觉得自己无能，从而丧失信心，进而自暴自弃、消极无为、不思上进。教师对学生的肯定和赏识，不仅能激发学生的学习兴趣，而且还可以培养学生健康向上的个性。更重要的是，学生在赏识中感受到教师的爱护，陶冶了情操，学会了如何去对待别人、影响别人、感染别人，从而形成友爱、团结、互助的优良品质，进而形成爱祖国、爱人民、爱社会的高尚情操。所以，教师要做学生虔诚的赏识者。

（4）理解和宽容学生

“人非圣贤，孰能无过。”学生由于年龄小，他们在学习、遵守纪律、做事等方面的经验都很少，因此很容易有错误的行为。对此，教师要理解和宽容学生，允许学生犯错。

此外，教师应注意理解和宽容学生要有限度，要在宽容的基础上及时对学生进行正确的引导、教育，让学生真正明白自己的过错，并勇于认错、改错。

2.“蹲下来”倾听学生的心声

在教育工作中，师生之间是民主平等的关系。因此，教师不能总是摆出唯我独尊的模样，要学会“蹲下来”倾听学生的心声。只有当教师与学生都处在平等的地位，学生才能消除内心的顾忌，才会向教师敞开心扉，教师才能对学生展开因势利导的教育。

倾听学生的心声，教师应本着积极热情、耐心、真诚的态度，在倾听过程中，教师要用鼓励而期待的眼神，示意学生大胆表达，并对学生的心声适时作出引导。

3.体会学生

成人的心理和儿童的心理是完全不同的，只有了解学生的体验，教师和学生才能走得更近。

由于学生每天要面临比较繁重的学习任务，要处理与很多同学的关系，要接受来自学校、家庭、社会的约束。在学生看来，这些事情有很多是新奇的，也有很多让人觉得不习惯。好动、好奇的天性使学生在做这些事情时会呈现出各种各样的表现行为，有些是成人能够认可的，有些则是成人不大认可的。这样，成人就会约束他们，教育他们，训斥他们。但事实上，学生的行为是符合他们天性的，而成人太多的要求反而使他们的天性受到压制，这样很不利于他们的成长。所以，教师在教育工作中应站在学生的角度去真实体会，这样才能正确分辨哪些是可以为之的，哪些是需要约束的。

4. 留心观察学生

在教育工作中，教师要想真正理解学生，就要做一个有心人，多注意观察学生。在观察学生时，教师应有明确的观察目标和一个长期合理的观察计划，以便及时发现学生的成长变化。观察的形式和途径多种多样，如课堂上、课间休息、小组活动、主题班会、公益劳动等各种场合都可以对学生进行观察。

教师应注意，在观察学生的过程中，如果发现问题，要及时与学生进行沟通和交流。

5. 灵活运用教育手段

在不同的学生身上会发生不同的事，不同的事需要教师以不同的态度去面对；不同的学生身上也有可能发生相同的事，这相同的事也需要教师用不同的态度去对待；同一个学生身上可能发生不同的事，这更需要教师用不同的方法去处理。“一棍子打死十八个和尚”的方式在教育上是永远行不通的，所以教师需要灵活地面对在学生身上发生的每一件事。

误区8 评价机械
——不以发展的眼光看学生

一位青年从神学院毕业的时候，他的老师给了他这样的评价：健康状态不佳，中等身材，不善辞令，沉默寡言，有时不太用功；神学有成绩，虽然尝试讲道不无热情，但看起来不是一个优秀的传道士；但天赋高，判断力强，记忆力好，文字通顺，作风正派；语言知识丰富，哲学上十分努力，希望发挥你的长处，只要努力，在这方面一定有所成就。

果然，这位青年后来在哲学上作出了杰出的贡献，他就是大哲学家——黑格尔。

好的评价可能会影响学生的一生，像黑格尔的老师这样真实客观地评价黑格尔的个性、能力、取向以及弱点和不足，不仅能让学生认识到自身的问题，而且还能为学生指出人生奋斗的方向。这样的评价是真诚的、用心的，也是充满激励意义的，它让从神学院毕业的黑格尔最终成为大哲学家。

机械的评价只会让学生感到无关痛痒，甚至觉得教师只是在敷衍了事，更不要说让学生树立正确的为人处世的观念，并影响他们的一生了。

另外，在过去应试教育的影响下，少数一些教师在对学生进行评价时，往往将其与考试成绩联系在一起。这样的评价只以分数论英雄，根本看不到学生其他方面的闪光点，完全忽视了学生作为“人”所具有的发展潜能，这也是很不足取的。

（一）攻击性评价会伤及学生的自尊

像许多望子成龙、望女成凤的年轻父母一样，张女士给正在上小学一年级的女儿小张在某培训班报名学书法。每个周日张女士总要带女儿到培训班练字。

一天，张女士的家中来了很多亲戚，人们在交谈中得知小张在学习书法，于是大家便让小张拿出自己的作业本给大家看。当大家翻到一篇习作时，突然看到上面赫然用红笔写着“真恶心”三个大字。大人们立即七嘴八舌地议论起老师怎么能这样评价学生。大人们的议论传到了小张的耳朵里，她委屈地哭了，并表示不再去学书法了。

在张女士多次动员女儿去练字遭到拒绝后，张女士来到培训班找写评语的老师。当她问老师为何这样对待学生时，老师竟然说：“很正常！我这儿还有打手板心的，我这是把你的孩子当成我自己的孩子来看待，是激励她成才！”老师的一番话令张女士匪夷所思。

如此具有人格攻击性的评价，别说是孩子幼小的心灵，就是历经世事的成人也未必接受得了。现在的学生自尊心比较强，不当的评价很容易伤及学生的自尊，甚至让他们走向极端。

评语是代表教师对学生学习的一个倾向性评价，作业、试卷发下来，学生们常常会互相交换作业本看看老师写的评语，这样能够鼓励和警醒学生们学习，并且能够在他们中间形成榜样的动力机制。所以，教师对学生的评价应该是谨慎的、客观的，有利于他们更好发展的，而不应该是对小小的心灵造成伤害的。

美国的一名普通教师海伦·姆拉斯拉在当班主任时，他要求学生互相找优点，然后依据自己的观察并综合学生的意见写了一份份热情洋溢的以表扬为基调的评语。比如，“从来不知道别人会认为我这么好！”等，学生们都非常激动。若干年后，他的一名学生因公务而殉职了。人们在他的贴身口袋里找到了一张纸条，那是当年海伦·姆拉斯拉写给他的评语。在这位学生的葬礼上，其他学生纷纷告诉他：“您给我的评语一直压在我的写字台上。”“您写的评语一直放在我的结婚相册里。”……

看看海伦·姆拉斯拉的评价对学生的影响，再看看案例中那位教师的行为，二者的差别显而易见。有针对性地对学生作出客观的评价，是一件不容易的事，是对教师综合素质的考验。教师不论是针对学生的优点，还是缺点所作的评价，首先应该是学生能够接受的，学生不能接受的评价一定不是好评价。其次，评价应该是教师用心做的，是针对每个学生的个性特点的，是让学生能够感受到老师的爱的评价。这样的评价既是对学生的尊重，也是良好教育环境下教师不可缺少的素质。

评价教条和攻击都是教师陷入评价误区的典型表现，除此之外，一些教师的评价还容易犯千篇一律、毫无特点的错误。

1. 评价公式化，让学生感觉在敷衍

在一些教师的评价里，评价公式化现象非常普遍。这类评价一般采用先德后智再体美、先优点后缺点再加希望的固定格式。有的教师还把全班学生的优缺点和希望罗列为若干条打印出来，并在罗列的条文中勾出几条算是某一学生的操行评价发给学生。如此种种，千篇一律。缺乏情感交流的评价，不仅不能触动学生的心灵，而且还会让学生觉得教师是在敷衍，从而拉开了师生之间的情感距离。

2. 评价缺少变化，不能打动学生

少数教师对学生的评价语言这学期与上学期差不多，今年和去年差不多，甲学生与乙学生差不多，看不出不同、变化、发展，评价词汇贫乏，用语流于俗套，缺乏激励性的语句，更缺乏时代气息，不足以打动学生。

3. 陷入脸谱化误区

能让学生铭记的评价一定是可以体现该学生个性特征的。

有些教师的评价容易陷入千人一面的误区，如“该生热爱祖国，尊敬师长，热爱集体，团结同学，礼貌待人……但上课听讲尚欠专心……希望今后改正缺点，更上一层楼”这类老式的评价，让人听了连学生操行等次都很难判断出。此类用语偏重于对学生行为的评价，忽视了对学生个性的评价。

4. 走入公文化误区

有些教师在对学生进行期末评价时，开头便是“该生本学期以来……”一个“该生”可以看出评语是面对家长的，而不是面向学生的，行文抽象，语气冷漠，一幅“公事公办”的走过场模样，完全忽视了评语对学生的作用。

5. 评价时，人称使用不当

好的评价应该以“你”代替“该生”，让学生充分体验教师的关爱以及尊重。

改变人称能让学生充分地感觉到：老师正在同“我”面对面地讲话，老师是重视我的，老师对“我”的情况了解得那么全面。学生发现自己被重视时，就能激发起自信心，就会产生向上的动力。事实证明，采用第二人称会拉近师生之间的距离，使学生更愿意向教师吐露心声。如下面一则评价用语效果就很好：

“你辛苦了！我知道你一直很尽力地要干好每一件事。对你来说，虽然课堂是乏味的，但你却总是挺直腰板，睁大眼睛。这真让老师感动，尽管没有一个同学为你的努力喝过彩。但我要肯定地说，你是一个积极向上的孩子……”

6. 评价语言单调乏味

(1) 评价要能打动学生，“鼓励”应成为基调。教育的目的是培养合格的人才，教师所面对的学生将来都是国家的建设者。所以，教师将目光放在学生过去的错误或缺点上是毫无意义的。教师应该用发展的眼光，以热情而有鼓动性的语言去评价每一位学生，通过鼓励的方式与学生交流，对学生的发展和所取得的成绩要表示肯定，这样学生就更易接受，并形成健康的自我认识，从而更好地把握自己的未来。

(2) 评价语言应讲究艺术，淡化优缺点的痕迹，使表扬批评都隐含在字里行间。以褒的口吻写出贬的成分，以贬的笔调反映褒的因素，以幽默诙谐的语言巧妙反映其不足。同时尽量减轻对学生的挫伤，保护好学生的自尊心。如以下一则，效果就不错：

“其实，你是一位力求上进的好同学，如果你能抓紧时间，少玩点，少看电视，稍稍控制自己，那么，你的学习成绩定会有所提高。愿你成为时间的主人，成为一个勤奋好学的孩子！”

(3) 语言形式多样化。评价学生的某一方面，教师不可以一言蔽之，而要运用多种语言形式将学生的不同表现层次的差别细致地区分开来。如评“能否按时完成作业”，可写为：“你的作业尚存在许多缺漏”“你的作业答案正确，但因你的书写而大打折扣”“你的书写漂亮，但作业准确率不高”“我很欣赏你对一些问题的独特见解”“从你的作业可看出，你是一个阅读面广，思维清晰的人”等。评语的结尾，也可赠送富有哲理、耐人寻味的格言警句，蕴涵教育期望。

教师对学生进行评价是一件很有意义而又十分复杂的工作。教师在完成该工作时不能陷入教条的误区，毫无新意，应付了事。好的评价，有待于教师现代教育思想、教育观念的指导，同时还需教师不断地进行改革、创新，才能使评价产生最佳的效果，最终达到让学生受益终生的目的。

（二）多正面评价，学生才能不断完善自我

于永正老师在教学过程中非常注意对学生进行及时、准确的评价，让学生在适当的评价下不断提升自己。

于老师：“今天我们来学习《小稻秧脱险记》，同学们先默读一遍课文。”

学生开始默读课文。

于老师：“现在老师先读一遍，同学们听一下。”

于老师开始有感情地配乐朗读，学生不时发出赞叹声。当于老师读完后，学生们禁不住鼓起掌来。

于老师：“现在，我邀请一位同学朗读。谁愿意呢？”

有几个学生举起了手。

于老师：“这几位同学真勇敢，大家要向他们学习，那就请小花来读吧。”

小花开始认真地朗读。

于老师：“小花读得很好，没有出现错别字，可见，她一定预习得非常认真，但如果她能读得再有感情些就更好了。谁能像老师那样有感情地朗读这篇课文呢？”

学生们都想像老师说得那样勇敢，于是纷纷举起手来。

于老师：“老师很喜欢你们这样勇敢，小明来朗读吧，记着，除了像小花那样读得准确、流利外，还要有感情啊。”

小明开始认真地读课文。他读得较流利，有感情，但读到“小稻秧望着这群蛮不讲理的杂草，说……”时，“蛮”字读错了，但他马上意识到自己的错误，并改正了过来。当小明认真读完后，于老师开始进行点评。同时，他还邀请学生参与点评。

于老师：“小明同学读得好不好？”

学生：“好。”

于老师：“好在哪里？请同学们具体地指出来。”

学生：“他读得很有感情。同时，‘蛮’字他第一次读错了，但马上改正了过来。”

于老师：“好，你听得很认真。小明也很好，自己错了马上便改正过来。”

于老师："那么，小明在朗读时又有什么缺点呢？"

学生们开始回想，但都在摇头。

于老师："小明，请你再读一下文中杂草被大夫用除草剂喷洒过后说：'完了，我们都喘不过气来了。'这句话。"

小明又读了一次，且声音非常洪亮。

于老师："要么是你的抗药性强，要么是这除草剂是假冒伪劣产品，我再给你喷洒一些除草剂吧！"

大家都笑了，小明也笑了。

于老师："好了，小明再读一次，注意感情色彩。"

小明会心地耷拉着脑袋有气无力地又读了一遍，这次读出了效果。

于老师："小明读得很有感情，但出了点小错误。哪位同学可以再好好地读一遍，读得既正确、流利，又有感情？"

小新开始朗读。

于老师："读得多好啊，没有出现错误还很有感情，真的很棒！"

于老师通过对学生进行正面的评价，不但让学生了解到自己的不足，也为他们的学习指明了方向，同时还给其他学生树立了榜样。这堂课在学生们的欢笑声中结束了。

符合事实的评价不但能指出学生的不足，还能为学生的学习指明方向，起到导向的作用。因此，在教育过程中，教师对学生的行为要给予及时、细致、准确的评价。就像案例中的于老师，当学生举手回答问题时，他夸学生很勇敢；当小花朗读完课文时，于老师夸奖她课文朗读得准确、流利，预习得好；当小明朗读完后，于老师夸奖他知错能改，朗读课文有感情；等等。

对于学生表现得好的地方，于老师及时把它们指出来，不但让学生发现了自己的优点，增强了他们的自信心与自豪感，而且还为其他学生树立了榜样。

评价中，教师要多肯定、表扬，少指责、批评。即使学生有这样那样的问题，教师也应该看主流、看方向，多给予鼓励，让学生始终带着成功的自豪感去挖掘自身的潜能，增长自己的才干。

对学生表现不好的地方，教师也要指出其不足，但一定要注意方式。如案例中的于老师就善于用委婉的语气指出学生的不足，以"如果感情能丰富点就更好了"这样的话来激励学生不断完善自己。同时，教师在评价学生的过程中，还可以巧妙地使用一些方法指出学生的不足，让学生易于接受。例如，当小明声音非常洪亮地朗读文中“完了，我们都喘不过气来了”这句话时，于老师运用了幽默的语言“要么是你的抗药性强，要么是这除草剂是假冒伪劣产品，我再给你喷洒一些除草剂吧”让小明在欢笑中发现了自己的不足，并及时改正，保护了学生的自尊心。

教师采取正确的评价方法源自于对学生的爱。教师只有对学生充满爱，才会千方百计地去研究、寻求并抓住学生身上转瞬即逝的“闪光点”去肯定学生，同时才会及时发现学生的缺点，并结合学生的承受能力，对他们的行为作出适时的评价。

为了避免评价陷入教条的误区，教师在评价学生的过程中，应把握以下几个原则：

1. 客观性原则

评价必须客观公正，这是评价首要的原则。教师对学生的评价必须从实际出发，切忌主观臆断、先入为主、以个人好恶来决定对学生的评价，如果那样就会造成评价的失准，引起学生的反感，丧失评价的权威性和严肃性。如学生明明答错了，教师却用“你回答得很好!”之类的话进行肯定，不但让学生误以为答错没什么，甚至还会让学生觉得老师根本没有认真听他的回答，是在敷衍他，从而对教师产生反感情绪，影响教育活动顺利进行。

2. 针对性原则

在教学过程中，教师还要尽量避免对学生进行泛泛的评价，要多观察学生的特点，及时发现学生身上的亮点并对其加以肯定。这样，不但能让学生真正感受到老师一直在关注着自己，而且还能为其他学生树立榜样，指明努力的方向。

3. 导向性原则

教师的评价对学生的发展起着导向性的作用。教师赞成什么，反对什么，直接影响着学生评断事物的是非观和价值观。

在教育教学活动中，教师要明确地指出他赞成的行为，并及时对其给予肯定，同时对学生的不良行为也要及时指出，并讲明道理，让学生及时改正。

4. 及时性原则

学生对教师的评价存有期待心理，他们希望教师能及时对其思想、学习等方面的表现作出评价。这就要求教师要具有敏锐的洞察力和高度的责任感，不忽略学生的每一个闪光点，不放过每一个缺点和错误，积极对学生进行评价。

5. 激励性原则

每个人的内心深处都有根深蒂固的需要，那就是渴望被人赏识。对学生来说，这方面的需要则更为强烈。在评价中，教师对学生的激励往往是学生不断努力的动力。因此，教师要对学生的日常表现多进行一些肯定的评价，对学生进行正面引导。

6. 全面性原则

少数教师将评定人才的标准定位于考试得高分的学生，并由此产生了“爱屋及乌”的情感和评价的偏差。但学习评价、性格和道德品质评价、体质评价等构成了素质教育的整体性原则，素质教育评价应坚持整体性原则。教师在评价学生时，不能只看他们的学习成绩，还要看到他们的学习方法、学习习惯和心理状态等。同时，教师还要全面、客观地了解学生，防止“第一印象”“晕轮效应”“刻板印象”等认知偏差的干扰，从而避免个人的偏见，实事求是地依据学生的表现情况对其作出恰当的评价。

7. 艺术性原则

教师对学生的评价不但要客观公正，还要力求生动形象，富有艺术感染力。

如果教师总是用那种“放之四海而皆准”的浮泛空洞的语言来评价学生，学生就会觉得索然寡味，久而久之对教师的评价产生淡漠感。

教师在对学生进行评价时要看对象、看场合，或直言不讳，或委婉含蓄，或严肃庄重，或热情洋溢，还可以引用古典诗词、名人名言、格言警句来评价学生。这些艺术性的评价好比春雨“随风潜入夜，润物细无声”，能够对学生产生潜移默化的影响。

由此可见，在教育过程中，教师应遵循正确的评价原则恰到好处地对学生进行评价，让学生如坐春风，如沐春雨，从而促进师生关系的和谐发展。

（三）规避误区，以发展的眼光评价学生的策略

在教育活动中，评价是教师对学生的言行、举止、学习等方面所作的客观性判断。教师对学生的评价无时不在，无处不有，考试的分数是评价，作业的批语是评价，集体活动的小结是评价，学期的总评是评价，个别谈话是

评价，家访也有评价。评价在学生学会学习、做人的过程中起着至关重要的作用。为此，下面提供一些规避评价误区的策略以供广大教师参考：

1. 评价要明确学生的个性特点、明确教育目的

具有针对性的评价才能真正触及学生的心灵，使评价成为学生夜间航行的引航灯，时时为学生照亮前方的道路，让学生受益终生。例如：

小云上小学时非常乖巧，像一只安静的小兔子，老师见了她都说她听话，就是胆子太小。学期结束后，她的班主任甄老师在她的成绩单上写道："你在课堂上的每分钟都做到一动不动，老师真的很佩服你，但你太小胆，不愿与别人交流。为什么不抛开自己的顾虑，与同学们多说一说、笑一笑呢？"

有了这次评价的鼓励，小云在课堂上开始积极举手发言，积极参与各种活动，并认真做好自己的班长工作。她终于以工作的认真负责得到了同学们和老师的肯定，并在区硬笔书法比赛中一举夺魁，又在第二学期成功当上了市三好学生。这次，甄老师在她的成绩单上写道："你能给我的惊喜实在是太多了。从你那工整的字迹到你优异的成绩，最后到你那认真负责的工作态度，完全把你自己的精彩释放出来了。相信成功的花朵在汗水的浇灌下会更加鲜艳！"

可是到了第三学期，小云在学习上还是出现了意外。她屡次没有按时完成作业，甄老师很着急，多次找她谈话，又把她的异常表现反馈给家长。在家长和老师的监督下，一个月后她才恢复正常，由于离考试时间已经很近，在小云自己的努力下，期末考试时她居然位居班首。甄老师这次写道："三年来的小学生活，咱们师生之间建立了十分深厚的友谊。因此，老师对你的要求总是那么严格，而你也总是不断让大家看到你新的进步和惊喜。老师喜欢的正是你不向困难低头的精神，好好干，你一定不会让大家失望的。"

随着时间的推移，如今的小云已经长大，并考上了理想的大学。但说起与自己打过交道的老师，印象最深的还是她的小学班主任——甄老师，甄老师对她的三次评价一直影响着她，让她受益匪浅。

2. 融入爱心，保护学生的自尊

学生时代是一个人成长的关键时期，教师在对学生进行评价时应该多些鼓励而不是妄加指责地去纠正一个学生的人生坐标。如果一次打动人心的评价能让学生踏上人生的正途，学生将会永远感激老师，并将铭记一生。

例如：

有一个顽皮的高三男生，喜欢上了班里的一个女孩。女孩成绩优秀，将被保送南开大学，这令男生十分绝望。

一天上自习课，男生在语文作业本上信笔涂抹，倾诉自己对女孩纯洁的相思之情和心里的忧伤。写到中途，他就被同学叫出去打球了，作业本被随意地放在桌子上，被课代表收作业时直接交给了老师。这下可把他吓坏了，男生提心吊胆，不知后面会有什么事情在等着他。

当他忐忑不安地度过了三天，发现老师并没有批评他。作业本发下来了，男生诚惶诚恐地打开作业本一看，他写的东西还在，只是文中的错别字、病句都被老师用红笔改过了，下面还有一段评价："文章写得不错，有真情实感，如果你能在大学里把它亲手交给你喜欢的女孩就好了！"末尾那个大大的惊叹号像个炸弹，立刻在男生的心里"轰"地炸开了。

从此，男生开始拼命地学习，为的了考上南开大学。虽然后来男孩女孩并没有浪漫的结果，但男生为此考上了名牌大学，为他以后的人生道路奠定了扎实的基础，这就是一个开明教师的评价力量吧。

3. 观察全面，勾画准确

用评语对学生进行评价是一种特殊的教育方式，它的素材来源于教师平时的考查。所以，教师对学生日常生活中的表现要进行观察了解，把学生平时表现中有代表性的倾向或事例记下来，作为期末写评语的依据。例如：

某教师平时特别注重对学生的表现进行收集记录，一次面对某个缺点多优点少的学生时，该教师在备忘录中找到了两条记录：1. ××同学在学习《郑人买履》一文时，他能比较完整地复述故事内容。2. 6月3日，我在家访中发现××同学体贴父母，在妈妈生病时，他一改往日贪玩的毛病，留在妈妈身边照料。

于是，该教师用评语对他进行评价时，这样写道："××同学，你很心疼自己的父母，这是你的美德。你能较完整地复述课文，说明你的智力并不差。只要下工夫，你的学习成绩是能够提高的。"

如此全面准确的评价怎么可能不感动学生，使学生认识到自己的优点和缺点，进而增强信心，找回学习的兴趣呢？

4. 抓住特点，突出重点

某些教师可能会说，对学生作出评价是一件很简单的事情，把全班学生分成好、中、差三类，一类一种评价。这么做是省心了，但这种评价往往无法抓住学生的特点，评价会变得千篇一律，达不到教育的目的。

正确的评价方法应是根据学生平时的表现，抓住其特点，有重点地进行评价。如评价两名优等生，一个是“你学习成绩优秀，尊师知礼，严守纪律，历任我班班长，工作能力强，在同学中有极高的威信，是老师同学心目中的‘好干部’……”另一个是“你学习好、表现好，在写作上有较高的天赋和浓厚的兴趣，本学期又一次在作文竞赛中获奖。”两则评价各有侧重，反映了各自的特点，这样的评价才能打动人心。

5. 评价要客观公正，以鼓励为主

俗话说：“金无赤足，人无完人。”好的学生，也许他的潜能还未充分发挥；而差的学生，却还有许多闪光的地方。所以，教师在评价时，应力求客观反映学生的实际情况，既不能把学生夸得完美无缺，也不能把学生贬得一无是处。评价时应坚持以鼓励为主的原则，在客观公正的基础上对学生的进步给予充分的肯定，使之再接再厉。

6. 指出缺点要讲究艺术

给学生指出缺点，如果方法不对，往往不能被学生接受。所以，评价时既要让学生认识到自己的缺点，又要使学生无反感情绪，能心悦诚服地接受批评。这可以从以下几个方面入手：

（1）在肯定其优点时指出其缺点。如“你文静但不够开朗，勤学但欠缺学习方法”，又如“你有搞好学习的美好愿望，只是在行动上缺乏一点恒心、毅力，不能彻底改变贪玩的毛病。”“你体育成绩好，如果其他功课也这样好就好了。”

（2）以希望的语气提出批评。如“你的学习成绩不够好，但是只要努力，希望还是有的！”“如果你能端正学习态度，以后做作业时认真书写，你的一手字还是能写得很不错的。”“你现在已有改正上课思想溜号的迹象，再进一步就更好了。老师期待着你！”

（3）委婉含蓄地指出缺点。如“你能在老师的督促下学习。”“你有时把学习当成任务，但在老师的开导下能及时改正错误。”

（4）恰当地指出缺点。对个别缺点较多的学生，评价时不能一次指出其太多缺点，而应挑一两点比较突出的地方先进行评价。如果一次讲得太多，往往会使学生丧失信心，背上思想包袱。

7. 运用巧妙的语言，在纸上对学生进行评价

教师在纸上给学生写评语时，不应用挑剔的眼光看学生，而要多看到他们的优点。巧妙地给学生写评价，其实是教师爱心传递的极佳方法。好的教师一定会用心给每个学生写好评价，而好的评价也一定会让学生体会到喜悦、感动和激励，甚至教师的评价有可能会让学生受益终生。例如：

(1)“真人不露相”这句话用在你身上最合适了，在你不爱说话的外表下，藏着一颗勤奋、努力、向上的心，原来你很聪明。瞧，你写的字多好啊，连老师都很佩服！尤其是你的每篇作文都写得很成功，要是你还能在大家面前大声地讲话，上课发言更积极，那你就更优秀了。

(2) 老师非常高兴，这学期你进步了！上课时你基本上能严格要求自己，能认真听讲，能按时完成作业，偶尔还能主动举手发言，表达自己独到的见解，真了不起！如果你能把“有时”“大部分”“偶尔”变成“天天”“经常”“总是”“一直”就更好了。

(3) 你是一个开朗可爱的女孩子，尊敬老师，与同学相处融洽，热爱学校生活，集体荣誉感强，遵守学校纪律，喜欢参加课外活动，自觉锻炼身体，爱劳动。尽管你的学习成绩还不够理想，但你有坚定的信念。我相信，成功的花朵在汗水的浇灌下会更加鲜艳。

(4) 所有的老师都认为你是一个聪明的孩子，然而你还没有完全把聪明用在学习上；每一位老师与同学都知道你想争做一名优秀生，但行动的“懒虫”一出来，你就想少做一些作业，以致当你真的把作业本放在家里时，老师总怀疑你的诚实。请你用你的实际行动来表明你的决心，严格地要求自己，努力争做“全优生”吧。

俗话说：“话有三说，巧说为妙。”教师要作出精彩的评价，除了在表现形式上下工夫外，还要考虑到学生的年龄特征、心理发展水平、性格特点等方面的差异，或直言不讳，或委婉含蓄，或严肃庄重，或热情洋溢。以亲切、鼓励的口吻，把学生性格的优缺点通过一种“美化”的形式跃然纸上，这样既使学生明确了自己的不足，又让学生有了克服困难、改正缺点的信心，无疑拉近了师生之间的距离。

评价是一种重要的教育手段。它为调动学生的学习积极性和激发学生的学习兴趣打开了一扇方便之门。在教育过程中，教师应该利用好评价——这个必不可少的教育手段，为学生的成长指明方向，让学生健康快乐地成长。

误区 9 鹦鹉学舌

——照搬书本，缺乏创意

有一位女士养了一只可爱的鹦鹉。这只鹦鹉非常漂亮，可是却有一个毛病：经常咳嗽且声音沙哑难听，好像喉咙里塞满了令人作呕的痰。

女主人十分焦虑，急忙带它去看兽医，生怕它患上呼吸系统疾病。

经过医生对鹦鹉的喉部检查后发现，鹦鹉完全健康，没有任何毛病。女主人急忙问医生，为什么鹦鹉会发出那么难听的咳嗽声？医生回答说："俗话说，鹦鹉学舌。它之所以发出咳嗽声，一定是因为它经常听到这样的声音，你们家里有人经常咳嗽，是吗？"

这时，女主人有些不好意思了。原来，她自己有抽烟的习惯，所以经常咳嗽，鹦鹉只不过是惟妙惟肖地把女主人的咳嗽声模仿出来而已。

鹦鹉学舌，语出宋朝释道原所著《景德传灯录·越州大殊慧海和尚》："如鹦鹉只学人言，不得人意。经传佛意，不得佛意而但诵，是学语人，所以不许。"比喻人家怎么说，他也跟着怎么说。

就鸟类而言，鹦鹉算得上是高智商了，尤其是那副能学舌的嗓子，令其他鸟类难以望其项背。但它却将聪明用错了地方，除了模仿外，就再也不会寻求自我创新和自我发展了，更别奢求它能用自己的思想说出自己的话来，以至于终其一生它都只能是没有创意的囚徒——终无大用。

在教学中，一些教师认为上课只要把课本上的知识传授给学生就万事大吉。于是就照本宣科，结果学生的学习效果却不理想，教师自己也是一头雾水，觉得自己明明尽力了，学生怎么就对学习没有兴趣，也没有任何收获或进步。殊不知，这类教师已进入了“鹦鹉学舌”的教学误区。

所以，教学不能依照教材照本宣科，教师应进行有创意的教学，让学生不仅能在学习中获得课本上要求掌握的知识，同时还能学得有兴趣、学得深、掌握得透彻。

（一）不要让课堂成为按部就班的展示会

在讲“真分数和假分数”时，某教师是这样教学的：

教师先出示了教材例题一的3幅图，然后对学生说：“看完例题一，谁能说出每个图形所表示的分数。”

学生相继说出了三个分数：1/3、3/4、5/6。

在学生说的过程中，教师分别在图下写出了相应的分数，然后问学生：“这些分数与1比较是大还是小？”

一位学生回答：“这些分数都比1小。因为第一个图是把圆平均分成了3份，这样的3份表示1，而涂阴影的部分只有1份，所以1/3比1小。第二个图是把圆平均分成了4份，这样的4份表示1，而涂阴影的部分只有3份，所以3/4比1小。同样的道理5/6小于1。”

“那请比较一下每个分数中分子与分母的大小。”

“这些分数的分子都比分母小。”

“分子比分母小的分数叫真分数。真分数与1比较，哪个小？”

“真分数都小于1。”

“说得好！所以我们以前所接触到的分数基本上都是真分数。”

接着，教师又出示了课本例二的3幅图，并针对左图提问：“把一个圆平均分成了几份，表示有这样的几份？”

“把一个圆平均分成了3份，表示有这样的3份。”

“那根据分数的意义应该怎样用分数来表示？”

“可以用3/3来表示。”

学生说完，教师就在左图下面写上了3/3，然后又指着中间的图问：“把一个圆平均分成了几份？”

“把一个圆平均分成了4份。”

“那涂阴影的部分有这样的几份？”

"有这样的8份。"

"嗯！按照分数的意义，这个分数的分母是4，分子是8，所以中间图形所表示的分数是8/4。按同样的方法得到右图的分数是11/5，这些分数比1大还是比1小?"

学生回答："3/3所表示的阴影部分是整个圆，所以3/3等于1；8/4所表示的阴影部分是两个圆，所以8/4大于1；11/5所表示的阴影部分比两个圆还多，所以11/5大于1。"

"那请比较一下每个分数中分子与分母的大小。"

"这些分数的分子，有的等于分母，有的大于分母。"

"好！分子比分母大或者分子和分母相等的分数，叫做假分数。假分数大于1或者等于1。"

由上面的案例可知，教材是落实课程标准、实现教学目标的重要载体，是教师进行课堂教学的重要依据，但绝不是教师教学的唯一内容。纵观案例中教师的授课，该教师完全是课本上有什么就教什么：先写出几个分数，然后比较这些分数与1之间的大小，以及每个分数中分子和分母的大小，最后再把结论直接告诉学生，这显然是为教材而教。虽然看上去这种教法也是在引导学生自己解决问题，可是在本质上却依然是让学生在教师设计好的框子里转圈圈。学生的每一步学习都是教师提前规定好的，学生没有一点主动性。在这种一问一答一板书的课堂教学模式中，教师是当然的指挥者，而不是组织者、引导者和合作者。

每一个数学结论的发现和提出，都需要经过分析、比较、归纳、猜想和检验等一系列探索过程。而且，"在人的心灵深处，都有一种根深蒂固的需要，这就是希望自己是一个探索者、发现者、研究者，而在儿童的精神世界里，这种需要特别强烈。"（苏霍姆林斯基语）可是，这位教师却将数学结论的发现过程省略了，使学生的学习变成了一种机械的模仿，学生学完后只能知其然，而不知其所以然。这样如鹦鹉学舌般的教学，使学生连基本知识都难以掌握，又谈何灵活应用呢?

由于受传统教学观念的影响，又对新课程改革"以人为本"的理念认识不足，所以，有一些教师在教学上仍然停留在"处方式"的教学模式上，教材怎么写就怎么教，离开了教材则踌躇不前，找不到教学的方向。这种照搬书本，没有任何创意的教学模式，严重扼杀了学生的实践能力和创新能力，使得师生双边教学活动呆板、机械，教师觉得教学任务重，学生觉得学着兴致索然，从而导致课堂教学效率低下，与教改初衷背道而驰。

虽然现在的教材在内容的呈现方式上，已经注意到了学生的心理和兴趣特点，有的教材还提供了相关素材的配套光盘。但是，教材中也难免会出现有些案例只是编者以理论为切入点而设计的，其并非来源于生活。因此，如果教师在教学中只给学生呈现教材中的内容，学生依然很难用所学的知识去解决生活中的具体问题。

教材只是教学的依据，而不是依赖。教学真正依赖的是教学观念、教学内容和教学方法的不断创新。只有不断创新，教师才能乐教，教有所得；学生才能乐学，学有所获。

（二）抓住异议及时创新，让学生在探究中求知

湖北省长阳磨市镇中心学校校长、全国中学高级教师邹国春，曾上过这样一堂精彩的语文课：

学习完《陌上桑》这一课在进行小结时，邹老师引用了《教师用书》中的一段话，并结合课本“阅读提示”归纳出主题：“这首诗叙述了采桑少妇严词拒绝太守调戏的故事……使君惊艳于罗敷的美丽而提出了无礼的要求，有荒淫之心，是好色之徒，从而揭示出封建统治者丑恶的灵魂。”

邹老师的话刚说完，一位平时很调皮的学生就在下面嘟囔了一句：“少年是淫棍?”

此话一出，全班愕然，随即哄堂大笑，并有不少学生向他投去赞赏的目光。

面对突如其来的“疑问句”，邹老师稍稍迟疑了一下，紧接着便让这名学生继续说下去。

这名学生继续说道：“我认为使君并没有您说的那么坏，否则，少年就该是淫棍了。”

一石激起千层浪，学生们也都开始议论纷纷，一时间课堂气氛异常活跃。此时，邹老师立刻把握机会，趁势提出两个问题：“为什么说使君不是我所归纳的这种形象？少年是淫棍吗?”

题目一出，学生们就开始忙碌起来了，只见他们有的思考，有的翻书，

有的小声议论。过了几分钟，学生们开始有了想要表达自己看法的愿望。

学生1说："使君是让小吏去询问罗敷，比较有分寸，并没有用他的威势强迫罗敷。"

学生2急着补充道："书中写道'使君谢罗敷'，一个'谢'字看出他很有礼貌，而不是无礼、轻薄的。"

学生3接着说："我认为，罗敷在叙述其丈夫时用的是调侃的语气，聪明的使君不会听不出来。况且他听后也没有把罗敷怎样，可见他还是一位正人君子。太守没有倚势强迫，罗敷也没有拼死抗争，所以使君也许并无恶意。"

此时，教室里一片嘈杂，学生们争先恐后地举起手，就这样探究又深入了一步。

就在这时，学生4第一个发表了反对观点："爱美之心，人皆有之。行者、少年、耕者、锄者都能欣赏罗敷的美貌，而使君就是'好色之徒，有荒淫之心'?"

学生5说道："照你这么理解，那'关关雎鸠，在河之洲'，是不是也要属于黄色书籍了呢?"

此时，学生1兴奋地对邹老师说："所以，我说如果使君的形象是按您归纳的那样，少年就应该是淫棍了，可我觉得不全是。"

忽然，学生3猛地站了起来，拿着一本有关古文翻译的书说道："'来归相怨怒，但坐观罗敷'，还有一种解释是他们因为看了美丽的罗敷，回家就嫌弃自己的妻子了，可见他们的德性还不如使君。"

学生们继续发表着各自的"独特见解"。

邹老师则站在讲台上，欣慰地看着——这种勇于深入探究的课堂氛围，正是他希望看到的。

《陌上桑》出自《乐府诗集·相和歌词·相和曲》，是乐府诗中的精品，多年来一直是中学语文课本的入选文章。诗中叙述了采桑女子秦罗敷拒绝使君调戏引诱的故事，其以夸张的言辞和衬托的手法刻画了一个勤劳、美丽、机智和勇敢的女性形象，同时也表达了对使君的讽刺之意，极富喜剧效果。

多年来，教师一直是这样教育学生的，学生也一直是这样学习的。可是在邹老师的课堂上，却出现了一位与众不同的学生，他提出了一个独特的看法，反问"少年是淫棍"。在这个学生的心目中，少年不是淫棍，这与以往教学中教师要传达给学生的思想、理念是不同的，而且不只是他自己这样想，很多学生也都提出了质疑。

课堂教学进行到这里，如果邹老师强行按照传统的教学观念进行教学，也未尝不可，顶多学生内心不服。但这样做的结果是，师生都不会有额外的收获，照本宣科的教学只能限制学生探究的主动性和积极性。然而，邹老师及时对教学进行了富有创意的变动。以学生的问题为点，抛砖引玉，提出了两个与以往教学思想迥异的问题，这极大地激发了学生的思维热情，也促使学生对问题进行了更深层次的探讨。

在探讨中，很多学生都放开胆子尽情地表达自己的看法，使问题得到了更为深入的挖掘，甚至还有学生阐述了"来归相怨怒，但坐观罗敷"的另一个解释——"因为看了美丽的罗敷，回家就嫌弃自己的妻子了，可见他们的德性还不如使君"。很显然，这说明学生探究的积极性已经完全被调动了起来，他们愿意主动去寻求更广泛、更深入的知识。

当前，以新一轮基础教育课程改革为突破口的整个基础教育改革正在全国各地轰轰烈烈地展开着，变革传统落后的教学模式，实现教学创新已经势在必行。

1. 新一轮课改对教学提出新要求

新一轮基础教育课程改革对变革传统落后的教学模式、实现教学创新提出了新的要求，《国务院关于基础教育课程改革与发展的决定》明确指出："要改进教学方法和模式，注重培养学生的创新精神和实践能力，为学生终身发展奠定基础。"《基础教育课程改革纲要》更加明确地指出："教师在教学过程中应与学生积极互动、共同发展，要处理好传授知识与培养能力的关系，注重培养学生的独立性和自主性，引导学生质疑、调查、探究，在实践中学习，促进学生在教师指导下主动地、富有个性地学习。"由此可见，新一轮课改对变革传统落后的教学模式，实现教学模式创新的要求是很具体、很高的。

2. 知识经济时代对教学提出新挑战

知识经济时代的到来，尤其是知识老化周期的缩短、知识在结构上的综合化以及知识在传播方式上的数字化等特征的出现，都对现行的教学提出了新的挑战。它要求现代教学要担负起新的使命，确立起新的理念，加快培养具有收集和处理信息能力、获取新知识能力、分析和解决问题能力，以及具有交流与合作能力的复合型、开放型、创新型人才。这就要求教师必须改变传统落后的教学模式，把知识技能的传承过程变成引导学生感悟知识形成的过程，教会学生学习和促进学生智力与非智力因素协调发展。

3. 应试教育弊端需要根除

由于受应试教育思想的长期影响，创新被严重忽视，整个教学模式大幅度向知识技能和应试能力方面倾斜，呈现出“教师主宰，大量注入；重理论轻实际，重结论轻过程；重纵向深入，轻横向发散；重逻辑轻直觉，重理性轻感受；只信强制不信自觉，乐于训导却不善鼓励”等几个明显特征，在片面地强化传承功能的同时，构成了对创新的阻滞和压抑。所以，教学要振奋培育创新的力量、谋求创新功能的最大发挥，就必须改变传统落后的教学模式，切实推动教学的整体创新。

（三）规避误区，让教学更有创意的策略

“新课程”有一个关键的概念，这个概念就是“课程资源”。而与之相关的说法是“教师参与课程资源的开发与利用”，强调“教师成为课程研究者”。在中国，教师一直被称为教学工作者，但一个优秀的教学工作者首先应该是一个出色的课程工作者。即他不是一个简单的使用教材的人，而是一个调整教材、补充教材或重新开发教材的人。优秀的教师总是在调整、补充、开发教材，或者一直在参与课程资源的开发和利用。

教无定法，贵在得法。教法能发挥作用的良好基础是教师没有像鹦鹉学舌那样，对教材进行照本宣科，而是对其进行一定的创新和改进，让教学变得更有趣味、更有深度、更有价值。

1. 更新教学观念

观念的创新是教学创新的先导，一切先进的教学改革都是从新的教育观念中生发出来的。时代的发展，形势的需要，都要求教师在教学目的、教学主体、教学方法等方面实现观念上的转变，并进行综合性的创新。

要更新教学观念，教师首先要摒弃传统的注入式教学方法，积极探究开放式教学方法；要摒弃以“教材为唯一教学依据”的教学观，树立教材只是教学的一种参考的教学观，教师不仅要教给学生书本上的知识，还要借助教学提升和培养学生的综合能力；教师要紧抓学生的课堂反馈，从中寻找可以

利用的东西，并将它与教学内容相结合，进行教学创新；教师要树立以学生为本的观念，在教学中充分调动学生的积极性，加强师生、生生互动，让学生主动发展。

2. 变“教教材”为“用教材教”

既然教材只是落实课程标准、实现教学目标的重要载体，是教师进行课堂教学的一个重要依据而不是唯一内容。那么，教师就应敢于创造性地使用教材，立足于学生实际，多从学生的角度考虑，不是为了教材而教学生，而是为了学生用好“教材”，使教材真正成为有利于学生独立思考、自主探索、合作交流的“学材”。

3. 转变学习方式，倡导自主探究

《义务教育数学课程标准》提出的“动手实践、自主探索与合作交流是学生学习数学的重要方式。数学学习活动应当是一个生动活泼的、主动的和富有个性的过程”。其实不止数学，其他所有科目的学习过程，都不应是单一的、枯燥的、以被动听讲和练习为主的学习过程，而应是一个充满生命活力的历程。

在课堂教学中，教师应找准契机，适时地为学生提供合作交流的机会，将解决问题的过程变成合作探索的过程，扩大学生的参与面，使每个学生都有发表意见的机会。在相互交流中发挥集体的智慧，以解决学生个人不能解决的问题，并从中培养学生互助合作的精神和交往的能力，同时也为学生养成自主探究学习的习惯奠定基础。在这样的教学过程中，学生的学习才能真正成为一个生动活泼的、主动的和富有个性的过程，教学活动才能充分体现“动手实践、自主探索与合作交流是学生学习的重要方式”的教学理念，而教师也才能真正成为学生学习的组织者、引导者和合作者。

4. 掌握丰富的教学方法

科学的教学方法，在经过了长期的教学实践后被证明是行之有效的，并且它有一套操作规则和操作要领。教师只有掌握了丰富的教学方法，才能予以灵活运用，才能随着课堂教学的变革进行适时的变动和调整。

课堂教学的方法有很多，如讲授法、谈话法、实验法、阅读指导法、自学辅导法、程序教学法、范例法、讨论法、角色扮演法、游戏法、图示法等。它们都有各自的特点、使用条件及范围，比如讲授法，它在有限的时间内可以传递大量的信息，知识的系统性强，是教师使用最为广泛的教学方法；讨论法能集思广益，有利于学生主体性和创造性思维品质的培养，适用于以思维训练为核心的课堂教学……

但是，每种教学方法都有其自身的适用范围和局限性，而一节课中教学目标的圆满达成，是很难通过单一的教学方法来实现的。所以，教师应该掌握多种教学方法，并根据特定的教学内容和教学目标，选择出符合学生认知规律的、有利于发挥自身特长的教学方法。

5. 确立“构想”意识

在教学中，教师改变甚至完全抛开事先设计的教学步骤、教学方法等，是司空见惯的事，而且事先设计得越具体越周详，需要改变的就越多。因为教学的过程充满了很多不确定的因素，随时可能出现预设之外的新问题、新情况，这就需要教师在教学过程中灵活地结合当时的具体情况，适时地调整教学策略和方法，甚至教学内容，而不能再按照预设的计划“鹦鹉学舌”。

这就需要教师确立“构想”意识，一方面要遵循教学方法的科学规范，针对不同的教学目标、不同的教学内容，选择不同的教学方法；另一方面又要以宽松灵活的心态来预设和调遣各种教学方法，根据具体的教学情境，及时增添或删减一些教学内容。

6. 帮助学生建构知识体系

课堂教学，教师不仅要让学生掌握当堂课所学内容，而且还要帮助学生建构知识体系，以便于学生对其进行综合运用。教师应当考虑学生在某一个知识层面上已经积累了哪些生活经验，而现实生活中哪些经验可以作为本次教学的铺垫，让学生从事哪些实践活动可以活化这些知识，等等。同时，教师还要给学生一定的时间和空间去观察、猜想、质疑、探索、归纳、类比……如果教师向学生预示解决问题的方法乃至结论，则有碍于学生思维的发展，有碍于学生知识的建构。

布鲁纳认为：“认知是一个过程，而不是一个结果。”教师在教某学科时，不是要学生只记录教学结果，而是要让学生参与知识建构的过程。教师在这个过程中，主要做一些帮助学生建构知识的引导性、辅助性工作，而这种教学模式的主要特征是教师“讲”得少，学生“想”得多；教师“导”得精，学生“想”得深。

教学是一项常做常新、永无止境的工作。时代在发展，社会在进步，而学生的特点和问题也在不断地变化着，教学内容也在不同程度地变化着。如果教师仍旧固守以往的教学方式、教学方法，依旧只交给学生课本上的知识而不注重创新、给教学增添新意，那么终将会阻碍教学进展、阻碍学生的发展。

作为教育工作者，教师必须以高度的敏感性和自觉性，及时发现、研究和解决教学工作中存在的新问题，尽职尽责地做好本职工作，加强教学创新。

误区10 老僧禅定
——授课枯燥，了无生趣

一个老和尚收了一个徒弟，他先叫弟子打坐。一个时辰过去了，老和尚一句话也没说。徒弟感觉很难受，但因为是第一次跟师傅学习，所以只好默默坚持，继续打坐。

两个时辰过去了，师父还是一句话没有说，徒弟实在耐不住了，为了避免哈欠连天，昏昏欲睡，徒弟便偷偷摸摸鼻子，动动胳膊腿。

做到“禅定”，得道的高僧自然轻而易举，但六根未净的小和尚做起来就很难了。尽管做到“禅定”对和尚来说是一种非常重要的修炼，但是不经过多年循序渐进的修炼，一般人是很难学会的。如果一开始就让小和尚坐禅数个时辰，他们就会觉得坐禅过于枯燥，了无兴趣。

课堂教学也是一样。教师不能因为自己觉得所讲知识很有用，所选教学方式很不错，就认为这堂课会收到良好的教学效果，因为学生未必会这么想，相反他们还可能觉得教师的授课枯燥，学习起来了无兴趣。如果真有这种情况发生，教师多半是和老僧一样，陷人了一个误区：授课方式枯燥，导致学生对学习没有兴趣。

兴趣是学生学习动机中最现实、最活跃的成分，是促进学生进行求异思维的动力。只有对学习保持浓厚兴趣的人，才会全神贯注地进行学习，才会千方百计地去认识和解决问题。用华罗庚的话说，就是“有了兴趣就会乐此不疲，好之不倦，因之也就会挤时间来学习了”。相反，学生如果不能对学习保持兴趣，就会认为学习很痛苦，就会当一天学生混八节课，就不可能变

"要我学"为"我要学"了。

在一些老师的课堂上，经常会出现学生对教学不感兴趣的现象。究其原因，就是学生失去了对某些知识或个别学科的学习兴趣，或者教师的教学不能激起他们对某个知识点或学科的兴趣。其中，教师的教学不能激起学生的学习兴趣是最主要的原因。

所以，教师要想走出"老僧禅定"的误区，就要站在学生的角度，选择学生感兴趣的方式、方法授课。

(一) 重复操练将消磨学生的兴趣

小学 PEP 教材三年级上册 UNIT4：《We Love Animals (B) Let's learn Let's do》。这节课的教学目标之一是要求学生能根据听到的动物词汇识别相应的图片，能根据图片说出单词"bear、squirrel、pig、mouse、bird、elephant"；教学重点是让学生能听、说、认、读 6 个关于动物的单词；教学难点是模仿动物的动作以及单词"squirrel、elephant"的发音。

讲这节课时，某教师给学生制作了单词卡片，并计划带领学生读几遍单词后，就进入对话练习。

教学开始后，教师带领学生开始学习新单词："Guess，what' s in my hand?"教师让学生猜他手里拿的是什么动物卡片。

"猪!"对于猪的图案，学生一点都不陌生，很快说了出来。

"Good! Look，I have a pig. Read after me：pig pig pig pig pig pig."教师引导学生反复练习了 6 遍这个单词。

接着，该教师拿出小猫的卡片，说："Look，this is a cat. Read after me：cat cat cat cat cat cat."

读完小猫，教师又拿出了老鼠的卡片，说："Look，this is a mouse. Read after me：mouse mouse mouse mouse mouse mouse."

第四张卡片是大象，于是教师又带着大家读"大象"的单词："Look，this is an elephant. Read after me：elenphant elephant elephant elephant elephant elephant."

之后，教师拿出小松鼠的卡片，说："Look，this is a squirrel. Read after me：squirrel squirrel squirrel squirrel squirrel squirrel."

教师给大家看了看熊的卡片，说：“Look，this is a bear. Read after me：bear bear bear bear bear bear.”

……

把所有表示动物的单词学完后，教师问：“Can you read the words，please?”

学生看了看教师，没有说话。

“OK！Listen to the radio and read after it three times，please .”接着，在录音机的带领下，学生又跟读了三遍。

可是，在跟读了9遍之后，教师检查学生的学习效果，依然没有一个学生能把单词全部读出来，甚至还有学生早已趴在桌子上睡着了。教师急忙叫同桌将其叫醒，开始之后的情景对话。然而，没有一个学生愿意配合老师，充当教师的对手。

看到学生们索然寡味的表情，教师也很奇怪：“我都教了9遍了，你们连这几个单词都没有学会吗?”无奈之下，教师只好重新教。

纵观英语教学，尤其是小学英语教学，经常会出现这样的情况：教师教完新单词之后，就通过反复练读巩固单词。一遍，两遍，甚至四五遍。这种枯燥乏味的练习既缺乏趣味性又没有实效性，只能让生性好动的小学生渐渐对英语学习失去兴趣。

对于教授单词，案例中的教师不可谓不尽心尽力，教了一遍又一遍；学生不会，他继续耐心地教。可是，即便他如此尽心尽力，效果却差强人意。为什么那么简单的几个单词，他教了9遍学生都没能掌握，反而更愿意用睡觉去代替学习呢？很显然，这绝对不是学生不明白单词学习的重要性，而是因为那一遍又一遍的反复读单词的教学方式实在太枯燥了，以至于学生无法保持对英语学习的兴趣。

反复读单词，重复教学，容易让课堂教学出现枯燥乏味。除此之外，还有其他一些不当的教学方式也容易造成课堂教学的枯燥无味，激发不起学生的学习兴趣。例如：

1. 教师只是在课堂上讲，学生只是在课堂上听，课堂成为唯一的依托，而课堂以外广阔的天地，学生非智力因素的培养等，并未很好地渗透到教学中；

2. 强调学生知识量的积累，让学生上课抄笔记、下课背笔记、考试考笔记，这成为一个永恒的“三部曲”；

3. 教师在教学中始终处于主导地位，忽视了学生学习的积极性和师生之间的合作与交流；这种“填鸭式”的教学，只强调了教师的灌输，而忽视了学生的独立思考和创造性思维的培养；

4. 教学过程被机械地固定为几个教学环节，忽视了教学过程中的实质性与多样性，使生动活泼的教学过程失去了活力。

不难想象，在这样枯燥无味的课堂上，教师教得有多累，学生学得有多痛苦，而教学效果是多么的低下。

有人说：“我们的课堂有‘温度’无‘湿度’；有‘热度’无‘力度’，究其原因，就是课堂缺少思维的力度和触及心灵深处的精神愉悦，而仅仅停留在表面。”所以，在课堂教学中，教师要想办法改变枯燥乏味的教学形式，多给学生的学习添加一点趣味，让学生心情愉悦地去学习。

（二）情境创设，给教学内容增“趣”添“味”

在讲《同分母分数加减法》一课时，湖北省兴山县南阳镇中心小学教师王玉兰一上课就创设了一个故事情境，完美地给学生呈现了教学材料，激起了学生的学习兴趣。

“小明家在自己村里已经造好了一幢房子，马上要给外面的墙壁喷漆，他家已经准备好了所有的材料、工具和人员，可是还是有点担心。你知道他家担心什么吗？”王老师继续说，“他家就是担心下雨天，于是小明上网查询了今后10天的天气情况。”说着，课件出示了最近10天的天气预报表格。

日期	24日	25日	26日	27日	28日	29日	30日	1日	2日	3日	合计天数
天气情况	晴	晴	阴	雨	雨	雨	阴	晴	晴	晴	10

“同学们，你们从上表中能获得哪些信息？”

“晴天5天，阴天2天，雨天3天。”

“阴天的天数是雨天天数的2/3，阴天的天数是晴天天数的2/5，雨天的天数是晴天天数的3/5。”

“晴天的天数占总天数的5/10，阴天的天数占总天数的2/10，雨天的天数占总天数的3/10。”

……

学生一边说，教师一边板书上面这些分数，带领学生开始进入正题，探究同分母分数加法："那么小明家能进行喷漆的有几天？你是怎样想的？"教师随手指了一名学生回答。

"7天。晴天5天加上阴天2天。"

"我们已经学习过整数加减，比如5和2合起来是7，那么晴天占总天数的5/10，阴天占总天数的2/10，它们可以合起来吗？如果能，合起来是多少？"

"合起来是7/10。"学生1回答。

"我不确定。"学生2不好意思地回答。

学生3有点犹豫地说："我觉得应该是。"

王老师表扬了两位学生敢于发表自己的不同意见后，说："现在有两种不同的意见，那怎么办呢？你能否说服对方你的意见是正确的？那么就请大家通过折一折、画一画或者其他的方法证明一下吧。"

过了3分钟，王老师说："老师刚才发现有的同学已经有了很好的证明方法，但是有的还没有。不要紧，4人小组交流一下，有方法的同学可以说说自己是怎样想的、怎样做的，给其他同学提供一个思路；没有方法的同学听听别人的做法和想法，看看是否对你有启发，没准儿还可以探讨出更多的方法。"

接着，学生们开始积极讨论交流，王老师适时做出指导，并把学生的答案板书在黑板上。

学生1说："我们组认为是。因为晴天有5天，就是有5个，阴天有2天，就是有2个，合起来就有（5+2）个，所以是7个。"

学生2回答："我们组是用折纸的方法来证明的。（出示折好的纸）这是5格，这是2格，一共是7格，所以5/10+2/10=7/10。"

学生3回答："我们是用把它化成小数。因为5/10=0.5，2/10=0.2，又因为0.5+0.2=0.7，所以5/10+2/10=7/10。"

学生4回答："我们是画线段图来证明的。"说着，他请王老师用实物投影仪出示。

"那有没有画图的呢？"王老师趁机提问。

学生5站起来，要求王老师用投影仪投射自己的方法。

学生6站起来说："我是用10支笔来证明。这10支笔我假设是完全一样的10支笔，把这10支笔看作'1'，我先拿走5支，即5/10，再拿走2支，即

2/10，一共拿走7支，即7支占了10支的7/10，所以5/10+2/10=7/10。”

……

“同学们太厉害了，刚才用了那么多的方法证明了5/10+2/10=7/10，真让老师佩服，确实5/10+2/10=7/10。现在有那么多的证明方法，你觉得哪种方法最可取，请说明理由。”

“我认为根据意义和化成小数比较可取，其他的都太麻烦。”

“我认为根据意义最可取，化成小数有时候不能化那就不行了。”

……

看到学生不仅知其然还知其所以然，王老师高兴极了：“那如果我们以后碰到同分母分数相加，只要怎样就可以了？”

“同分母分数相加，只要把分子相加，分母不变。”

在学生说的同时，教师把这个定律写在了黑板上，然后说：“现在请同学们在黑板上任意找两个分母相同的分数组成一道加法算式，并且算出它们的答案。”

于是，学生开始练习，王老师巡视指导，然后用实物投影仪展示学生的作业。

为什么长颈鹿宁愿伸着脖子费劲地去够树梢上的枝叶吃，也不愿意去捉地上的小动物吃？为什么狮子宁愿奔跑着去追赶羚羊，去跟犀牛搏命，也不愿意停下来去啃啃路边的草？这些问题看似很难，实际上却很简单。长颈鹿吃树叶是因为它们喜欢，对树叶感兴趣；而狮子不去啃路边的草，也是因为它们不喜欢，不感兴趣。王老师的课之所以让学生都积极参与了进来，就是因为学生对王老师的教学方式感兴趣。

在教学中，王老师创设了小明家给新房外墙喷漆会遇到下雨这一生活中常见的生活情境，并贯穿“同分母分数加减法”教学的始终，使原本十分枯燥的教学课变得生动有趣。此外，生活情境的设置本身就让学生对分数加减法产生了兴趣，当王老师还在验证“5/10+2/10=7/10”时，他就开始了与学生的积极互动，通过折纸、化成小数、画线段图、画图和用10支笔举例等方法，让学生明白这样计算的道理。整个过程从直观这样的方式到展开，再从算式到直观来解释，始终都是以学生为中心的。

纵观王老师的这堂课，学生都是在教学活动之内主动而积极地参与的。而且，通过观察、猜测、验证、归纳等探究式合作学习，学生还感受到了现实生活中隐藏着的数学问题，学会了用数学的眼光来观察生活，真正体验到学习数学的价值。上这样一堂收获颇丰的课，学生怎么可能不心情愉悦，怎么可能不期待下一堂课呢？

布鲁纳曾说："学习的最好刺激就是对所学知识的兴趣。"兴趣是最好的老师，是学习的最佳动力。要想让每一个学生爱学、乐学，重要的是让课堂有趣。如果课堂有趣，学生就会视学习为乐事，自觉"心中喜悦"，充满愉快，从而变厌学为乐学；如果课堂有趣，学生对学习产生的兴趣就会变为强大的内驱力，促使他们积极主动地学习，让自己真正成为学习的主人；如果课堂有趣，学生就会积极用脑，让大脑处于开放的状态，并促进用脑效率的提高，从而变低效的学习为高效的学习。

教学离不开兴趣，课堂需要趣味。教师要努力营造教与学双方都轻松愉快的课堂氛围，让自己激情满怀、生动传神地教，让学生主动投入、兴趣盎然地学。

（三）规避误区，让教学更具趣味的策略

从心理学的角度来分析，如果一个人对某一事物感兴趣，那么这一事物则最易诱发大脑皮质的兴奋，且使兴奋持续，而这种兴奋则是大脑对该事物进行认识、理解、记忆的最佳状态。如果学生对学习对象产生了浓厚的兴趣，在兴趣中进行学习，其学习效率将会得到有效提高。同时，在兴趣中学习还能明显地减轻学生的心理压力，使其把学习当做一种愉快的享受，从而产生积极主动的学习动机，对学习表现出极大的热情。

那么，作为学生学习的引导者，教师该如何激发学生的学习兴趣，让学生觉得教学更有趣味呢？

1. 制订学习目标，调动学生的兴趣

学习目标可以激发学生学习的兴趣，增强学生学习的信心，并激励学生为实现目标而认真听课，积极进取。教师在上课前给学生指明本堂课具体而明确的学习目标，就好比让学生看到了"不远处需要够的桃子"，从而使他们产生强烈的学习需要。

在讲授新知前，教师应结合每个学生的具体实际，对其进行全面分析，帮助他们选择一个合适的学习目标。通常，这个学习目标应略高于学生原有

的学习基础和知识水平。

2. 激发学生情感，诱发学习兴趣

学习过程是以人的整体心理活动为基础的，它渗透了学生的认知和情感活动。“老僧禅定”式教学只注重教师的知识讲授，而忽视了教学中的情感因素，结果将生动、复杂的教学活动局限在了固定、枯燥的知识传授中。新课标一改这种单一的教学方式，要求教学处处“以人为本”，强调情感、态度和价值观必须有机地融合到课堂教学中，并成为教学的灵魂。

这就要求教师在教学中应将培养学生的学习情感放到一个关键的位置，促使学生产生强烈的学习热情，并使他们在这种学习热情的鼓舞下，能够积极、主动地学习。

良好的学习动机往往会产生良好的学习效果，所以教师应结合教学内容及学生年龄特点，创设出一种适宜学习的情境，营造出积极向上的、轻松自由的、民主开放的学习氛围，有效刺激学生的求知欲望，激发学生自主学习的积极性与主动性，从而使学生产生自主学习的动机。

在实践操作中，教师可以试着这样做：与学生建立亲密的知心朋友关系，相互尊重，彼此信任，共同探讨教学中的疑难问题；在评价学生时，要力求多角度、多元化，允许学生出错，注重学生自信心的培养，鼓励学生大胆发言；努力发现、积极寻找学生的闪光点，让他们感受到成功的喜悦……当教师把每堂课都上得如此情意浓浓时，学生自然也会带着感情去上课。

3. 加强师生互动，搞好相互评价

教学过程是师生交往、积极互动的过程，是教师的教和学生的学有机统一的过程。客观地讲，有时候学生学习不主动甚至厌学，不是他们不愿意学，而是教师不愿意放手让学生学。为了提高教学质量，教师经常一味地“灌”知识，从根本上忽视了学生才是学习的主体这一因素，甚至还会大包大揽，做一些学生本就有能力去做的事，而学生没有机会去学，自然也就怠于去学了。要改善这一现状，就需要教师先从思想上深刻地认识到学生和教师都是教学过程中的主体，教学离开哪一方都难以产生理想的教学效果；其次，教师要与学生建立密切的教学关系，培养学生的合作意识、参与意识、挑战意识。只有这样，学生才不会在教学中一直处于被动地位，才不会只被动地听而不去主动地想。

要做到这些，教师就要在教学中多设计一些互动环节，让学生积极地参与教学。除了基本的提问答疑之外，还可以在学生百思不得其解的时候予以适当的引导；在学生进行小组讨论的时候，予以相关问题的咨询或个别辅导；在学生动手操作的时候，予以指点；甚至教师还可以允许学生对教师的讲解、答疑提出任何建议和异议，并对其进行点评。

4. 创设活动，培养学习兴趣

中小学生学习兴趣的激发和保持，与活动是分不开的。丰富多彩的教学活动是激活学生学习兴趣的有效策略。在课堂教学中，教师要想办法让学生“动起来”“活起来”，这就需要教师结合教学内容适当设计、穿插一些课堂活动或游戏。课堂活动或游戏既有利于增强教学的趣味性，又能调动学生参与教学的积极性和主动性。而在课堂活动或游戏中，学生本身就是快乐的发现者和创造者，他们可以通过独立操作课堂活动或游戏，多角度进行创造性思维活动，挖掘出自身的巨大潜能，从而成为课堂学习的主人。

此外，教师还应多组织一些游戏、竞赛、答辩、辩论活动，让学生自由快乐地学习，使学生感到学习是一件很有趣很有味道的事情。

5. 激发学生的成就感

苏霍姆林斯基说过：“成功的体验是一种巨大的情绪力量，它可以促进学生好好学习的愿望。缺少这种力量，教育上的任何巧妙措施都是无济于事的。”当学生在学习中不断取得成功时，他们就会产生无比的快乐和自豪，从而对学习产生亲切感，并进一步督促自己爱学习、好学习、主动学习。而教师也应努力创造条件，让学生获得成功感。比如，设置层次不同的问题交由学生回答，这不论是对哪个学习层次的学生来讲，都是一种鼓励与肯定；当学生提出异议或奇思妙想时，予以赞扬和认可；当发现学生有进步时，及时予以表扬。

教师的每一次表扬、肯定和鼓励，对于学生，尤其是努力了半天却仍然自感停滞不前的学生，都是一次引导、一次帮助和一次推动，都能让他们重新鼓起勇气、树立自信，对学习产生兴趣。

夸美纽斯说：“兴趣是创造一个欢乐和光明的教学环境的重要途径之一。”中小学生集中注意力的时间本来就只有20分钟左右，他们在学习过程中很容易疲劳，如果他们的注意力一分散就更容易影响教学效果了。所以，教师应努力认清这一点，走出“老僧禅定”的教学误区，让自己的教学充满趣味与活力，让学生真正对学习有兴趣。

误区11 填鸭式灌输

——注重知识传授，忽视方法引导

穷人常向渔夫乞讨鱼吃。这天，穷人心想："我怎么好意思总向人家要呢？怎样才可以不乞讨也能吃到鱼呢？我为什么不向渔夫学捕鱼呢？"于是，他诚恳地对渔夫说："您教我捕鱼吧！如果我学会了捕鱼，就可以天天自己捕鱼而不必向您乞讨了。"

渔夫心想："是啊，与其给他鱼，不如教他捕鱼的方法，这样不是更能帮助他吗？"穷人在渔夫认真的教导和自身的努力下，很快就学会了捕鱼。从此，穷人不仅天天有鱼吃，而且还摆脱了贫穷。

古人云："授人以鱼，仅供一饭之需；授人以渔，则终生受用无穷。"故事中的穷人正是看到了"渔"的重要，才去学习捕鱼技术，并最终摆脱贫穷的；而渔夫也是因为教授了穷人捕鱼技术，才帮助穷人摆脱贫穷的。对教育教学而言，教师好比是渔夫，学生就是寻求知识的"穷人"。教师想要帮助学生获取、掌握更多的知识，不也应该授学生以渔而非授之以鱼吗？

学习是复杂的思维活动，是学生在教师的引导下不断提出问题、分析问题和解决问题的过程。单靠教师的给予，学生得到的知识是有限的。教师只有让学生学会学习，才更有利于启发学生思考，才能让学生获取更多的知识。所以，在课堂教学中教师不仅要向学生传授知识，而且还要注重向学生传授学习的方法以及提高学生运用知识的能力。

但是，有些教师已不知不觉地进入了一个注重"授人以鱼"的教学误区：只是单纯注重书本知识的讲授，而忽视了对学生进行求知方法的引导。

例如，教师不能在课堂上引导学生运用已学的知识来综合、归纳、分析新的问题；不注意向学生提供课后相关的阅读书目、报纸杂志目录；不注意向学生介绍对同一问题的不同见解，也不组织学生去讨论有争议的问题……这样的讲授方式，不仅对教师本身教学能力的提高不会有很大帮助，而且还会严重制约学生各方面能力的发展和提高。对此，教师要引起足够的重视，要尽快走出这样的教学误区。

有了“渔”，学生才可以在没有教师的帮助下，自己通过阅读、查找信息获取所需要的知识，才能做到终身学习、终身进步，跟上时代的步伐。这就要求教师不能仅仅授学生以“鱼”，不能只是将自己“术业有专攻”“闻道在先”而获取的学识经过加工传递给学生，而是要授学生以“渔”，通过日常的教学活动更多地帮助、引导学生掌握一定的方法与技能，让他们自己能够建构知识体系。

（一）学生不是容器，授课应摒弃灌输

在执教《认识毫米》时，某教师想通过复习已学的长度单位来引出新的长度单位，把复习旧知作为本课学习的切入点。因此，在上课开始时，教师就组织学生回顾已学的知识：

“同学们，大家回忆一下我们都认识了哪几个长度单位?”

“米和厘米。”

顺着学生的回答，教师指着尺子问：“你能在尺子上找到1厘米长吗?”

学生回答道：“能。”

于是，学生认真地找起来。

教师又想运用学生找1厘米的过程来发现毫米，从而引出毫米的概念。于是当学生在尺子上指出1厘米时，教师就说：“在1厘米长之间你看到了什么?”

学生就把自己所看到的、所想到的向教师真实汇报。有的学生说有10个小格子；有的学生说它就是10毫米；等等。

直到这时，教师才向学生说明这节课的学习内容：“今天我们就来学习有关毫米的知识。(认识毫米)”

让学生知道了本课的学习任务后，教师先让学生说了说1毫米有多长，

然后列举了现实生活中1毫米长的物体，从而引导学生建立起1毫米的概念。

在教师的再三引导启发下，学生也尝试举了些例子，如：有卡的厚度、银币的厚度等。

最后，教师说："我们一起在尺子上找一找2～10毫米。"

于是，学生就在教师的要求下再次借助尺子边找边数。当学生找到10毫米时，教师抓住学习契机问："你发现了什么？"

"10毫米就是1厘米。"

这样，学生就在教师的引导下揭示出"10毫米=1厘米"单位间的进率。

这堂课上，教师按照"先复习学过的长度单位（米、厘米）→引出另一个较小的长度单位（毫米）（揭示课题）→建立1毫米长的概念→借助尺子帮助学生建立单位间的关系→巩固毫米的知识"的顺序进行教学，而学生就这样完全按照教师预先设计的思路一步步地达到教学目标的要求。整个教学过程，教师只注重知识的传授，要求学生老老实实地照自己预先设计好的过程一步一步地完成，学生就像一只"容器"不停地装教师给予的知识。

在这样一个僵化、刻板的教学过程中，学生失去了主动探索的机会和权利，失去了主动学习的兴趣与动力，只能机械、被动、消极地去接受新知，完全没有进行积极的思考。课堂是师生生命成长的主阵地，长此以往，这样的教学方式怎么可能促进学生的全面发展？

造成这种教学现象的原因就是教师完全忽略了学生的自主性，只是把学生当成接受知识的"容器"来看待。这种把学生当成一张白纸什么都不懂什么都不会的教学，对学生已有的生活经验熟视无睹，更不会教给学生学习方法的行为，严重违背了以生为本的理念，更与新课程理念背道而驰，教师要坚决摒弃。

教师传授知识，学生记忆知识，考试还原知识。这样的教育行为就像一根无形的绳索捆绑着学生的身心。无论是课内还是课外，学生都没有主动性，学生自学的时间、环境和机会全部被剥夺。试问，在这样的教育影响下，学生何以找到"自己"，又如何发展自我呢？

原清华大学校长蒋南翔曾作过一个生动的比喻："一个猎人到森林里去打猎，要准备猎枪和干粮。如果一个学生在学校里只知道积蓄知识，而不懂得掌握获取知识的方法，那么，他毕业后走上工作岗位就像猎人走进森林只带干粮而没带猎枪一样，没有猎枪，干粮带得再多，也会很快地消耗殆尽，如果有一杆猎枪，并能运用自如，那么还愁没有肉吃吗？”

在学习中，学生要学的不仅是知识——“干粮”，更重要的是学习获取知识的能力和方法——“猎枪”。同理，如果老师只是给学生干粮，而不给学生猎枪，那么学生将来也会“身入宝山空自回”，或所获极其有限。所以，只有让学生拿到了“猎枪”，才能使学生在学习上摆脱被动局面，才能使他们拥有自己的翅膀，按照自己的心意在广阔的天空中自由翱翔。

（二）教给学生方法，开启学生智慧

在讲授《一个小村庄的故事》时，湖北省巴东县柳荫小学的陈琴老师，采用了自主阅读、小组讨论和合作探究的教学方式引导学生学习。

片断一：

师：同学们，这节课我们先看一幅图。请同学们仔细看看，图上画了些什么？表示的是什么内容？

（师投影教科书第 46 页的插图）

生 1：图上有洪水，有大雨。

生 2：洪水中还有许多被冲走的房屋。

师：你看得很仔细，图中确实有许多房屋被洪水冲走了。

生 3：洪水中还有一棵树，山坡上有一些小草，有树桩。

生 4：从被洪水冲走的房屋的数量和建筑样式来看，这个地方应该是一个小村庄。

生 5：这幅图表示的内容是：由于连绵不断的大雨引发了洪水，洪水冲走了小村庄的房屋。

生 6：这个小村庄的山上为什么是光秃秃的呢？

师：同学们说的都对，（生 6）同学问得也很好。刚才我们一起看的这幅图，就是第十课《一个小村庄的故事》中的一幅插图。那么，怎么会发生洪水冲毁小村庄的事呢？为什么山上光秃秃的呢？我们学习了课文就知道了。大家先听我朗读一遍课文。

（师朗读课文）

师：现在请同学们自读课文，用单横线标出要求学会的字及其组成的词语，用波浪线标出要求认识的字。

……

师：现在请同位的同学互相读读生字，看看是不是读准了字音，再说说怎样记住这些生字。

……

（师用“开火车”的形式检查学生生字认读的情况，重点纠正“斧”“造”“断”“括”等字的地方音，重点检查对“盖”“犁”“冒”“柴”“黎”等生字的记忆情况）

……

师：请同学们再读课文，用联系上下文和查字典的方法理解不懂的词句。

……

片断二：

（师投影第 45 页的插图）

师：请同学们读课文第 1 至第 4 自然段，结合课文中的第一幅插图思考：早先的小村庄是怎样的？同学们先在小组讨论，然后再由小组派代表回答。

（生自读课文后，师指名读课文第 1 至第 4 自然段，检查小组讨论情况）

师：请各组代表说说，早先的小村庄是怎样的？

生 1：从课文第 1 自然段可以看出，早先的小村庄是美丽的。

师：说得好。谁能结合插图说说早先小村庄的美丽景象？

生 2：早先的小村庄是绿树成荫、山清水秀的地方。

生 3：从课本第 45 页的插图上看，早先的小村庄中漂亮的房屋都被掩映在绿树丛中。

生 4：从图上看，小村庄前面的河坡上羊儿成群，说明小村庄不仅美丽，村里人的生活也过得很安逸。

……

师：同学们说得都很好。请同学们再读读课文第 1 至第 4 自然段，分小组讨论两个问题：一是村里人是靠什么过上不错的日子的？二是在这四个自然段中，你对哪些句子印象深刻？说一说这些句子的意思。

（生自读课文，分组讨论）

师：现在请同学们说说，小村庄里的人们是靠什么过上不错的日子的？

生5：小村庄里的人们是靠着锋利的斧头过上不错的日子的。

师：对，第4自然段就是这么写的："……河坡上的家家户户靠着锋利的斧头，日子过得还都不错。"那么，再请同学们说说：为什么说河坡上的家家户户是靠着锋利的斧头过上不错的日子的呢？

生6：因为他们"靠着锋利的斧头"满足了自己所有的愿望，所以说他们是"靠着锋利的斧头"过上不错的日子的。

生7：第2自然段中说"家家都有一两把锋利的斧头。谁家想盖房，谁家想造犁，就拎起斧头到山坡上去，把树一棵棵砍下来"，这句话说明"河坡上的家家户户"只要是想盖房、想造犁，就可以到山坡上去砍树，而且不是砍一棵两棵，"一棵棵"就说明砍了很多棵树。

生8：在第3自然段中，有这样一句话："树木变成了各家各户一间间、一栋栋的房子，变成了应有尽有的家具，各种各样的工具，还有大量的树木随着屋顶冒出的柴烟消失在空中。"我们小组结合第2自然段理解这句话，应该是：小村庄里的家家户户用砍下的树木盖了房子，并做成了各种各样的家具和工具。同时，砍下的大量树木被小村庄里的家家户户当作柴火做饭、烤火烧掉了。

生9：小村庄里的家家户户只知道砍树，却从不栽树。

师：你是从什么地方知道的？

生10：第2自然段中说，"……山坡上出现了裸露的土地"。

师："裸露"是什么意思？

生11："裸露"的意思是光光的身子露在外面。"裸露的土地"在这里是说小村庄里的人把树砍了之后，就露出光秃秃的土地了。

生12：第3自然段开头是这样写的："一年年，一代代，山坡上的树不断减少，裸露的土地不断扩大……"这句话的意思是说，经过了许多年、许多代以后，由于小村庄里的人不断地砍树，导致光秃秃的土地范围不断扩大。

师：在这句话后面为什么用省略号而不用句号呢？

生13：我们组是这样理解的：这句话后面用省略号说明，山坡上裸露土地的不断扩大是和树木的不断减少相关联的。也就是说，小村庄里的人砍树的情况还在继续，他们每砍下一块地的树，就会增加一块裸露的土地。

师：他们的这种理解正确吗？

生14：我们认为他们的这种理解是正确的。

生15：我们也是这样理解的。

师：有没有不同的意见？

生（齐答）：没有。

师：裸露的土地不断扩大，说明了什么？

生16：说明小村庄的环境在不断变坏。

生17：小村庄里，也许房屋修得很漂亮，也许家家户户的日子过得还都不错，但是由于裸露的土地不断扩大，小村庄就像一件千疮百孔的衣裳，已经不是原先美丽的小村庄了。

师：由“裸露的土地不断扩大”，联想到“千疮百孔的衣裳”，你这个比喻用得很贴切。

……

要提高教学质量，关键在于得法。案例中，陈老师不仅使用了各种教学方法，而且教给了学生许多学习的方法，从而使得课堂气氛活跃，教学过程顺利进行，课堂教学收到了事半功倍的效果。

在片断一中，陈老师从引导学生观察课文的第二幅插图入手，激发学生探究的兴趣，使学生想知道是什么原因造成洪水冲走小村庄的，同时在引导学生看图以及和学生对话的过程中，又较好地发展了学生的思维和语言。陈老师的范读课文，既让学生粗知了课文大意，又为学生自读课文作了很好的引导。在学生自读课文时，陈老师注意对学生进行良好的学习习惯的培养和学习方法的指导，如要求学生用不同的符号给学会的字和认识的字做上记号，利用汉语拼音自读生字，同位同学互相订正生字读音，用结合上下文和查字典的方法理解不懂的词句等。并且，陈老师两次安排学生自读课文，要求各不相同。以上这些活动，既锻炼了学生的学习能力，又为落实读写训练重点“多读多想，读通课文”打下了基础。

在片断二中，陈老师注意突出读写训练重点，因为“多读多想，读通课文”是第五册语文教科书的读写训练重点之一。在学习课文第1至第4自然段时，陈老师安排时间让学生自读课文，并设置思考题组织学生讨论，这使《义务教育语文课程标准》倡导的自主、合作、探究的学习方式得到了比较好的运用。可以说，陈老师很好地处理了“主导”与“主体”的关系，在学生自主阅读的基础上，采用合作探究的方式学习，不仅调动了全班学生的积极性，而且让所有学生都能积极思考，参与讨论，成为知识的发现者和研究者。

另外，在整个教学过程中，陈老师运用对话方式改变了教师单向传授知识、学生被动接受知识的做法。课堂上既有教师与学生的对话，又有学生与学生、学生与文本、教师与文本的对话。师生在一种平等的、宽松的氛围中交流互动，切磋探讨，真正做到了教学相长。同时，学生在与教师的对话中，较好地体现出学生对课文内容的个性化理解，如有学生把“裸露的土地不断扩大”的小村庄比作“一件千疮百孔的衣裳”等。

从陈老师的教学中，每个教师都应该感受到：教师的教不能代替学生的学，学生是学习的主人。激发学生学习的求知欲望，教给学生学习的方法，开发学生的智力，促使学生能积极主动地开展学习，使课堂教学真正成为师生共同参与、共同研讨的教学过程，从而促使学生整体素质的提高，这是每个从教者共同追求的目标。

当前，我国教育正面向从应试教育向素质教育转轨的阶段，所以教会学生学习的方法尤为重要。

1. 时代要求

学会学习是一项促进全人类和谐发展的战略决策，体现了鲜明的时代特点。学会学习已成为新世纪人才的一个重要指标。埃德加·富尔说：“未来的文盲不再是不识字的人，而是那些不懂学习方法的人。”所以，教师现在最重要的工作就是“授人以渔”，即交给学生学习的方法。

2. 教育学要求

教学是一个由教师的“教”和学生的“学”组成的一个双向交流的活动。学生学习的实质是在教师指导下向未知领域探索发展的过程，因此它决定了教师教的实质应是“教学生学会学习”，让学生在探索发展的过程中不但要掌握相关的知识和技能，更要掌握在积累知识和技能过程中所总结出来的认识问题和发现问题的科学方法。

3. 心理学要求

心理学研究表明，在学生学习的过程中，教师通过设疑、引导把学生引入欲求不得、欲罢不能的矛盾状态中，然后通过点拨于山重水复之中让学生获得柳暗花明之感，这种亲身体验和发现更让学生觉得刺激和兴奋，远比教师直接的奉送要好得多，并且会使学习的欢乐一直充盈着学生的整个身心。

4. 哲学要求

辩证唯物主义认为，内因是决定事物发展的根本原因。在“教”与“学”的关系中，学是内因，是根本，是自我发展的需要；教来源于学，依赖于学，服务于学，是学的外因与服务手段。所以，学会学习成为教学矛盾中的主要方面。

陶行知认为，教师应将开发文化宝库的钥匙教给学生，而不是满足于把知识传授给学生。适宜的教学方法不仅能培养学生的学习兴趣，让学生自主学习，而且还能激发学生的思维，更有助于对学生想象力、创造力等多种能力的培养。所以，教师要教好学生，最好的办法就是激发学生的求知欲望，教会学生学习的方法，并且要将学习的方法贯穿于教学的各个环节之中。

（三）规避误区，让教授方法更有效的策略

陶行知在《教学做合一》中写道：“教师的责任不在教，而在教学生学。”笛卡儿认为：“最有价值的知识是关于方法的知识。”方法，在学习中起着至关重要的作用，施教之功在于授法。那么，教师如何教给学生正确的学习方法，让教授方法更有效呢？

1. 注重培养学生自主学习的能力

让学生学会学习的首要问题是，培养学生的自学能力。为此，教师需要教给学生一些必要的自学方法。

教材是学生学习的重要依据，教师要精心创设问题情境，要因地制宜组织学习材料，使教材中的图案、文字能够符合各年级学生的认知规律，让学生通过自己的探索明确原理、掌握方法。例如，在课前预习方面，教师要根据不同年龄段的学生提出不同的要求：低年级的学生应从明意开始，会用完整的话表达内容的要求、简易的做法等；中年级的学生应学会观图明意，能对文字部分做到读中有思、思中有意，并能根据教师提出的要求，边读边议，逐步认识结论；高年级的学生要求按照教师提供的自学提纲进行独立思考，经过质疑问难，得出结论。这样通过课前预习，可以促使学生在课前主动了解课文知识、思考课文内容、探讨知识疑点等，经过质疑问难，得出结

论。如此强化训练，学生的自学能力就会不断得到提高。

2. 调动学生的感官

上课不纯粹是听课。要提高学生的学习能力，使学生由“学会”到“会学”，教师在上课时就要有意识地让学生做到“六动”：

（1）动眼看

教师可以采用“看一看，议一议，练一练”的教学方法，让学生多动眼看；可以让学生多看书，多看教师的演示和板书，学会运用多种方法进行观察，如分步观察、对比观察、归纳观察；等等。

（2）动耳听

要指导学生养成认真听讲的良好习惯，让学生不仅要听教师讲解，也要听同学发言，并学会边听、边想、边记，使思维更加敏捷，记忆更加牢固。

（3）动口议

动口议就是积极发言，这是师生双向交流的重要方式，也是知识反馈的重要途径。在课堂上，教师可以设疑引读，叩开学生思维之门；也可以质疑导议，激励学生发散思维；还可以通过释疑排难，指导学生集中思维。

（4）动手做

重视学生的实际操作，是提高学生动手能力的有效手段。在课堂上，教师有意识地安排学生进行拼一拼、做一做、折一折、量一量、比一比、画一画等教学活动，可使学生从中发现问题，探求新知，悟出规律，从而培养他们的创新能力。

（5）动笔练

教学过程中，教师要精讲精练，让学生有更多的时间做练习。

教师要让学生练好，就要在备课时精心策划，设置一些探索性练习及针对性练习。在练习过程中，要让学生加深对知识的理解和记忆。

此外，教师还要教会学生做好课堂笔记。“记”是为思和听服务的，教师要引导学生学会边听边记，边想边记，并让学生学会记要点、记疑点、记难点、记方法和记思路，还要让他们学会对课堂的知识进行整理和归纳，把书本的东西变为自己的东西。

（6）动脑想

在课堂教学中，教师应通过设疑让学生多动脑筋思考。以疑激思，强化训练，长期培养，这样就可以让学生养成勤于思考、善于思考的习惯，特别是有利于培养学生逆向性思维和发散性思维的能力。

3. 培养学生的学习精神

学习精神是学生学会学习的重要动力，教师不能忽视对学生学习精神的培养。

（1）竞争意识

现代社会，各种竞争非常激烈，只有具有竞争意识的人才能在社会上立于不败之地。所以，教师在让学生学会学习的过程中，还要让学生认识竞争的规律，感受竞争的压力，培养他们承受竞争压力的意识。

另外，在激励学生公平竞争的同时，教师还应特别注意对学生进行不良竞争心理的矫正。

（2）合作精神

合作是人类社会赖以生存和发展的重要动力，与竞争一样是人类生存中不可缺少的重要组成部分。

学习合作，既可促进学生个性的发展，而且还能培养学生正确的合作意识与竞争意识。教师培养学生的合作精神，不仅要加强师生之间的合作，更要促进学生之间的合作。

（3）创新精神

创新能力是当前素质教育的核心内容，也是21世纪人才竞争的关键因素。

面向新世纪，让学生学会学习，教师责无旁贷。尽管道路异常曲折，充满着艰辛与阻力，但唯有如此，才能让学生的生命变得丰富、有灵性。

在教育教学活动中，教师要充分发挥自己的主导作用和学生的主体地位，不仅要把知识传授给学生，让他们学会知识、掌握知识、运用知识，而且还要通过培养学生大胆质疑、探究、批判等创新意识，让学生的创新精神和创新能力不断得到提升。

误区12 华而不实

——课件精美，内容匮乏

一次，晋国大夫阳处父出使魏国回来，路过宁邑，便住进一家客店。店主看到阳处父相貌堂堂，举止不凡，便对妻子说："我早想投奔一位品德高尚的人，可是多少年来，都没找到一个合意的。我看阳处父这个人不错，我决心跟他去了。"

第二天，店主得到阳处父的同意，便同他一起上路了。一路上，阳处父东拉西扯，不知谈些什么。店主边走边听，最后越听越后悔。他们刚走出宁邑县境，店主就改变了主意，和阳处父分手了。

店主的妻子见丈夫突然折回，十分疑惑地问他："你好不容易遇到这样的人，怎么不随他去呢？家里的事你尽管放心好了。"

"我看他长得一表人才，以为他可以信赖，谁知听了他的言论却感到非常讨厌。我怕跟他去，没有得到教育，反倒遭受祸害。"店主说。

从这个故事可看出，店主是很有智慧的，阳处父虚有其表，华而不实，所以店主离开了他。同样，教师在教育教学活动中如果虚有其表，华而不实，那么学生的收获就会非常小。

随着教育体制改革的深入，把多媒体和网络技术用于教学已成为教育现代化发展的主流。多媒体教学，就是在教学过程中应用现代科技手段，如用电脑、投影仪、电视等设备将声音、文字和图像有机地结合起来制成课件呈现给学生，进而达到教学的目的。这种教学方式是课堂教学的有益补充，它优化了现代教学模式，所以在教学中得到了越来越广泛的应用。

但是，有的教师在利用多媒体进行教学的过程中，做得有点像故事中的阳处父，华而不实，片面地认为只有把课件制作得华丽，才能吸引学生的注意力，促进学生学习。这些教师不惜花费精力、物力和财力，运用多种技术，如 Authorware、Flash、PowerPoint 等来制作课件。实际上这样做并不能取得良好的教学效果，甚至有时还会弄巧成拙。因为过于追求形式优美的课件，教师往往会放松对教材的研究，从而导致教学内容匮乏；由于课件过于华丽，学生往往会把注意力集中在课件上，而没有兴趣再去学习文本内容。

上了一堂追求形式的多媒体教学课就好像是看了一部没有主题的娱乐片，追求过于华丽的课件造成了“本末倒置，喧宾夺主”。虽然外观优美的课件会让学生感到有趣，但却使学生学不到该学的知识，严重影响教学效果的提高。教师应该清楚，多媒体教学课件只是教学的辅助部分，不必为其投入过多，应将其制作得简洁、主次分明、重点突出，最主要的是实用，避免追求表面的形式化，否则过犹不及。

（一）不要搞“课件秀”

在讲授《周总理你在哪里》时，某教师准备了录音带、录像带，动用了录音机、录像设备和电视机。

讲课开始，教师先播放了李光曦演唱的用这首诗歌谱写的歌曲，先声夺人，从听觉上让学生深受感动。接着，教师放映了一段录像，是“十里长街送总理”的镜头，那街头千万群众挥泪送总理的场面，又让学生为之动容。再接下来，教师播放了这首诗的朗读录音，让学生再一次深受感动。最后，教师又播放了自己朗诵的课文录音，想让学生进一步熟悉课文。

这几项活动下来，时间已经过去了一大半。眼看快要下课了，教师计划在这堂课上讲解的语文常识、诗句赏析等内容却没有足够的时间讲解了，教师只好泛泛地讲解了一些。不过，大多数学生并没有认真听教师的讲解，而是仍沉浸于刚才有声有色的课件设计中，对课件的兴趣远远大于对课文知识的兴趣。

下课时，教师就本节课所学内容向学生提问，学生们都非常认真地述说着“十里长街送总理”的场景，以及对李光曦演唱的动人歌曲的感受。听着学生们的回答，教师禁不住皱起了眉头。

案例中的教师本想通过感人的画面、音乐和朗读，调动学生的学习兴趣，但是学生的注意力却被感人的画面、音乐和朗读所吸引，而对文本知识及所要揭示的问题没有引起足够重视，甚至将其忽略。所以，一堂课下来学生学到的文本知识几乎没有，能力的提高更是谈不上，根本原因就是“精彩”的课件设计转移了学生的学习视线。

在利用多媒体课件进行教学的过程中，像案例中的教师过分注重课件表面设计的情况还有很多，其主要表现为以下三个方面：

1. 不必要的装饰过多

有的教师为了追求课件的完美，在制作课件时插入了大量的不必要的图片、动画、声音，分散了学生的注意力。例如，在教学《潜望镜的秘密》时，某教师设计了潜望镜的构造图。为了使课件显得活泼，教师在页面的两个角上各插入了一个奔跑的小白兔。上课时，教师要求学生仔细观察结构图，但学生却都在看小白兔，不少学生甚至连老师提出的问题都没有听清楚。

2. 色彩斑斓

由于没有经过专业的美术学习，有的教师在制作课件时片面追求美，把课件版面制作得色彩斑斓，使学生看得眼花缭乱，结果本末倒置，造成该强调的内容没有强调，该突出的内容没有突出。

3. 内容过多

为了丰富课件内容，有的教师几乎把与文本有关的知识都通过课件展示了出来。课件内容虽然丰富了，但却过了头，造成了多而杂，脱离了教学目标，致使教师在单位时间内无法完成教学任务，直接影响了教学效果。

另外，内容多而杂的课件降低了学生的学习要求，致使学生在课堂上出现了不动脑筋、思维力度不够、不能深入下去等情况。例如，在小学科学教学中，某教师用多媒体演示替代了学生的探究实验，忽略了学生进行科学探究的经验积累，造成了学生的探究障碍，学生的动手操作技能无法得到锻炼。如此刻意设计课件，不仅对教师教学无益，更对学生学习无益。一方面，课件制作过于追求形式，过于重视华丽的外观，必然会淡化教学内容，忽视学生应掌握的知识点。对多媒体教学课件进行的种种功能设置，是一项非常繁琐的工作，为了使画面漂亮、文字富于变化、动画情景真实、声音更动听，教师往往会在一项功能设置上进行反复设置和反复运行演示。在课件的设计上投入太多，教师便无力再去钻研教材教法，而教学内容的有效设计正是源于教师对教材教法的钻研，因此，不管课件设计得再好，过分追求课件形式也只是得不偿失的。另一方面，拥有华丽外表的课件，色彩变化频繁、动画效果炫耀、感官刺激过多，这都会分散学生对文本知识的注意力，不利于学生学习。试想一下，如果教师在给学生讲解课文时，把课件制作得花里胡哨，把学生的注意力都吸引走了，那他们还会有精力和兴趣去学习吗？

时至今日，运用现代多媒体手段辅助课堂教学已成为时尚，而一支粉笔、一本书的常规教学也将逐渐退出历史舞台。不可否认，现代化的多媒体教学与传统教学相比具有无法比拟的优势，但是，教学的根本永远是注重知识和能力的训练，教师不能为满足学生的欲望和兴趣而偏离或忽视教学效果，刻意追求课件外观的华丽。因此，教师要认真研究课件，让课件真正起到调动学生学习兴趣的作用。

（二）课件要讲究实用，要真正为课堂教学服务

为了丰富课堂教学的内容，提高教学质量，深圳市盐田区外国语小学的教师彭秀清也经常使用多媒体辅助教学，但彭老师绝不滥用课件。下面是彭老师讲授《林海》第二课时的教学实录：

师：上节课，我们初读了课文，随着作者领略了大兴安岭美丽的风光，并且学习了第一段，知道作者在进入大兴安岭以前，总以为它是高不可攀的。当他进入林中后，他的感受又是怎样的呢？

生：亲切、舒服。

（师板书：亲切、舒服）

师：围绕着这种感受，作者描写了大兴安岭的哪些景物？

生：描写了大兴安岭的“岭”“林”“花”三方面的景物。

师：现在，让我们先来看看大兴安岭的“岭”。

（多媒体播放：“岭”的录像）

师：请大家自由朗读第2自然段，然后按问题要求在书上做上记号。

（多媒体出示：“岭”有什么特点？作者是怎样描写这些特点的？这样描

写表达了作者怎样的思想感情?)

(生自由朗读第2自然段，在书上做记号)

师：谁来说一说“岭”有什么特点?

生：“岭”的特点是多而温柔。

师：大家同意吗?

生(齐)：同意。

(师板书：多、温柔)

师：谁能把写“岭”“多”的句子找出来读一读?

生：“这里的岭的确很多，横着的，顺着的，高点儿的，矮点儿的，长点儿的，短点儿的，可是没有一条使人想起‘云横秦岭’那种险句。”

(多媒体出示：“这里的岭的确很多，横着……那种险句。”)

师：在这句话当中，哪些词可以看出“岭”很多呢?

生1：“的确很多”。

生2：“横着的，顺着的，高点儿的，矮点儿的，长点儿的，短点儿的”。

师：很好。句子中的“点儿”说明了什么?

生：说明了这些山的差距并不大。

师：对！如果删掉“点儿”，(删掉句中的“点儿”)会和有“点儿”一样吗?

生：不一样。

师：有这个“点儿”我们还能感受到这儿的“岭”非常——

生(齐)：温柔。

师：请你把这个句子读一读，并把“岭”的温柔读出来。

(生读)

师：读得不错。在你读的过程中，老师不仅感受到这里的“岭”多而温柔，还能感受到你也很喜欢这里的“岭”。同学们，作者看到那么多、那么温柔的“岭”，会产生怎样的感情呢?

生：很喜爱，很激动。

(师板书：喜爱)

师：还有哪些地方是写“岭”多而温柔的?

生：“在疾驶的火车上看了几个钟头，既看不完，也看不厌。”从这里我也看出了“岭”的多，因为在疾驶的火车上，作者已经看了几个钟头了。

师：对！那看了几个钟头都看不完说明了什么？

生：说明这里的岭非常多，而且变化多端，看也看不厌。

师："看不厌"说明这里的岭非常——

生（齐）：温柔。

师：还有写岭"温柔"的吗？

生："自山脚至岭顶长满了珍贵的树木，谁也不孤峰突起，盛气凌人。"

师："孤峰突起"的意思是——

生："孤峰突起"的意思是指单独的一座山峰高高地耸立。

师：哪个字是说"单独的一个"呀？

生："孤"。

师：同学们，你们看，像这样的山峰高高地耸立，就是"孤峰突起"。

（师简笔画"山峰"）

师：那"盛气凌人"呢？

生："盛气凌人"的意思是形容骄傲蛮横，气势逼人。

师："孤峰突起""盛气凌人"作者指的是什么"岭"？

生：作者指的是秦岭。

师：你能从文中找出一个描写"秦岭"的词吗？

生："云横秦岭"。

师："云横秦岭"的意思是——

生："云横秦岭"的意思是云横在秦岭的半山腰。

师：对！如果说这就是"秦岭"，云彩就在这。（简笔画云彩）这说明秦岭怎么样？

生：很险。

师：兴安岭是这样的岭吗？

生（齐）：不是。

师：对，那里的岭山势平缓，线条柔美，给人一种"柔"的感觉。

（师简笔画"温柔的岭"）

师：同学们，作者为什么能把"岭"写得那么生动、那么具体呢？

生：这是作者仔细观察的结果。还有，就是作者非常喜爱大兴安岭的"岭"，所以，他才能把大兴安岭写得那么生动。

（师板书：细致观察）

师：刚才，我们学习了“岭”这一部分，知道作者通过细致观察把多而温柔的岭写得那么形象，那么生动，而且我们也能从文中感受到作者对大兴安岭的喜爱。我们来回忆一下，这一段我们是怎样学习的。首先，找出岭的——

生（齐）：特点。

师：接着，理解描写特点的——

生（齐）：句子。

师：然后，我们再通过有感情的朗读来体会作者表达的感情。

（师总结学法。多媒体出示：一、找出特点。二、品读句子。三、体会感情。）

师：下面，我们就照这样的方法，按照老师设置的问题来学习“林”这一部分。请同学们自由朗读第3、4自然段。

（多媒体出示自学提纲：“林”有什么特点？作者是怎样描写这些特点的？这样描写表达了作者怎样的思想感情？）

师：“林”有什么特点？

生：“林”的特点是“多”而“绿”。

师：（板书：绿）作者是怎样描写“绿”多的？

生：“目之所及，哪里都是绿的。”

师：“目之所及”的意思是——

生：眼睛所能看到的。

师：哪个字是说“到”？

生：“及”。

师：眼睛所能看到的地方全都是绿的，这就说明这里的树非常——

生（齐）：多。

师：多得就像——

生（齐）：海洋。

师：所以“林”还有一个特点就是什么？

生：像海洋。

师：（板书：如海）那作者是怎样描写“林”像大海的？

生：“的确是林海，群岭起伏是林海的波浪。多少种绿颜色呀：深的，浅的，明的，暗的，绿得难以形容。恐怕只有画家才能描绘出这么多的绿色来呢！”

师：刚才，大家认真听了没有，这位女同学是不是读了3个句子？

生（齐）：是。

师：谁有不同意见？

生：我有不同的意见。我觉得描写“林像海”的句子只有一句，就是“的确是林海，群岭起伏是林海的波浪”。

师：这一句描写的是什么？

生：描写“林”的多，“林”像海一样。

师：她读的后面两句是描写——

生：是描写绿色多。

师：描写“林”像大海的句子，谁还有补充？

生：“是的，这里是落叶松的海洋。”这里也写出了森林如海，因为落叶松是这里的主要树木，既然是落叶松的海洋，那么，大兴安岭也就是一片绿色的大海。

师：这就照应了课题——

生：林海。

师：还有句子描写“林”如海的吗？

生：“在阳光下，大片古松的边沿，闪动着白桦的银裙，不是像海边的浪花吗？”我觉得这一句也是写“林”如海的。

师：好。在这么多树中，最多的树是什么？

生（齐）：落叶松。

师：多得就像——

生（齐）：海洋。

师：海边还有浪花，什么像浪花？

生（齐）：白桦。

师：谁把写浪花的句子找出来？

生：“看，海边上不是还闪动着白色的浪花吗？”“大片古松的边沿，闪动着白桦的银裙，不是像海边的浪花吗？”

师：你能用肯定的语气来说吗？

生：能。看，海边上还闪动着白色的浪花。大片古松的边沿，闪动着白桦的银裙，像海边的浪花。

师：意思有没有变？

生：没有。

师：但是感情就变得怎样了？

生：变得平淡了。

师：对！课文中的句子使得作者那种喜爱的感情显得更加强烈。请你带着喜爱的感情再读一读。

（生读）

师：读得真好。作者展开丰富的联想，把“林”写成绿色的海洋。下面，谁能展开想象，读一读第3自然段？

（师板书：联想）

（生读第3自然段）

师：听得出，你把自己的感情也带进去了。特别是后两句，你读得特别好。

师：谁读第4自然段？

（生读第4自然段）

师：读得真好！老师都陶醉了。那刚才我们学习“林”这部分时，我们是按什么步骤学习的呢？

生：我们刚才学习这一部分的时候，首先找出“林”的特点是“绿”“如海”，然后通过朗读来品味句子，最后再有感情地读，体会作者表达的思想感情。

师：我们学习“岭”和“林”这两部分时，都是按这种方法去学习的，老师分别给大家设置了三个问题，下面请同学们按老师设置问题的方法，自己设置问题，学习“花”这一部分，也可以自己设置不同的问题。请同学们默读第5自然段。

（生自学）

师：读过了“花”这一部分，你们有什么问题吗？

生：老师，“花”的特点是什么？

师：谁能帮他解决？

生：我觉得“花”的特点有两个：第一个是“多”，第二个是“美丽”。

师：（板书：多、美丽）还有什么问题？

生：“还穿着绣花鞋”，这里的“绣花鞋”是指什么？

（多媒体出示："兴安岭多么会打扮自己呀：青松作衫，白桦为裙，还穿着绣花鞋。"）

师：他问的这个"绣花鞋"指的是什么？

生：我觉得"绣花鞋"指的就是兴安岭的"花"。

师：对！下面你们听老师读这个句子，边听边想象，作者是怎样来写兴安岭的？

生：作者是把大兴安岭当作一位亭亭玉立的少女来写的。

师：你从哪些词中可以看出呢？

生1："打扮"。

生2："衫"。

生3："裙"。

……

（多媒体出示："打扮""衫""裙""穿着""绣花鞋"）

师：谁能用自己的话说一说，这位少女是怎样打扮自己的？

生：我觉得这位亭亭玉立的少女，她穿着绿色的衬衫，白色的裙子，还穿着一双绿底彩花的绣花鞋。

师：听了你的描述，这位姑娘真是太美啦！你喜欢她吗？

生：喜欢。

师：大家喜欢吗？

生（齐）：喜欢！

师：同学们还有什么问题吗？

生：他这里写花，为什么还要写珊瑚珠似的小红豆呢？

师：谁能帮她解决这个问题？

生：因为这些小红豆是花的果实。

师：对，这些小果实除了可以装扮大兴安岭以外，还能为我们人类做什么呢？

生：为人类创造财富。

师：刚才那位同学说，作者写兴安岭的"花"，为什么还要写"小红豆"，这个问题还没解决。谁来说一说？

生：因为这些小红豆不仅装扮了兴安岭，还可以酿酒，为人类作贡献，所以还写了小红豆。

师：从中我们还可以感受到作者非常——

生：喜爱兴安岭。

师：这里也可以看出作者观察大兴安岭时非常细致，连一花一草一豆都观察到了，所以作者能把林海写得那么美丽。

师：还有什么问题吗？

生：为什么说兴安岭会打扮自己？

师：这个问题刚才已经解决了，看来你还没弄懂。哪位同学再帮帮他？

生：因为兴安岭有许多绿树、白桦、花。它把绿树当作一位姑娘的衬衫，把白桦当作姑娘的裙子，然后把这些小花当作姑娘脚下穿的鞋。所以说，兴安岭会打扮自己。

师：现在你懂了吗？

生：懂了。我还有一个问题：为什么说"我"是爱花的人，到这里却说不出那些花的名儿来？

师：这个问题我相信你自己能解决。这说明什么？

生：说明这儿的花很多。

师：对啦！你自己提出问题，自己解决问题，这也是读书的一个好方法。刚才，同学们通过自学，了解了"花"多而美的特点。现在，我们就进入林中去看看兴安岭那美丽的花。

（播放："花"的录像）

师：兴安岭美吗？

生：美。

师：作者通过细致的观察，加上丰富的联想，写出了兴安岭温柔的"岭"，如海的"林"，还有美丽的"花"，但这些都是它外表的美。（板书：美）作者看到这么美丽的兴安岭，他又联想到了什么？请同学们快速阅读第6、7自然段。

（生读第6、7自然段）

师：谁来说说作者联想到了什么？

生：作者联想到了"有多少省市用过这里的木材呀！大至矿井、铁路，小至椽柱、桌椅。"

师：这些都是说木材为什么服务？

生：为祖国的建设服务。

师：说得好！（板书：建设）请你在文中找出一个句子，说明它的美与建设有关。

生：“它的美丽与建设结为一体，美得并不空洞。”

（多媒体出示：“它的美丽与建设结为一体，美得并不空洞。”）

师：“空洞”在这里是什么意思？

生：指没有内容。

师：“不空洞”呢？

生：就是实实在在的。

师：是呀，大兴安岭为祖国的建设做出了巨大的贡献，使我们的国家兴盛安定。请同学们在文中找一个词说明。

生：“兴国安邦”。

（师板书：兴国安邦）

师：“兴国安邦”是什么意思？

生：“兴国安邦”就是使国家兴盛安定。

师：“邦”在这里是什么意思？

生：“邦”在这里是“国”的意思。

师：“邦”和“国”是——

生（齐）：同义词。

师：我们怎样做才能兴国安邦呢？是不是这里有很多的木材我们就只砍伐呢？

生：要合理利用大兴安岭的自然资源，要一手砍一手栽。

师：请你把文中的句子完整地读一读。

生：“我们伐木取材，也要造林护苗，一手砍，一手栽。”

师：对，我们这样做就能保护生态平衡，使自然资源取之不尽，用之不竭。所以，兴安岭的确含有“兴国安邦”的意义。作者心中再次感到亲切、舒服，对兴安岭更是喜爱。同学们，今天我们随着作者观赏了大兴安岭美丽的景色，你们喜欢大兴安岭吗？

生（齐）：喜爱。

师：请你用一两句话来表达你对大兴安岭的喜爱之情。

生 1：我为我们国家有兴安岭这座森林的宝库而感到自豪。

生 2：我向往美丽而富饶的大兴安岭。

生3：我爱大兴安岭的岭、林、花。

师：谁能用反问的语气来说一说？

生1：我们国家有大兴安岭这样的大宝盆，我能不感到骄傲吗？

生2：我能不为祖国有兴安岭这样一个资源丰富的宝库而感到自豪吗？

师：谁还能从不同的角度来表达呢？

生1：大兴安岭真是一个资源宝库啊！

生2：看到这么美丽的兴安岭，你能不喜欢它吗？

生3：大兴安岭真是美不胜收，让我感到亲切、舒服。

师：同学们，这节课我们就学习到这里，剩下的时间让我们随着音乐有感情地把课文读一读，再体会体会。

（师播放轻音乐，生朗读）

从《林海》一课的多媒体运用来看，彭老师使用它不是为了摆架子，也不是为了赶时髦，而是实实在在地用多媒体为教学服务。这堂课的课件设计得合理、恰当、得体。例如：播放配乐录像，有利于学生联系情景，发挥想象；出示较长语句，可以有效节省板书时间；出示总结方法，让学生掌握自学的方法；等等。这些设计都是教学所需要的，是真正有助于学生学习的，它体现了多媒体为教学服务的思想。

现在，越来越多的教师喜欢运用多媒体辅助教学，多媒体辅助教学的强大优势也正影响着教学。

（三）规避误区，让多媒体课件更实用的策略

现在，多媒体作为一种全新的工具和教学手段给教育事业带来了无限的发展空间。它的诸多优势，被罩上了一层光环，使许多教师对它寄予厚望。但是，世间没有万能的药，在光环的背后，教师应该清楚地看到它潜在的隐患，以及它带来的新问题。在教学过程中，教师要杜绝盲目使用多媒体，切实把握多媒体与学科教学整合的规律，从教学的实际出发，让多媒体真正为教学服务。

1. 要能激发学生兴趣

兴趣是最好的老师。只有学生对学习有兴趣，教师才有可能取得好的教学效果。要让学生对学习产生浓厚的兴趣，教师可以运用多媒体创设一些情

境，如把枯燥的知识和生动的故事情境、贴近学生的生活情境、引人思索的问题情境结合起来，引发学生对学习内容的好奇心，进而激发他们的学习兴趣。

2. 处理好四种关系

教学要从实际出发，眼光不能盯住多媒体不放。运用多媒体教学，教师需要正确处理好课件与教师、课件与学生、课件与教材、课件与板书这四种关系。

（1）课件与教师

教师是教学的主导，课件是教师完成教学的辅助工具。教师不能被课件牵着走，不能一味地追求课件制作的新颖性、趣味性，而忽略课堂教学的根本目的。

（2）课件与学生

学生是教学的中心，课件是为学生的有效学习服务的。课件要和学生的学习、生活实际相结合，要能充分关注到学生的学习过程。

（3）课件与教材

教材是课程标准的呈现，课件是教材的补充。课件制作得再好，也不能完全取代教材的地位。在课堂教学中，教师应该把二者有机结合。

（4）课件与板书

板书是教学内容的精要体现，反映教学的逻辑层次和脉络体系。课件给学生的是短暂的直观效果，板书则能产生较为持久的直观效应，所以，教师要切忌以课件代替板书。

3. 坚持三个原则

在设计制作课件时，教师要坚持三个原则：

（1）教学性原则

这是课件赖以生存的基础。课件的选择及设计制作，要符合教学目标，注重实用性，实现最优化。

在选取课件时，教师要选取这样的课件：用常规方法无法演示或不易演示、演示观察不清的内容的课件，用常规手段不能很好地解决问题（教学重点、难点问题）的课件，能通过提供与教学相关的媒体信息创造良好的教学环境（情景）、资源环境的课件，能够扩大学生知识面、信息源的课件等。

（2）科学性原则

科学性是课件评价的重要指标之一，尤其是演示模拟实验更要符合科学性。课件中显示的文字、符号、公式、图表及概念、规律的表述方式要力求准确无误，语言配音也要准确。但是，在科学性的评判上宜粗不宜细，要具体情况具体分析。如果片面地强调科学性，就会束缚教师的手脚，不利于多媒体课件的应用。科学性的基本要求是不出现知识性的错误。

（3）可操作性原则

课件的操作要尽量简便、灵活、可靠，便于教师和学生控制。例如，在课件的操作界面上设置寓意明确的菜单、按钮和图标，优先支持鼠标，尽量避免复杂的键盘操作，避免层次太多的交互操作；尽量设置好各部分内容之间的转移控制，可以方便地前翻、后翻、跳跃；练习课件要能对输入后的内容做即时应答，并允许学生自由选择练习次数、练习难度；演示课件最好可以根据现场教学情况改变演示进程；等等。

4. 简约而不失美观

优质的课件应是内容与形式的完美统一。它不但能使教学取得良好的效果，而且还能使学生赏心悦目，获得美的享受。课件制作既要有观赏性，又要避免过于花哨，给学生过多的感官刺激，即要简约而不失美观。

制作课件时，画面格式、背景颜色、动画效果等外在形式要服务于教学内容，有利于学生学习。例如，画面应符合学生的视觉心理，布局要突出重点，同一画面对象不宜多，避免引起学生注意的无益信息干扰；注意动物与静物的色彩对比、前景与背景的色彩对比、线条的粗细、字符的大小，以保证学生能充分感知对象；避免多余动作，减少文字显示数量（有可能，尽量用语言声音表达），因为过多的文字阅读不但使学生容易疲劳，而且还会干扰学生的感知；等等。

5. 适度

有的教师认为，多媒体课件的信息量就是要大，只有信息量大才能体现多媒体的优势。事实上，信息量太大会使学生在学习时囫囵吞枣，容易产生“电灌效应”，不利于教学。所以在进行多媒体教学时，教师要有效地组织信息资源，提供适度的信息量，做到在解决教学重难点、扩大视野的同时，能让教师自主地教学、让学生自主地对信息进行加工。

教学有法，但无定法，贵在得法。多媒体教学作为一种新的辅助教学手段，它有效地弥补了传统教学的不足。但是，多媒体不是万能的，教师在利用多媒体进行教学时，应该正确认识其辅助地位。多媒体教学正处于成长期，它还要经历一个不断改进和完善的过程。在制作、使用课件过程中，教师要努力寻求它和传统教学手段的结合点，要做到科学选择、合理使用、注重实效，扬长避短，从而真正发挥多媒体在课堂教学中的作用，达到提高教学效果、更好地培养创新型人才的目的。

误区 13 滥设情境

——形式花哨，游离教学本质

公开课上，老师正在讲《分数的初步认识》。在学生理解了 1/2 的含义后，老师想让学生利用手中的材料折出一些分数，于是用多媒体课件出示了分子是 1，分母是卡通形象孙悟空的分数，然后问："分子是几?"

学生齐答："分子是 1。"

"那分母呢?"

学生再次齐答："分母是孙悟空。"

顿时，台下听课的教师爆发出一阵笑声。

教师尴尬地问："我们学过孙悟空分之一吗?"

学生更是无辜地回答："课件里显示的分数的分母就是孙悟空嘛!"

在这个教学案例中，教师力图将学生喜闻乐见的卡通形象引进课堂，创设有趣的情境激发学生的学习积极性，结果事与愿违，还闹出了笑话。事实上，这个情境的创设几乎没有什么教学价值，只是一种摆设、点缀物，教师完全可以不用设置。这说明这位教师已经进入了一种教学误区：滥设情境，只要求形式花哨而不追求教学本质。

在教学过程中，教师有目的地引入或创设具有一定情绪色彩的、以形象为主体的生动具体的情境，可以赋予知识鲜活的背景，使学生在把握知识来龙去脉的过程中获得情感的体验，从而帮助学生理解教材，激发学生的学习兴趣，激活学生的思维。在新课程理念的指导下，越来越多的教师开始尝试、实践情境教学，他们通过创设情境引进知识，让学生体验和理解知识，练习、巩固和应用知识，并取得了很好的教学效果。当前，情境教学已成为沟通现实生活与学科教学、具体问题与抽象概念之间的一座桥梁，并且发挥着越来越重要的作用。

但是，也有一些教师错误地理解了情境教学，就像案例中的教师一样，只为情境而设置情境。很多时候，这些教师所创设的情境只是一个摆设，要么过于丰富，虽然激发了学生的兴趣，却常常让学生在情境中“忘乎所以”，无法平静地接受后面的学习；要么太单调，教师稍稍带过就直接进入新课的教学，导致学生甚至都还不明白情境和后面的知识之间的关系。其中，以前者居多。结果，无论哪种情境设置都无法充分发挥情境的作用。

教师应该明白，教学中的情境设置是为了达到既定的教学目的。从教学需要出发与教学内容相适应的情境，是为了引起学生的情感体验，帮助学生迅速而正确地理解教学内容。它不是简单的课堂教学气氛的渲染，也不是课堂教学某一环节的配乐或电脑课件的应用，而是关系课堂教学过程中学生学习情绪的学习情境。所以，教师一定要去除情境教学的花架子，切实把握好时机，通过创设和现实情况基本一致或相类似的教学情境，从而激发学生主动探索的欲望。

（一）不当的情境，不仅是摆设更是问题

1. 多了趣味，少了目标

在二年级的《解决问题》课上，某教师创设了一个动态游乐场画面的情境。

画面放映了近1分钟，教师问学生：“你们都发现了什么？”

学生纷纷举手回答：

“游乐场很热闹。”

“游乐场有跷跷板、有滑滑梯。”

“我也想去。”

“我周末也要去。”

……

几分钟过去了，学生还依然沉浸在游乐园的欢乐之中，却没有往即将教学的知识上走。

教师急得团团转，继续问：“还有什么发现呢？”

学生的回答依然让教师头大：

“我阿姨家就住这游乐场附近，我去她们家时经常去玩。”

“我妈妈也经常带我去。”

“我都是爸爸带着去的。”

……

显然，这位教师是想结合学生常去的游乐场所创设情境并提出问题，使学生对解决问题产生一种亲切感和真实感。但是，由于教师提出的问题过于笼统，学生只能根据自己的生活体验漫无边际地“侃”着，而对于在情境中流连忘返的学生，教师又缺乏对策，结果浪费了大量的时间。这样的情境实在是多余而繁琐，既浪费时间，又窒息学生本该活跃的有效思维。

情境创设只是手段，不是目的。如果教师仅仅创设了生动形象的情境，而没有引导学生从解决问题中获得学习知识的信心、成功的乐趣，学生的兴趣也只能是表面的、浮躁的，而不是自发的、持久的。所以，教师不要对情境本身作过多的具体描述和渲染，否则就会使其喧宾夺主，分散学生的注意力。

2. 过于新颖，让学生一头雾水

在上《平行线》一课时，某老师创设了下面的情境：

“在吃饭时，有位学生不小心把一双筷子掉在了地上。”叙述完，老师提问：“同学们，你们觉得这两只筷子掉在地上时能有哪几种情况呢？”

学生一头雾水，不知道如何回答。

于是，老师只好继续往下讲。

此时，学生终于明白，原来老师是想让他们说出“平行”和“相交”的两种情况。

为创设本节课的教学情境，不能说教师不卖力，可以说这是教师别出心裁才想出来的情境。可仔细一想，这样的情境现实吗？筷子掉在地上，每个人想到的是马上把它捡起来，谁还去想它们之间构成的位置关系？显然这样的问题情境是不现实的，只会喧宾夺主、分散学生的注意力。

所以，教师在设置情境时要反映日常生活的本来面目，要尊重学生的生活实际，不要人为地编造与生活不相符的书本情境。否则，就会导致教学新知因情节失真而与生活断层、脱节甚至矛盾，进而不利于学生的应用意识的形成。

3. 假问题情境，不能引起学生的有效思维

下面是一位教师执教《灯泡亮了》一课在导入新课时的情境创设：

师：同学们喜欢听故事吗?

生：喜欢。

师：今天，老师为同学们带来了一个小故事，想听吗?

生：想。

师：请同学们听好。

（老师播放动画“招聘启事”：画面上有一座非常漂亮的智慧小屋，随着画面的切换，小屋逐渐清晰地显现在同学们的面前，老师动情地配乐讲故事，大意是谁能想出一个好办法，用最少的钱把智慧小屋装满，谁就能得到智慧小帽）

师：同学们，谁有好办法能用最少的钱把“智慧小屋”装满?

生 1：点燃蜡烛，烛光可以把小屋装满。

生 2：用电灯的灯光也能把小屋装满。

……

师：如果让你来选择，一个是蜡烛，一个是电灯，你选什么?

生：（齐答）选电灯。

（师板书课题：灯泡亮了）

师：今天这节课，我们就一起来学习《灯泡亮了》。

案例中的老师尽管为创设情境作了大量、认真的准备，制作了智慧老人去智慧小屋的美丽的动画，但这只是做了表面文章。这位老师创设的“谁能用最少的钱把智慧小屋装满”这一问题情境，不但语文课本中有，就是从电视上、学生的小故事书中也经常可见，创设学生熟知的问题情境能激发起学生继续探究的兴趣和欲望吗？即使学生有兴趣，这种探究也是一种有形无实的探究，难以激发学生的有效思维。

我们不能否认这位教师的教学情境对吸引学生注意力方面的重要意义，但情境设置的预期效果不应仅限于此，不能简单地因激发学生的兴趣而设置。情境只有在为教学服务的时候才能被称为是好情境，如果不能为教学服务，一切花哨都是多余的。

俗话说：“再好吃的东西，也不能乱吃。”教学情境的创设也不例外，它

也有自己的创设方法和规则。如果设计不好，不仅学生不爱“吃”，还会拒绝“吃”。所以，教师要深入研究一下其他优秀教师的成功案例，反思一下自己失败的原因，从中找到一些诀窍创设出漂亮而又有效的教学情境，而不能一直在滥设情境的漩涡中挣扎、徘徊。

（二）创设有效情境，让教学更高效

在讲授人教版六年制小学数学第二册《位置》一节课的内容时，上课伊始，山东省潍坊市奎文区胜利东小学数学教师辛秀红说：“今天，有这么多的老师走进我们的课堂。老师们很想认识一年级四班的同学，谁愿意先来做一下自我介绍？”

小伟站起来说：“我叫小伟，今年8岁，家住潍坊学院东院宿舍。”

学生小馨说：“我叫小馨，今年7岁，家住人民医院宿舍。”

……

在5个学生自我介绍完毕后，辛老师说：“刚才同学们说得非常好，老师们都认识你们了。那么，接下来谁想把你前后左右的同学介绍给老师呢？介绍到谁，谁就站起来向大家挥挥手。”

学生小杨说：“我的前面是令荻，后面是正杰，左面是昭君，右面是晓林。”

学生小龙说：“我的前面是小伟，后面是媛媛，左面是东升，右面是菲菲。”

……

“同学们把自己前后左右的同学介绍给老师们认识，看来在这个教室里我们每一个同学都有自己的座位，也就是说每个同学都有自己的位置。今天，我们就一起来学习位置的有关知识。”

板书课题后，辛老师说：“今天我们班的学生坐得可真整齐啊！我们平时都是一竖排一个小组，同学们数一数，我们一共有几个小组？”

学生数了数，齐声回答：“一共有八个小组。”

“刚才，我发现有一位同学很会倾听别人的发言，懂得欣赏和尊重别人。同学们在自我介绍的时候他听得可认真了，他就坐在第二组的第二个座位，大家能找出他吗？”

学生小玉说："我觉得是雅冰，她在从右往左数第二组，从后往前数第二个。"

学生文阳说："是晨晨，她在从左往右数第二组，从后往前数第二个。"

学生小乙说："是娜娜，她在从右往左数第二组，从前往后数第二个。"

学生晓辉说："是智朋，他在从左往右数第二组，从前往后数第二个。"

"同学们说得都非常有道理，但是我刚才说有一位同学，咱们却找出了四位，你们知道为什么会出现这种情况？"

学生齐声回答："老师你没有说明是从哪里数。因为没有确定是从什么方向数的第一组。"

"同学们说得太对了，一般情况下，没有特别的说明，我们总是从左往右数，从前往后数。这样的话，这就是一组，一组同学招招手，二组同学笑一笑，三组的同学扮个鬼脸。现在，同学们再找一找刚才老师说的同学，他是谁？"

"是智朋。"学生很快就找到了这个人。

"那接下来，同学们看看自己的位置，然后说给同桌听。"

两分钟后，辛老师说："我们以开火车的形式说说自己的位置。"

"开完火车"后，辛老师说："刚才，我们说了自己的位置，现在请你看看你的前后左右同学的位置，然后小组内说一说，看看前后左右的同学的位置和你的位置有什么关系。"

学生钐月说："我前面和后面的同学和我一个组都是五组。"

"我是六组，我前面和后面的同学也是六组。"小杰说。

小捷说："我左右的同学和我一排，我是小组第一个，他们也是。"

"同学们都说得很好，是的，前后的同学和自己一个组，左右的同学和自己在一排。今天，大家表现得非常好，不但能说出自己的位置，还能说出自己周围同学的位置。现在我们一起做一个小游戏，游戏的名字叫'猜猜我的好朋友是谁'，你说出好朋友的位置，让其他同学猜出他是谁。"

学生们争先恐后地说着，课堂气氛非常热烈。当辛老师三番五次地说游戏结束时，还是有不少学生举着手希望老师让自己说。

"还有这么多的同学想说出自己的好朋友的位置，看来每个同学都有自己的好朋友，老师真羡慕你们，我也想加入到你们中间，成为你们的一员，大家同意吗？我现在就是一年级4班新转来的同学了。谁愿意当小老师给我安排座位?”

学生大卫说:“老师你到最后吧!第八组的第九个座位,你的个子高。”

“老师,你到第四组的第三个座位吧!”学生小光说。

“为什么让我在这里?”辛老师疑惑地问。

“因为这里最好,看黑板不偏。”小光笑着说。

“老师,你和旭东同桌吧。”说这话的是小豪。

“为什么让我在这里?”

“这样你可以帮帮旭东。”

“你真是个有爱心的孩子,同学们平时在学习上也要多帮助旭东。”辛老师借机号召大家帮助旭东。

接下来,在巩固新知的环节,辛老师给学生创设了一个看电影的活动。

“有个小朋友星期天到电影院看电影,他买了一张8排4号的票,他拿着票走进电影院时却发现电影院有两扇门‘单号门’和‘双号门’。他拿着电影票想:我应该从哪个门进啊?谁来帮帮他?”此时,辛老师用多媒体课件出示了这一情境。

学生讨论后回答:“从双号门进入。因为“4”是双数。”

“谢谢同学们!好!我们一起到电影院里面看看。大家观察讨论一下电影院里的座位和我们教室的座位排列得一样吗?电影院的座位是怎样排列的?”

讨论完后,学生回答:“从中间开始其左边是双号,右边是单号;中间的号码小,号码向两边逐渐变大。”

“那你到电影院看电影,怎样才能尽快地找到你的座位?”

学生小泽说:“应该看看是单号还是双号,然后找到排数,再找自己的座位。”

“我也是这样想的。”学生小艺说。

……

在这节课上,辛老师几次通过创设情境激发学生的学习兴趣,一次次地把学生吸引到课堂教学中。

在巩固旧知阶段,辛老师以现实情境为切入点,通过让学生自我介绍、介绍周围同学的方式,不仅让学生巩固了旧知识,还激发了学生的学习兴趣,营造出了非常活跃的课堂气氛,为新知识的学习做好了铺垫。

在学习新知阶段，辛老师利用学生在班级中的实际位置，给学生创设了实际的生活情境，从实际情境中提出问题，让学生在熟悉的环境中学习新知识，使学生对新知倍感亲切。

给新来的同学安排座位是一个实践性很强的虚拟活动情境。在整个活动中学生非常投入，都积极地想参与教学活动，而且这个活动渗透了情感教育，无论怎样安排，都给学生创造了一个分析和思考的机会，不仅巩固了学生的新知，还培养了学生分析、综合及语言表达的能力。

在巩固新知环节，辛老师利用多媒体课件创设了与学生生活密切相关的问题情境——在电影院如何找座位，使学生融入问题中，通过小组的合作交流等学习方式自行解决了教学难点，并掌握了找位置的基本方法。

纵观整节课，辛老师一直很注重学生的心理特征和年龄特点，利用学生在教室的位置，创设了实际的教学情景；结合学生已有的生活经验，设计了实践性、趣味性很强的活动，让学生在小组合作交流中学习数学，使他们理解、体会到数学就在身边，从而激发了学生学习数学的乐趣。此外，每一个情境的创设都应该是自然真实的，并且都让学生对所学知识产生浓厚的兴趣。这样的情境才是有效情境。

在教学中创设有效的教学情境，其作用主要表现在以下几个方面：

1. 激发学生的学习兴趣

在教学情境缺失的教学活动中，学生常常缺乏对知识应有的兴趣，因为知识在这样的教学中是以确定结论的面目出现的，不需要学生积极的智力活动。即使存在一些智力活动，也是按照规定的路径来进行推理的。而创设有效的教学情境可以激发学生的内在学习兴趣，从而引起学生强烈的探索和求知欲望。

2. 有利于学生准确把握学习内容

在没有设置情境的教学中，学生直接接触现成的结论，知识犹如横空出世一般突然呈现在他们面前，由于学生不知道知识是为了解决什么问题，以及是如何得来的，这就给学生深刻理解学习内容带来了障碍，不利于学生思维的发展。

思维起始于问题而不是确定的结论。杜威在他的“五步思维法”中指出，思维活动可以分为五个阶段：“第一步：问题。第二步：观察。第三步：假定。第四步：推理。第五步：检验。”教学情境的核心是与知识相对应的问题，所以创设教学情境能够模拟地回溯知识产生的过程，从而帮助学生深刻理解教学内容，发展思维能力。

3. 帮助学生顺利实现知识的迁移和应用

通过具体情境的创设，学生既可以清晰地感知所学知识能够解决什么类型的问题，又能从整体上把握问题依存的情境，这样，学生就能够牢固地掌握知识应用的条件及其变式，从而灵活地迁移和应用所学的知识。

4. 增强学生的情感体验

教学情境把抽象的知识转变成有血有肉的生活事件，而生活事件中均包含或强烈或含蓄的情感因素。因此，学生在这样的学习过程中就会产生比较强烈的情感共鸣，从而增强情感的体验。

传统的课堂教学只重视知识的积累和知识的注入，而忽视知识的形成过程，学生被动学习，课堂气氛沉闷。现代课堂教学要求教师在组织课堂教学中，不仅要传授知识、技能，还要激活课堂气氛、调节学生的学习兴趣、培养学生的自主探索能力，让学生学会学习，真正成为课堂的主人。课堂教学中的情境创设，正是课堂教学改革的切入点。在课堂教学中，教师应努力创设学生喜闻乐见的教学情境，使学生始终处于一种良好而愉悦的氛围中，并能够主动参与学习、积极探究，从而使教学获得高效。

（三）规避误区，创设有效教学情境的策略

在课堂教学中，为学生的学习设置适当的情境，可以使知识的学习更具现实生活的意义，而高效的教学情境的设置，可以使知识的形成和应用形成生动的场景，使定性的知识传承呈现灵动的状态。要想提高情境创设的高效性，就需要教师远离“华而不实”、远离形式主义，真正把情境的创设当成艺术来创造。

1. 情境创设要追求“近”

情境创设要追求“近”，即贴“近”学生生活、接“近”学习起点、走“近”学习主题。

（1）贴“近”学生生活

在创设教学情境时，教师需要选择贴近学生现实生活的情境。因为如果创设的情境远离学生的生活经验，使学生缺乏实践体验，这样是不能有效激

发其学习欲望的。教师要从学生的生活经验和心理特点出发，用学生的眼光去寻找那些现实、有趣、富有挑战性的，与学生生活背景密切相关的素材，以此为背景资料创设那些能使学生乐于接受的学习情境。

（2）接“近”学习起点

学习起点是指学生在从事新的学习活动时，原有的知识水平、心理发展水平对新的学习的适应度。

高效的教学活动要建立在学生真实的学习起点上。如果教师创设的教学情境与学生的学习起点脱节，就难以达到预期效果。具体把握时，教师需要一方面深入研究教材，寻找新旧知识的连接点，另一方面要通过课前小调查或谈话来了解学生原有的基础。

（3）走“近”学习主题

情境设计要紧扣所学知识或技能，离开了这一点就不是为教学创设的情境，也无教学价值。然而，在教学实践中经常会出现以下情况：教师出示情境图后，问学生看到了什么，想到了哪些问题？学生往往是天马行空地回答，而教师不管学生如何回答，都一一加以肯定。时间就这样溜走了，教师还得花费精力把学生牵引回预设的教学问题上来。

避免这种现象产生的关键是，教师在创设情境时要处理好“宽泛性”与“定向性”的关系，比如在提出了“你发现了什么？”这一类宽泛性问题后，要在学生思考片刻后，及时补充一个像“你能提出哪些数学问题？”这样的定向性问题，使学生尽快进入学习主题，展开学习思维。

2. 情境创设要注重“实”字

情境创设要注重“实”字，即内容要“真实”，形式要“朴实”，运用要“务实”。

（1）内容要“真实”

教学情境应该是在生活中真实发生或可能发生的，而不是教师为创设情境人为编造的。

教“四则混合运算”时，某教师创设了这样一个情境：“学校要组织运动会，佳明去商场买运动服，有两种款式他比较喜欢。第一款标价每套 358 元，第二款标价 2 套共 756 元，哪种款式更便宜？便宜多少？”

此情境一出，立马就有学生提出了异议：“我看到商场里的衣服都是标单价的，没有标 2 套一共多少元的。”

像这种与生活实际不符的虚假情境，显然就是在走形式，这种情境的设置不但起不到教学情境本身的作用，还会给学生造成负面影响，让学生产生上当受骗的感觉。

（2）形式要“朴实”

创设教学情境不是为了观赏，而是为了简化教学。所以，教师不需要为了追求表面热闹或某种形式而把简单的东西人为地搞复杂了。而且，过于繁杂的教学情境不仅会占用过多的课堂时间，造成主次不清，还会扰乱学生的思维，使学生产生选择性偏差。

比如，教师如果受制于多媒体课件，就会不停地在讲台上忙碌操作，脑子里不停地思考下一步的点击切换，而极有可能忘记学生的存在，顾及不到与学生进行心灵的对话与沟通，更会因此而失去捕捉鲜活资源来创设“生成性情境”的机会。因此，教师要充分考虑情境的可操作性和简洁性。

（3）运用要“务实”

在充分认识情境价值的同时，教师还要防止认识上的片面性。在教学中，教师不能简单地把情境教育理解成一堂课创设了情境就是体现了新课程理念，而是要看所创设的情境是否为教学目标服务。如果一个情境不能有效促进教学目标的达成，该情境就是没有内涵的、只追求表面“轰动效应”的装饰或摆设。对此情境，教师应弃之不用。

3. 课堂情境创设要“活”

课堂情境创设要“活”，即能激“活”学生思维、能诱“活”学习气氛，要有用“活”情境的方式。

（1）要能激“活”学生思维

有价值的教学情境，应该是在生动的情境中蕴涵着一些有思考力度的问题，即能让学生看到情境就生发出思考的欲望，或想到一些问题，这是评价教学情境是否有效的核心要素。

如果教师呈现的情境只能让学生停留在情境的表面，而不能进入实质性的教学领域，使学生感觉不到教学问题的存在或者无法挖掘出与所学知识相关的问题，那么这种教学情境是毫无意义的。在创设情境时，教师要把激活学生的学习思维放在首位。

（2）能诱“活”学习气氛

在确保能激活学生学习思维和操作简便的前提下，教学情境要能充分激发学生的学习兴趣，诱导学生积极主动地参与学习，尤其是对小学生，更应给其创设一些喜闻乐见、生动活泼的氛围，使学生在最短的时间里把注意力集中到学习上来。

（3）要有用“活”情境的方式

在教学实践中，一些教师的情境设置只起到了“敲门砖”的作用。在课堂上，当教师用“砖”敲开“门”之后，即导入新课后，该情境也就退出了“历史舞台”，在课堂中剩下的大量时间里教师还是脱离情境单纯地教授知识。

其实，教师完全可以在课堂上设置一个中心情境，并将其用足、用活，巧妙地将其贯穿于多个教学环节中，让情境的设置在学生学习过程中自始至终发挥一定的导向作用。例如：

在教“相遇问题应用题”时，某教师创设了一个情境：“同学们，放学时，小彤的作业本不小心被小明装进书包带回家了，小彤要做家庭作业必须拿回作业本，可以采取什么办法？”

学生顿时议论开了，有的认为小彤去小明家拿，有的认为小明要把它送到小彤家，因为小明拿错了，而且他是男生。

老师提出：“有没有更好的方法？”

在大家讨论后，学生认为两人可以约好在某一地点接头，后来发现这样会浪费时间，因为先到的一方要等另一方，于是就又展开了讨论，最后大家一致认为：两人同时出发，同时相遇最合理。

接着，老师告诉大家小彤和小明的速度以及他们之间的距离，让学生计算相遇时间。

这个情境就把“相遇问题”的本质，巧妙地隐含在了一个生活事件中。学生解决了这个生活事件，也就深刻理解了“相遇问题”。

4. 教学情境的形式要灵活多变

情境的表现形式应该是多种多样的，如问题情境、活动情境、故事情境、竞争情境等。情境的创设要符合不同年龄段学生的心理特征和认知规律，要根据不同的教学内容而变化。对低、中年级的学生，可以通过讲故事、做游戏、模拟表演、直观演示等形式创设情境，而对于高年级学生，则要侧重创设有助于学生自主学习、合作交流的问题情境，用知识本身的魅力去吸引学生。

同时，教师还要防止课堂教学的“唯情境论”倾向，应正确认识和科学适度地运用情境教学策略，不能创设太多太杂的教学情境，以免学生眼花缭乱、目不暇接，从而防止人为地降低思维要求，变成以机器灌人。

误区14 只图热闹
——合作学习流于形式

七只小猴子结伴去偷桃子。

怎样才能安全地偷到更多的桃子呢？猴大哥说：“我们合作吧！”于是，一只猴子上树去摘，两只猴子往下传递，两只猴子往袋子里装，一只猴子往园子外面运，一只猴子守候在桃园外，随时准备将偷来的桃子扛回家。

可是偷着偷着，大家发现摘桃子的猴子不动了，原来他实在是忍不住了，自己坐在树上吃了起来。大家一看，也都不做自己的工作了，拿起手中的桃子自顾自地吃了起来。

正当猴子们吃得高兴时，忽然从远处跑来了几个拿棒子的人。

糟糕！被发现了。猴子四散而去。

回到家后，猴大哥生气地说：“我们本来是想多偷几个桃子吃的，结果不仅没多偷到，还被人发现了。以后，人们肯定会做好防范措施的，不能再去偷了。”

猴子们偷桃未遂的主要原因是，它们在分工合作的过程中放弃了自己的职责，只顾着完成各自的小目标——吃桃子填饱自己的肚子，而忘记了集体的大目标——多偷桃子。

想的和做的不一样，出现的结果就不一样。猴子们在偷桃子的过程中出现了不该出现的结果，就是因为它们在无形中陷入了一个误区：让合作变成了一种形式，热闹有了，效果却没出来。在课堂教学中，一些教师也经常会在无形中陷入这样的误区。

随着新课程改革的逐步深入，“自主、合作、探究的学习方式”这一理念已深入人心，课堂教学的组织形式也在悄然改变着。原有的单一的、被动的学习方式已被打破，出现了旨在充分调动学生的积极性、发挥学生主动性的多样化的学习方式，如自主学习、合作学习、探究学习等。其中，合作学习，尤其是小组合作学习，已经成为新课程课堂教学中应用最多的学习方式。

合作学习是一种以合作学习小组为基本形式，系统地利用各因素之间的互动，以团体成绩为评价标准，共同达成教学目标的教学组织形式，其实质是提高学习效率，培养学生良好的合作品质和学习习惯。

然而，目前课堂教学中的“合作学习”却并未完全发挥其价值。由于对合作学习这种新生事物缺乏全面而深入的了解，且未能从学科自身特点及学生实际情况出发，不少教师在带领学生进行合作学习的过程中产生了一些错误的认识，进入了合作学习的误区。结果是教师尽管在课堂上进行了合作学习，却没有收到“1＋1＞2”的效果。这个误区就是“注重形式，忽视实质，缺乏实效”。

所以，要想让合作学习真正发挥作用，教师就要深入学习与合作学习有关的理论知识，积极学习在这方面已经做出成绩的优秀教师的成功案例，并结合自身的教学实践进行反思、对照，总结出适合自身教学的理论经验，并在以后的教学实践中适当地运用，形成自己的特色。

（一）徒具形式的合作学习，毫无教学价值

1. 无效讨论，浪费时间

在讲《年、月、日的认识》一节时，某数学教师说：“请同学们拿出年历卡，仔细观察，你们发现了什么？”

“我发现有的月份是31天，有的月份是30天，有的月份是29天。”学生1回答。

“那么，你能说说什么月份是31天，什么月份是30天，什么月份是29天吗？”教师问。

“31天的是一、三、五、七、八、十、十二月，30天的是四、六、九、十一月，29天的是二月。”

“说得真好！有没有同学有不同的发现?”教师继续问。

“我的年历卡上的二月是28天。”学生2回答。

“好的。通过观察，我们发现月份有31天的、有30天的，还有29天和28天的，那么，同学们能不能通过小组合作给天数不同的月份起个名字呢?”

“能!”学生齐声回答。

于是，学生们展开了小组合作学习。

两分钟后，小组1的代表回答：“我们小组给31天的月份取名大月，30天的是小月，29天的是小小月，28天的是小小小月。”

小组2的代表说：“我们小组给28天的月份取名叫特小月，29天的叫小月，30天的叫大月，31天的叫特大月。”

……

“年、月”的命名是约定俗成的概念，教师直接将其告诉学生或让学生自学便可，根本不需要组织学生讨论。该教师进行的“合作学习”很明显是为了图“热闹”走“合作”的形式而“滥用”合作学习，这种合作学习只能视为“无效学习”。

开展合作学习，需要适宜的“土壤”“温度”和“水分”。在合作学习中，有价值的问题或主题是适宜的“土壤”，教师的有效指导是适宜的“温度”，而学生的独立思考是合作学习的适量的“水分”。可见，有价值的问题或主题——土壤是处于第一位的，有了问题或主题，其他两个环节才能有效展开。实践证明，如果仅仅是为了完成多个教学环节，就在课堂上开展多项活动，占用有限的时间，而不提出有价值的问题或主题，课堂的讨论与交流就会流于追求表面形式。对于这样的活动，学生根本没有兴趣，或干脆保持沉默，或者说一些不着边际的话，结果时间浪费了，而课堂活动却没有什么效果。因此，要想有效地开展合作学习，教师就一定要注意提出有价值的问题或主题。

2. 指令式合作，让学生失去思维的机会

在教授《圆的认识》一节时，某教师是这样讲授的：

(教师通过对“打靶”这一现象的讲解导入新课，让学生感知到：圆中心有一点)

师：请同学们把刚刚剪下来的圆对折，再对折，你发现了什么?

生：我发现两条折痕会相交在一个点上。

师：是的，这两条折痕相交的一点就叫做“圆心”，圆心通常用字母“O”来表示。（板书：圆心）

师：接下来，请同学们画一画纸上的折痕，再量一量，看看你会有什么发现？

生：我发现这两条线段一样长。

师：好的，那么这两条线段还有什么特征吗？

生：这两条线段都通过圆心，到达了圆的边上。

师：是的，像这样通过圆心，并且两端都在圆上的线段，我们就叫它“直径”，直径一般用字母“d”来表示。（板书：直径）

《义务教育数学课程标准》指出：“教师应激发学生的学习积极性，向学生提供充分从事数学活动的机会，帮助他们在自主探究和合作交流的过程中真正理解和掌握基本的数学知识和技能、数学思想和方法，获得广泛的数学活动经验。”

在这个案例中，学生虽然有从事数学活动的机会，但都是按照教师的意愿在进行机械的操作。这里的合作是在教师的指令下进行的，完全没有学生的思维，因此在这样的合作学习中，学生学到的知识仍是教师传授的，而不是学生自己主动发现的。

学生是学习的主人。在课堂上，教师的一切活动、教师所创设的一切情境都是为调动学生的学习兴趣和参与积极性服务的，都是为了使学生有真实的知识感悟，让学生在自我体验、自我构建知识体系的实践中，实现思维的自主放飞。合作学习更是要体现“学生是学习的主人”这一点，如果教师在合作学习中仍不愿放弃自己的主导地位，那么合作学习就只能成为一个空壳。

除了上述两种问题或现象外，一些教师在开展合作学习时流于形式的表现还有：

1. 没有从教学的具体内容和学生的学习实际出发，在把握合作学习的时机、调节合作学习的时间上，教师仅凭自己的愿望行事，想要学生什么时候合作，就什么时候合作，想要学生合作多长时间，就合作多长时间。

2. 教师对学生的合作学习缺乏必要的指导和监控，对学生的合作学习放任自流，使学生无法有效地、真正地合作。

萧伯纳说："你有一个苹果，我有一个苹果，互相交换，各自得到一个苹果；你有一种思想，我有一种思想，互相交换，各自都得到两种思想。"有效的合作学习，应是"取其精华，弃其糟粕"地交换思想，而不是换回一个苹果。在教学中，教师要能够组织积极有效的合作学习，使课堂充满灵气、活力、智慧与激情，从而使课堂教学走出"只图热闹"、有形式而无实质的误区。

（二）让学生在辩论中共同解决问题

在讲《凡卡》这节课时，四川省遂宁市蓬溪县下河街小学的高级教师黄继森通过组织一场小型辩论会，让两组学生在你争我辩中迅速地打开了思维，学到了很多以个人能力很难想到的知识，解决了很多以个人能力很难解决的问题。

这次辩论是围绕《凡卡》一文的结尾，从凡卡梦醒之后切入，设想凡卡的命运，以"凡卡今后的生活是幸福还是悲惨"为辩题展开的。

根据对课文的理解和领悟，学生自行选择了正反方立场，而黄老师则理所当然地担任了主席。

辩论前，黄老师让辩论双方分别确定了三位主辩手（正方辩手依次为小刚、晓阳、大鹏，反方辩手依次为林林、宁宁、小雨），然后让各方的其他学生分组就座，并允许他们随时发表意见。

黄老师导入正题道："很多同学都阅读了《凡卡》这篇课文，我们的心久久不能平静。是啊！凡卡悲惨的命运牵动着我们每个人的心。在结尾处，文章说凡卡做了一个美梦。可是，再好的美梦都会醒来。凡卡也一样，他也会从梦中醒来的。那么，梦醒以后，他将面临怎样的生活呢？是幸福的还是悲惨的？现在，我们请双方一辩发表一些己方的观点。"

正方一辩小刚一听，立刻站了起来，抛出了正方的论点："通过对课文的研究，我们肯定地认为凡卡会过上幸福的生活，而且这也是我们给他的美好祝愿。"

话音刚落，反方一辩林林就毫不示弱地说："我们也认真研究了课文，但却发现，凡卡根本不可能过上幸福的生活，而且他的命运还会更加悲惨。"

黄老师说：“反方说得很坚决，现在双方的意见太对立了，看来只有经过一番“厮杀”才能见分晓啊！下面，双方开始自由辩论。”

正方二辩晓阳说：“我们之所以认为凡卡会很幸福，是有道理的。首先，爷爷知道孙子过着猪狗都不如的生活，一定会心疼他，把他接回乡下去。”

反方二辩宁宁说：“可是，我想请对方辩友注意，凡卡的爷爷根本就收不到凡卡的信。收不到信，他又怎么会知道凡卡的境况，并把他接回乡下呢?”

正方三辩大鹏说：“没错，爷爷的确收不到这封信，但这并不等于他就无法了解孙子的处境啊！他完全可以通过其他途径打听到宝贝孙子的消息。”

正方观众小辉也站出来声援道：“到莫斯科打工的乡亲们回家后，一定会把凡卡的消息告诉爷爷的。”

反方一辩林林说：“即便爷爷知道凡卡的处境很艰难，他也不可能把他接回去。”

正方三辩大鹏说：“请问对方辩友，你们有何根据?”

反方三辩小雨说：“因为爷爷本来就年迈体弱，在乡下的日子也不好过。他照顾自己都很难，更不用说照顾凡卡了。如果当初爷爷能养活凡卡，就不会把他送到莫斯科了，毕竟他是凡卡唯一的亲人啊!”

此时，反方的一位观众进行了补充：“可是，谁都知道城里的生活要比乡下好得多，爷爷会以为凡卡是因为想家才回乡下的，所以就算收到信，他也不会接凡卡回去的。”

辩论到这里，忽然一个声音从观众席上传来：“报告主席！我想改变自己的观点，站在反方一边。”原来是正方的一位观众被反方说服，想中途“叛逃”。

黄老师一看，乐了：“同意！在辩论过程中，如果你们谁改变了观点，就坐到你支持的那一方去。”

看到有对方同学被自己说服，跑到自己这一边来，反方学生集体鼓掌，表示欢迎。

看到自己这边的同学跑了一个，大鹏有点无可奈何地说：“我们暂且同意你们的上述意见。”然而，紧接着，他又振奋了精神：“但是，凡卡还有别的方法逃离老板家啊！比如，他可以自己跑回去。”

反方二辩宁宁呛声道："在那个冰天雪地的地方，凡卡身无分文，他能光着脚跑回遥远的乡下吗？"

正方的一位观众站起来回答："凡卡并不是身无分文，他不是有钱买信封和邮票吗？况且，如果他真的是忍无可忍了，大可以偷老板的鞋和钱，悄悄跑回乡下去啊！"

反方一辩林林反驳道："难道你们认为凡卡想要做贼？"

正方二辩晓阳："那不算贼。凡卡辛辛苦苦地为老板打工，可是老板却残酷地扣了他应得的报酬。现在他拿自己急需的东西，怎么能是贼呢？"

反方三辩小雨说道："如果你上课玩玩具，被老师没收了。难道你能撬开老师的办公桌，自己取回来吗？"

正方同学明知这样在道义上不对，但仍然坚持自己的意见："凡卡本来就生活在不讲理的环境中！一个善良无辜的人为了生存，还要跟残暴的老板讲法律和道德吗？再说了，就算你想跟人家讲，人家跟你讲吗？"

黄老师一看反方有被正方牵着鼻子走的嫌疑，就提醒道："反方同学，请注意！你们注意不要被对方牵着鼻子走，可以自己主动出击嘛！"

最先醒悟过来的是反方的一位观众，他站起来主动出击道："从吃的、住的、穿的和所做的工作，我们可以很轻易地看出凡卡在城里受尽了折磨，吃尽了苦头。他劳累过度，严重营养不良，估计等不到爷爷的消息，他就已经悲惨地死去了。"

反方观众也毫不示弱地回答道："同样的道理，爷爷日日夜夜地思念自己的亲骨肉，没准儿他也早在悲伤中含恨死去了。"

又一位正方观众反驳道："凡卡写信的时候才 9 岁，可见他离开爷爷的时间并不长。再说了，从爷爷守夜和砍圣诞树这两件事可以看出，他是个乐观的、性格开朗的人，不会这么快就去世的。"

养精蓄锐了半天的小刚，此时站起来说："就连你们自己都承认了，刚才的两种假设都是'也许'和'可能'，这不正说明了还存在另一种可能吗？"

晓阳也紧随其后："凡卡参加苏联红军，同样也可以过上幸福的生活。"

反方观众不同意这种说法："课文前面的预习提示已经交代了——《凡卡》是一篇小说。契科夫写这个故事时是在 1886 年。据我所知，苏联红军建军节好像是1918年2月23日。那时候，凡卡早已经是40多岁的成年人了，怎么可能参加红军呢?”

自己的想法虽然被当即驳了回来，但晓阳并不气馁，他再一次提出了新观点：“我觉得还有一种情况，那就是凡卡完全有可能会遇上一个好心人，被收养了。”

宁宁则不屑地说：“店里的伙计跟凡卡一样，都是打工的，也是穷人。他们总是绞尽脑汁地想捉弄凡卡，怎么还会帮助他?”

正方观众义愤填膺地站起来，说道：“莫斯科那么大，就没有一个好心人吗?”

林林则一脸无奈地摇了摇头说：“穷人的日子都不好过，谁还会收养一个孤儿?”

大鹏则不服气地说：“我读过《穷人》那篇课文，里边的桑娜不就收养了邻居西蒙的两个孩子吗？她家也很穷啊!”

宁宁反驳道：“桑娜并不是收养，她只是觉得孩子不能跟死人待在一起，暂时把他们抱回家而已。以后，也许她会因为贫困而不要那孩子的。”

正方一位观众充满希望地提醒反方道：“凡卡在信中还提到他有几个好朋友呢？比如艾果尔、马车夫等，也许这些朋友会帮助他。”

林林：“凡卡在信中提到的那几个朋友都是穷人，而且独眼的艾果尔还是残疾人，他们根本就没有能力帮助凡卡。”

看到大家围绕着一个与辩题关系不大的问题纠缠了半天，黄老师制止道：“请双方注意，不要总是围着一个问题转。”

大鹏此时竟然提出了一个异想天开的想法：“还存在这样一种情况，那就是老板大发慈悲，从此改变了对凡卡的态度，不再盘剥他了。”

小雨回答：“俗话说，‘江山易改，本性难移。’从课文内容可以看出，老板和老板娘简直坏透了，怎么可能对凡卡另眼相看呢?”

黄老师一看时间差不多了，就示意大家停止辩论：“我们双方的辩论势均力敌，都很精彩。现在，请双方各派一位辩手做最后总结，再次阐明一下自己的立场。”

小刚：“从我们的辩论可以看出，凡卡能够过上幸福的生活的途径是相当多的。难道对方就不希望看到凡卡生活得很幸福吗？难道你们就没有一点仁慈之心吗?”

对于正方义正词严的总结，全班给予了热烈的掌声。

林林：“通过刚才的辩论，我们佩服对方辩友能够帮凡卡找到那么多过上幸福日子的方法。我们何尝不希望凡卡能生活得幸福呢？然而，现实毕竟是残酷的。你们列举的种种可能不是都被大家否定了吗？难道我们发发慈悲，就能改变凡卡的命运吗?”

反方的话语虽然听上去很残忍，但却道出了现实的残酷性。所以，全班学生给予了他们热烈的掌声。

黄老师最后总结道：“正方充分展示出了善良的美德，反方更关注现实的残酷性。不光辩论的过程精彩，双方的总结发言也相当出色。台下的观众积极参与辩论，为我们的辩论增色不少。虽然我们没能决出胜负，但是，观众的掌声已经证明：你们双方都是优秀的、成功的。祝贺你们!”

全场再一次响起了热烈的掌声。

课堂辩论是开展合作学习的一种非常有效的手段。正是因为看到了辩论对学生合作学习的重要价值，所以黄老师给学生安排了一场小型辩论会，并让学生自由分成两组。

课堂辩论需要辩论双方的每一个成员都积极参与并且精诚合作，如果有学生不主动、不积极、不尽力，其所在那一方就有可能处于劣势并败下阵来。在本节课的辩论过程中，为了己方能获得胜利，正反双方小组内的每一个学生都尽职尽责，你说我补充，为一个共同的论点做着努力。虽然经过激烈的争辩，双方都没有战胜对方，但却使己方的观点更加成熟。并且，双方的观点和论据都给全班学生提供了一种思考。这是任何一位学生、任何一方学生仅凭自己的能力做不到的，由此可见合作学习的优势。

合作学习是新课程标准理念倡导下的一种有效的学习方式之一。它可以激发学生的学习兴趣，培养学生合作、探究的精神。其主要作用表现为以下五个方面：

1. 体现了学生的主体地位

合作学习很好地体现了学生的主体地位，它要求学生向别人发问，向别人阐述自己的看法。这不但可以增加学生学以致用的机会，增强他们的学习兴趣，提高他们的学习能力，还可以使他们接受不同的观点，扩展他们的视野，促进他们思维的发展。

2. 有利于提高学习效率

在合作学习中，由于其强调小组中每个成员都有表达自己见解的机会，这就使学生的积极性和主动性以及学习热情都大大提高，而且由于一个组要共同完成一个任务，这就使组内每个成员都可以根据各自的特长进行分工来完成任务，在合作学习中各取所长，各抒己见，使复杂困难的问题变得容易解决。

3. 有利于增进学生之间的感情，培养学生的交际能力

合作学习是学生之间互相帮助和合作交流的过程。在这个过程中，学生之间互相沟通感情，不仅能增进彼此之间的友谊，还能互相学习各自的优点和长处。

4. 有利于培养学生的自学能力

合作学习使学生不再被动地接受教师传授的知识，而是让学生主动地参与学习的过程。在参与学习的过程中，每个学生都希望在课堂上表现出色，得到他人的肯定。这就要求他们要做好充分的预习工作。在这个过程中，学生的学习积极性提高了，自学能力也提高了。

5. 拓宽了学生学习的空间

合作学习改变了以往学生之间单个个体的竞争关系，取而代之的是小组和小组之间的竞争，这就将传统教学中的师生之间单向传输知识和接受知识的关系变成了师生、生生之间的多向交流，还将学生的课内学习延伸到了课外。但是，合作学习并不是万能的。在实际的教学工作中，学生的合作学习仍然需要教师的引导和帮助。因为合作必须保证有效参与，否则，合作学习就不可能实现深度合作和有效合作。因此，教师一定要充分发挥好自己作为引导者的角色，要能够让每一个学生都能够有效地参与合作学习。

（三）规避误区，避免合作学习流于形式的策略

合作学习是一个利用得好就能让学生大有收获的学习方式。在教学中，教师应对其好好加以利用，不能为了“合作学习”而合作学习，不能只设计出热闹的合作学习形式而不顾及内容。那么，在具体操作时，教师怎么做才会高效呢？

1. 选择合适的学习内容

在开展合作学习活动时，教师要选择合适的学习内容，要做到难度适中、内容有意义、时间恰当、时机合适。

（1）难度适中

在合作学习内容的选择上，如果合作学习的内容过于简单，不需要任何合作就能完成，那么这种形同虚设的合作，只能是一次作秀、一种摆设；而如果难度太大，让学生感到无从下手更无法完成时，又会大大降低其学习、探究、合作的欲望。所以，只有合作学习的内容做到难度适中，才有合作成功的可能性和价值。这就需要教师选择一些可以让学生通过相互配合、相互帮助、相互讨论、相互交流，能够完成的内容来开展合作学习。

（2）内容有意义

有一些教学内容教师只需通过适当的点拨、提示，就能使学生明了，对于这些内容如果还要花费大量的时间和精力去讨论、去操作，就会使学生从合作的开始到反复讨论后的结束都难以对所学知识产生进一步的认知和体验。所以，教师在备课时要对课上所要解决的问题进行预测，看看哪个问题学生能独立解决，哪个问题需要学生进行优势互补，而不能仅仅为了合作而合作。

（3）时间恰当

在开展合作学习的过程中，教师不但要考虑好合作学习过程会花去多少时间，是否会拖延课堂、影响效果，还要保证学生主动参与、探究交流、发言补充、辩论表现的时间，让学生真正在动脑、动手的过程中找到学好知识的方法。

（4）时机合适

合作学习其实是一种形式，互动是实质，进步是目的。这就要求教师明白不能一遇到问题就都用合作的方式来解决，而要在适当的时机运用适当的学习方式。那么何时才能运用合作学习的方式呢？当一定数量的学生在学习上遇到疑难问题，而以个人能力或通过个人努力无法解决时；当学生对某一问题的意见出现较大分歧，需要共同探讨时；当学习任务较多，需要分工协作时；当学生的思路不开阔，需要相互启发时……这些都是需要教师及时组织合作学习的最佳时机。

2. 正确划分合作小组

一般情况下，教师会习惯性地把座位相邻的学生分成一个学习小组，或按学生的喜好将男生、女生分成组。其实这样的分组并不科学，恰当而最能产生学习效果的小组划分应符合“组内异质，组间内质”的原则。

“组内异质”是指对于同一组内的成员，学生之间在性别、脾气、性格以及学习能力等方面应存在一定的差异，这样学生才会明白每个人都有各自的长处与不足，只有当大家齐心协力时才能取得最后的胜利。

“组间内质”为组间各成员相互学习、相互帮助提供了可能，可以使各个小组成员互相取长补短，共同提高，并可创造一种公平竞争的良好氛围。

这样划分的合作小组，才会最终让合作学习产生“整体大于部分”的力量，即“1+1＞2”的效果。

3. 培养学生良好的习惯

为了有效地开展合作学习，教师在运用合作学习时要注意培养学生良好的合作学习习惯。

（1）独立思考的习惯

在日常教学中，教师要耐心激发、扶助学生思考的欲望，培养学生思考的习惯；要创设便于学生思考的情境，激发学生的动脑欲望，使学生逐步形成不动脑不学习的习惯。这样学生才会在合作学习时敢想、敢做、敢说，在交流的时候才有的说。

（2）分工合作的习惯

教师应根据不同活动的需要设立不同的角色，并要求学习小组的各个成员既要积极承担个人责任，又要相互支持、密切配合，发挥团队精神，有效完成学习任务。比如，在古诗教学中，教师可以要求组内的学生每人重点学习一句，然后在小组内通过合作交流互相学习。

（3）正确交流的习惯

交流是合作学习中的重要表现形式，交流可以帮助学生展现自我、探索真理。这就要求教师要注重培养学生正确的交流习惯，包括学会表达自己的见解、认真倾听别人的发言、在肯定别人的优点的同时也敢于质疑、养成良好的组织纪律性等。

这些习惯都不是一朝一夕就可以养成的，它需要教师在教学中甚至在生活中不断地为学生提供练习机会。比如，教师可以尽量鼓励学生说："还有别的看法吗?""有人还想要补充吗?"；在学生回答问题时，提醒其他人"请大家认真听"；当学生仔细倾听完别人的发言之后发表评论时，要适时表扬："你这种认真倾听的习惯值得我们学习"；在学生为他人提意见、建议时，要提醒他们先发掘一下别人的优点，然后再说自己的想法。

4. 采用多元化的评价方式

积极的评价是一种肯定、一种鼓励，教师的评价对激励学生参与活动、提高合作学习的效率有着十分重要的作用。因此，教师的评价一定要有鼓励性、针对性、指导性和全面性。

(1) 评价需要"多把尺子"衡量

评价是合作学习不可缺少的环节，积极的评价更能促进学生之间的有效合作。这就需要教师以合作学习中的参与态度、参与程度、个人对小组的贡献等为评价内容。

在合作学习活动结束后，教师不但要让小组交流学习结果，还要让他们交流组员之间的合作情况。教师在进行评价时，也要重视学生在学习过程中的合作品质，真正让学生在合作中竞争，在竞争中合作。

(2) 评价形式要多样化

在合作学习过程中，学生既要进行个体的独立钻研，又要参与群体的讨论切磋。因此，评价形式要多样化，比如可以采用学生评价（自评）、教师评价（他评）、师生共同评价（互评）相结合的方式。另外，在小组合作、分组表现中，教师应从不同角度发现各组的优点，多一些认可，少一些否定。教师还要让学生从侧面间接地感受自己与他人的距离，从而让学生认识到自己的不足。只有这样，才能最大限度地发挥学生的优点，并及时给予其正确引导。

5. 处理好合作与竞争的关系

合作与竞争是矛盾的统一，合作能力与竞争能力不仅是学生当前都需要具备的能力，更是学生适应未来社会的必备能力。所以，在培养学生合作能力的同时，教师还应对学生进行竞争意识的渗透培养，如在合作学习中开展组与组之间的竞赛，这既培养了学生的合作意识，又培养了学生的竞争意识，使学生认识到只有大家团结合作才能获得胜利。这样，在进行合作学习时，学生才能更自觉、更主动、更真诚。

6. 努力向课外延伸

培养学生的合作意识、合作能力，绝不是一两堂课就能全部解决的问题。教师不仅要在课堂开展合作学习活动，还要有意识地引导学生利用课余时间进行合作。如布置一些实践性作业，让学生进行合作、探究，从而激发学生探索未知的欲望，让学生享受与伙伴、同学一起协作的乐趣。

合作学习是当前教育各界正在探讨和尝试的新教学模式，和所有新生事物一样，教师对它进行深入的理解和认识，还需要一段时间和一些实践。对于合作学习，不同的教师会有不同的理解和运用，但无论以何种方式开展合作学习，教师都不能偏离合作学习的本质，都不能脱离学生的学习实际和学科特点，更不能将其作为应时应景的点缀，只图热闹，或走过场。

误区 15 不互动
——自顾自话，教与学脱节

一次，唐太宗问魏徵：“我作为一国之君，怎样才能明辨是非，不受蒙蔽呢?”魏徵回答说：“作为国君，只听一面之词就会糊里糊涂，常常会做出错误的判断。只有广泛听取意见，采纳正确的主张，您才能不受蒙骗，下边的情况，您也就了解得一清二楚了。”唐太宗非常赞同魏徵的说法。

从此，唐太宗便注意听取下面的谏言，并鼓励大臣直言进谏。魏徵就是当时唐太宗身边最有名的一位谏臣。后来魏徵去世后，唐太宗悲痛地说：“用铜做镜子，可以看出衣帽穿着是否整齐；用历史做镜子，可以明白各个朝代为什么兴起和没落；用人做镜子，可以清楚知道自己与别人的差距和得失。今天魏徵不在了，我真是失掉了一面好镜子啊!”

兼听则明，偏信则暗。只有广泛听取多方面的意见，才能明白事情的真相，做出正确的判断；只听信一方面的意见，就会犯片面性的错误，得出错误的结论。正是因为唐太宗善于倾听多方面的意见，所以唐朝才出现了“贞观之治”。

由此联想到现在的课堂教学，课堂上，教师讲得声情并茂，学生听得恹恹欲睡；教师讲几句，学生记几句；教师提出问题，学生程式化、标准化地回答；教师贩卖参考，学生奉为圭臬……师生之间没有双向的交流，缺乏情感的碰撞。这种教师单方面评讲、不与学生互动的“一言堂”教学模式，实际上就是犯了“偏信”的毛病，甚至比“偏信”还要严重。如此“一言堂”教学，怎么能够把教学搞好呢？所以，教师要坚决摒弃这种传统的教学模式，要让师生双方在课堂教学中处于平等的地位，共同学习，共同探索，实现师生之间的良好互动。

（一）不要让讲堂成为“一言堂”

张老师刚刚走上讲台，心情颇为激动。当他看到教室里几十双渴求知识的眼睛时，就恨不得将自己所学的知识一股脑儿倒给学生，让学生在知识的海洋中吸饱喝足。

为了教给学生更多的知识，他每天都把自己的日程排得满满的：查资料——备课——讲课——练习——评讲——备课——讲课……他陶醉在自己的“成就”之中。在那些刚毕业的教师中，他查找的资料是最多、最丰富的，因为准备的内容太多，而初上讲台的他对哪个知识点都不忍割舍，统统都讲，甚至有时候还会补充一些课本上没有涉及的知识，所以45分钟的一节课，对他来说时间都不够用。每次上课，他都恨不得将一堂课45分钟延长到90分钟。

由于他在课堂上补充了很多课外知识，所以学生们刚开始时还觉得颇为新奇，情绪也很高涨。他也据此得到了错误的信息：自己的做法是受学生欢迎的，是可取的。于是，他更加卖力地收集更多的知识，以备课堂上的侃侃而谈和不时之需。后来，他每上一堂课，简直就跟上了一次“百家讲坛”一样，他所补充的知识的丰富程度足以将原来的知识点淹没在信息的大海之中。几乎每堂课，他都是从第一分钟讲到最后一分钟，几乎没有和学生互动。

汤虽好喝，但是如果给一个人连喝十碗，谁都会反胃。大约到了第二个月的时候，学生开始有意见了，他们厌烦了老师这种一堂课讲到底的做法。在课堂上，学生逐渐出现了注意力不集中、精神萎靡不振的情况：成绩比较好的学生自行其是；成绩比较差的学生只是凑一下热闹，没有实质性的进步；成绩一般的学生听得比较累，抓不住重点。然而，张老师并没有意识到自己在教学中存在的问题，他仍然陶醉于自己的教学方式。直到一次测验后，当学生的问题全都暴露出来时，他才如梦方醒。

对于教学，案例中的张老师可谓兢兢业业。为了备好课，他准备了丰富的资料；为了让学生知道更多的知识，他从上课的第一分钟讲到最后一分钟，尽量把自己所知道的知识都讲给学生听……但是，“好心”却没有得到好报。这种教学方式只得到了学生的短暂青睐，随后就使学生感到了厌烦，最后导致学生学习兴趣下降、成绩下滑。究其原因，就是张老师选择了错误的教学方式——不与学生互动，不知反馈，只是一相情愿地搞“一言堂”。试想一下，如果他能够根据学生的实际情况精心备课，如果他能够在教学中与学生互动并获得反馈信息，如果他能够给学生留一些悬念而不是面面俱到，相信学生一定会喜欢上他的课，并且成绩也会越来越好。

在实际教学中，像张老师这样的教师有很多，他们唯恐学生听不懂，唯恐讲漏一个知识点，所以凡是课本上、教参上、资料上提到的知识点他们都一个不落地传授给学生，对学生进行密集的信息轰炸。这种做法看似对学生负责，实际上是对学生极大的不负责任和摧残。因为一方面学生接受知识的容量有限，不可能在很短的时间里接受教师传授的“丰富”知识；另一方面，教师讲授过量的知识完全是自己的一相情愿，没有与学生互动，很难符合学生的实际需要，这是对学生最重要的伤害。如此，学生怎么能不厌烦教师的教学方式？又怎么能提高学习成绩呢？

教学是教师的“教”与学生的“学”双向互动的过程。如果教师在教学过程中不懂得师生互动，不懂得“教”“学”互动，大搞“一言堂”，那么势必会影响到教学效果，不利于学生学习。这样的教学，危害如下：

1. 压抑学生学习的主观能动性

在这样的课堂上，教学主客体颠倒，压抑了学生学习的主观能动性。在学习过程中，学生才是学习的主人，他们的情感和智慧应该是主动投入而非被动地跟着教师走，而教师的任务则是启发、激励、引导学生学习。但是，在教师“一言堂”的课堂上，教师成了课堂的主人，而学生则处于一种被动的从属地位。

2. 不利于培养学生各方面的能力

辩证唯物主义认识论认为，人的能力是在无数的实践中、无数的失败和成功中培养起来的，脱离实践则很难培养能力。在没有师生互动的课堂上，学生只会死记硬背教师传授的知识，缺乏发散性思维的训练、创新等能力的培养，如果这种授课形式得不到改善，严重的可能会使学生变成高分低能，甚至是低分低能。

3. 无助于学生的自主学习

“一言堂”教学，教师传授的只是知识，而不是技能，这无助于培养、提高学生的自学能力。在这样的培养模式下，学生一旦遇到新情况便会手足无措，不懂得灵活处理。叶圣陶说：“教是为了不需要教。”今天学生要依靠教师讲解才能获得知识，那么明天在他们离开学校踏上社会后，他们该怎样去获得各种各样的知识呢？

所以，在教学过程中，学生是作为一个活的独立个体而存在的，学生不是容器——只要教师面面俱到、一点不漏地把知识“灌”给他们就可以了。学生有选择知识的权利和反馈知识的权利，更重要的是，他们才是教学取得高效的主要决定因素。所以，教师不能只在课堂上侃侃而谈，不能不顾学生的感受，而要与学生进行有效互动，在互动中获得反馈信息，并根据反馈结果及时调整教学策略和教学内容。

（二）开展互动教学，实现学生、教师、文本三者联动

传统的阅读教学往往忽视学生、教师、文本三者之间的互动性，只是一味地强调教师的标准化解读和学生的被动接受，不能调动学生学习的主动性与积极性，从而造成了学生主体的失落和课堂效率的低下。为了改进传统阅读教学的弊端，语文特级教师程翔很好地把互动式阅读教学融入了课堂，为学生开拓了一个全新的阅读天地，并取得了良好的教学效果。下面是程老师讲授《将进酒》一课时的教学片段：

师：好，同学们读得不错。现在，请同学们考虑一个问题，李白是在什么样的情景下写这首诗的？请大家发挥想象，叙述一下当时的情景。

生：那个时候，李白在官场上不得志，得不到朝廷的重用，没有人去赏识他，他比较清高，但也有相当高洁的人品，不愿与世俗同流合污，因此就写下了这首诗。

师：你说的是当时的一个大背景，讲得挺好。同学们能不能把这个镜头再缩小一下，让它聚焦到李白和他的几个朋友当时在干什么，想象这个情景。

生：当时李白和他的两个好友在一起喝酒，谈话间就谈到了官场的事情。

师：李白说了什么？

生：李白说官场上是比较黑暗的，但人应该豪放一些，不应该被那些世俗所束缚，应该活出自己的人生。

师：好。

生：于是，李白就怀着非常激动的心情写下了这首诗。

师：好，很好，还有没有要补充的？刚才读这首诗时，你感受到一点醉意没有？大家知道，武术里面有醉拳，谁打醉拳打得好？知道吗？不知道？武松啊。对不对？看过《水浒传》吗？武松舞醉拳打谁呢？打老虎？打蒋门人？那打得轰轰烈烈啊。还有醉剑，知道吗？耍醉剑，看过吗？同学们注意了，读李白这首诗要读出一点酒味来，要带着点儿醉意来朗诵这首诗，那才是有点味道的，我看见后面那位同学一个劲儿地点头，好像老师还是说得可以的，是不是？请你说一说吧。

生：李白因为在官场上不得志，便与几位好友把酒痛饮，正当酒劲正浓，稍有醉意的时候，李白借酒消愁，诗兴大发，然后才思如泉，大笔一挥，就写下了这篇流芳百世的名作《将进酒》。

师：真是出口成章啊，不得了！那就请你吟诵一遍。

（生吟诵）

师：好不好啊？（生鼓掌）同学们，李白的诗确确实实是激动人心的，尤其是他这种抒情诗，所以我们在吟诵的时候要做一点技术上的处理。比如：哪一个字要重读？刚才那位同学有几个字就重读了，很好。再就是要注意节奏，有的时候可以把它排得密一点，像机关炮一样把它打出去；有的时候要慢一点，稍微舒缓些；有的时候要高亢；有的时候要低沉。总之，要使整个吟诵过程有感情上的起伏变化。哪位同学愿意再试一下？哪怕第一小段也可以。这位同学，你来试一下。

（生读）

师：好，请坐，我觉得这位同学是用心在读，声音可以再大一些，再放开一些。我点这位同学来读，对，请你来朗读一遍。

生：“黄河之水天上来……”

师：停停，“君不见黄河之水天上来”（示范：高亢），你那是地上来了，像这样才是从天上来，不能把天读成地。好，接着来。

（生继续读）

师：好，有些地方咱们商量一下，“君不见黄河之水天上来”读得很好，真的是上了天了。但是，这句话不是李白说的目的，目的是第二句话，“君不见高堂明镜悲白发……”（师示范）这就有点味道了，对不对？同学们，吟诵是要用自己的生命投入的，要把李白的诗变成自己的语言，似乎李白就是你，你就是李白，面对那些权贵们，你要发出“天生我材必有用”“千金散尽还复来”（师示范，生鼓掌）这样的气魄，这样你就是李白了。

师：（串讲古诗）大家看，“高堂明镜悲白发”，这是他感情的第一个发展阶段，是什么呢？这是一种什么样的感情？

生：悲。

师：对，“悲”什么呢？悲的是“朝如青丝”，怎么了？“暮成雪”，什么意思啊？

生：人生苦短吗？

师：对，人生苦短。人生已老，转眼之间，满头的“青丝”已经变成了满头的白发。中国古代的文人在面对大自然的时候，经常会发出这样的感慨。尤其是那种有着远大志向的人，当他的志向不能够得以实现，报国无门的时候，更容易产生这种人生易老的感慨。从《诗经》到《古诗十九首》，到李白这首诗，再到李白以后许许多多的历代文人，他们都在感慨人生苦短。在这种情况下怎么办呢？李白提出了一个观点，是什么？

生：人生得意须尽欢。

师：对，“人生得意须尽欢”，也就是我们平时说的要及时行乐，今朝有酒今朝醉，这就进入了李白感情发展的第二阶段。由“悲”转成什么呢？“人生得意须尽欢”。（板书：悲欢）同学们，这种欢快是发自内心的吗？

生：不是。

师：为什么？

生：我觉得这是李白的一种无奈。

师：同学们要注意，在第一小节当中，有两句诗我觉得李白放在那儿好像有点不太连贯，要是把这两句摘出来，诗歌就变得很连贯了，你们看一看是哪两句？

生：“天生我材必有用，千金散尽还复来。”

师：嗯，同学们都看出来了。那么，我们把这句诗拿出来，让你放的话，你觉得放在诗歌的哪个地方会比较好呢？

生：我觉得应该放在诗的末尾。

师：哦，我同意你的意见，我也有这种感觉。那李白为什么要把这句诗放在这儿呢？大家想一想。

生：我觉得李白的这句诗放在这个地方，有一种自我安慰的感觉。他是在说，人生须尽欢，实在没有办法的时候就说，我是有才智的人，我一定会得到重用，一定会发挥我的才智的。

师：好，哪位同学再说。“天生我材必有用”，它的隐含意义就是要告诉读者什么？

生1：可能是认为自己的时机未到吧。

生2：他总会有被重用的一天的。

生3：可能是说统治者不能够发现人才。

生4：我觉得他这句话隐含着他现在还没被重用的意思。

生5：也许是真金不怕火炼。

师：好，同学们的回答都不错。天宝二年，大概是公元742年，李白42岁，唐玄宗下诏书，宣李白进京。这个时候，李白感觉时机到了，便“仰天大笑出门去，我辈岂是蓬蒿人”。在这之前，李白去过长安一次，但是那次没有得到重用。结果那次李白在长安待了两三年，唐玄宗只给了他一个待诏函令，没有怎么重用他，而且后来还客客气气地把李白从长安打发出来了。被打发出来之后，李白到了山东，写下了《梦游天姥吟留别》。在那首诗中，李白把自己在长安的三年生活作了系统的总结，最后发出了“安能摧眉折腰事权贵，使我不得开心颜”的愤慨之情。那么，这首诗写于哪一年呢？这个时候的李白可以说是无望了，但是他的内心深处仍然还燃烧着一团火，“天生我材必有用”就说明了这一点。刚才那个同学说得挺好，这实际上就是李白的一种自我安慰，或者是一种无奈，或者是一种愤懑。对不对啊？

生：是的。

师：所以，李白的欢乐不是发自内心深处的。大家看，再往后发展，李白感情的发展是怎样的呢？

生：我觉得应该是“醉”。

师：为什么是“醉”？

生：因为诗的下面说的是“会须一饮三百杯”，再往后有“将进酒，杯莫停”，特别是后面还有一句“但愿长醉不复醒”。

师：嗯，好，这个字抓得很好。有些学者研究李白的诗歌，说李白的诗歌透着一种醉意，读他的诗要有种醉味，这确实是抓住了李白一部分诗歌的特点。那么再往后发展，李白又感觉到了什么呢？他认为人活在世上，什么东西是不足贵的？

生：富贵豪华的生活。

师：富贵豪华的生活，也代指什么？

生：官场、做官。

师：嗯，做官，还有什么？

生：和权贵一样的东西。

师：就是权贵、地位、金钱，对吧？李白认为人活在世上这些东西不足贵，这是说了一种人，他还说了另外一种人，好像也不值得去效仿，是什么人？

生：就是那种追求权贵而趋炎附势的人。

师：这上面有吗？

（生摇头）

生：还有一种是古来圣贤。

师：你知道圣贤是什么吗？

生：我认为是那些品德比较高尚的人。

师：品德高尚的人就是圣贤，你能举一个例子吗？中国古代谁是圣贤？

生：一般公认的是孔子。

师：孟子也是吧？

生：嗯。

师：那么在李白看来，孔子孟子这些人“皆寂寞”，是什么意思呢？

生：因为他们得不到重用，比如孔子周游列国却依然无法使自己的主张得到实现。

师：哦，那李白活在世上一直追求的是什么呢？

生：最值得追求的是那种乐。

师：哪种乐？

生：长醉不复醒。

师：就是喝酒，对不对啊？同学们，你们同意李白这个观点吗？荣华富贵不值得追求，做圣贤也不值得追求，唯有喝酒值得追求。有不同意这个观点的请举手。谁来说一说，为什么不同意？

生1：我认为李白是因为不得志才那样写的，虽然在诗上是那样写的，但我想李白一定是有自己的抱负的，这不是他的最终目的。

生2：我认为这种想法太消极了，人活在世上就要做一番事业，虽然他的政治抱负不能得到实现，但是他还是要尽力去做，因为不到最后，一切都没有定数。

生3：我觉得李白在这里这么说是因为他以为自己比较有才华，但是得不到重用，而且在官场上又失意，所以他才认为这两种人不足贵。

生4：李白还写过一首诗，里面有一句提到“借酒消愁愁更愁，抽刀断水水更流”，我觉得李白的本意并不是要沉醉在酒的欢乐中，他只是想通过饮酒来使自己的感情暂时得到寄托。但是，酒醒之后还是要面对现实的。

生5：我觉得李白是想通过这种纵情豪饮来掩饰内心的痛苦，使这些痛苦得到暂时的缓解。

生6：我觉得李白所说的“钟鼓馔玉不足贵，古来圣贤皆寂寞”并不是他真正的本意，要是他真的这么想的话，他之前也就不会因为自己不被重用而那么烦恼，也不会因为得不到重用而有愤怒的感情了。他这么说只是为了说明自己很愤怒，“我”不被重用，那么“我”就沉醉于灯红酒绿之中，看你怎么办。这看似自暴自弃，其实是李白在发泄心中的苦闷。

师：同学们说得都很好，李白就是要借这个酒来表达自己心中的不满。其实，李白从内心深处是非常尊敬那些圣贤的，因为圣贤创造了灿烂的文化，留给了后人很多宝贵的精神财富。在这个时候，李白确确实实是借酒来消愁，发出了一种狂吟。李白性格向来傲岸不屈，喜欢追求自由，不愿受束缚，这种狂吟正是他性格的真实体现。好，现在我们把第二段再一起读一遍。

（生齐读）

师：嗯，好，下面连起来读一遍。能背会的同学最好就不要再看书了。

将进酒，一二……

（生朗读）

师：嗯，咱们试着来背一遍。将进酒，一二……

（生试背）

师：有的同学还是时看时背，课下一定要把这首诗非常熟练地背会，并能把它默写下来。再就是，大家一定要勤于吟诵。吟诵的时候，最好是找一个没人的地方，手里边假设举一个酒杯，然后狂吟。这样，你就能体会到自己就是李白，李白就是你的那样一种味道，很有意思的。吟诵的时候，还要注意不要像我们平时读课文那样规规矩矩的，要放开，你想怎么朗诵就怎么朗诵。好，同学们，这节课我们就上到这里，下课。同学们再见。

《义务教育语文课程标准》提出："阅读教学是学生、教师、文本之间对话的过程。"为响应这个标准，一种新型的互动式阅读教学便应运而生。

所谓互动式阅读教学，是指阅读教学过程中三个主要要素——教师、学生、教材三者所构成的互动关系，即教师、学生结合自己的生活经验阅读教材，深入教材内部，与教材对话，从而产生超越字面意义的理解，然后通过教师与学生对话、学生与学生对话，将"理解"汇拢、交流，这样既可以对教材进行修正、补充和丰富，也使教师、学生群体、学生个体在对彼此"理解"反思的基础上，加深对教材的理解，提高理解能力。

本堂课，程老师通过开展互动式阅读教学很好地实现了教师、学生、文本（教材）三者之间的有效对话。从整个教学过程来看，程老师以"读"为主线贯穿始终，而又以"互动"为"读"的核心。无论是一开始的初读，还是最后有感情的朗读；无论是全班齐读，还是个别学生诵读，整个教学过程都在良好互动的氛围中进行着。

在这堂课上，程老师与学生主要采用了两种互动方式：

一是"尝试——指导"式互动，即教师根据学生初读的情况，对其进行有针对性的指导，必要时作亲身示范。例如，在一名学生朗读后，程老师点评道："要注意节奏，有的时候可以把它排得密一点，像机关炮一样把它打出去；有的时候要慢一点，稍微舒缓一些；有的时候要高亢；有的时候要低沉。总之，要使整个吟诵过程有感情上的起伏变化。"这样的指导鞭辟入里、形象生动，使学生很快就能领会到朗读的要点。

二是"提问——引导——展开想象——得出结论"式互动，即给学生提出问题，让学生在正确理解文本的基础上大胆想象，而教师则随时纠正学生的错误，最后得出正确结论。例如，当程老师提出"李白是在什么样的情景下写这首诗的"这个问题后，学生对1000多年前的事情根本无法明确得知，所以，唯有根据课文的关键字眼进行大胆猜想。另外，程老师让学生缩小范围，并讲了《水浒传》等作巧妙引导，以帮助学生得出合理的结论。这样，学生与教师就在这种有效的互动中共同获得了对课文的崭新理解。

在这种互动式阅读教学中，教师尊重学生，学生尊重教师，师生之间形成了和谐的互动，并且都体验到了阅读的乐趣和成功的喜悦，课堂教学取得了很好的效果。

由单一化向多样化发展是现代教学模式发展的一个明显趋势。要克服传统教学模式的单一化倾向，提倡多样化教学方式，就需要大力提倡师生互动这一教学模式。正所谓教学相长，师生互动可以激发学生的学习兴趣，引导学生积极思维；同时，学生也会在师生互动中暴露出许多不足，这样教师就能针对学生的不足及时调整解决。如此，教师的教学水平不仅得到了提升，而且学生的学习成绩也得到了提高。

师生互动的方式有很多。如行为互动，要求师生在课堂上积极参与教学活动；情感互动，要求教师和学生建立和谐的师生关系；认知互动，要求学生自主学习和探究，教师发挥指导者的角色引导学生进行正确的判断与推理，拓宽学生的综合创造能力；等等。在师生互动的课堂上，教师不是简单地与学生问答，而是要充分利用各种互动方式使师生互动形式丰富化、内容深度化，让教学走向高效。

（三）规避误区，让课堂积极互动的策略

在教学过程中，教师要满足不同学生的学习需要，促进学生进行主动的、富有个性化的学习，培养学生掌握和运用知识的能力，使每个学生都能得到充分的发展。那么，教师应如何让课堂充满良好的师生互动呢?

1. 转换角色

要建立有效的师生互动氛围，教师首先要转换自己的角色。教师应成为师生良好互动环境的创造者、交流机会的提供者、师生互动的组织者以及学

生发展的支持者、帮助者、指导者和促进者。在教学过程中，教师要树立起“一切为了学生”的观念，要尊重学生，全方位为学生的发展服务，通过教师的“教”唤起学生的“学”，从而突出学生在学习中的主体地位。

2. 创设宽松、民主、和谐的课堂教学气氛

宽松、民主、和谐的氛围，是师生之间实现良好互动的必要条件。为此，教师要改变传统教学中以教师为中心的教学方式，要把教师的“一言堂”改为“众言堂”，采用多种教学手段激发不同层次学生的学习兴趣，使他们参与课堂教学活动，促使学生与教师、学生与学生之间充分互动。

3. 学会倾听

倾听，就是要虚心、诚心、耐心地听学生怎么读书，听学生怎么发言，听学生怎么评价体验。在倾听中，教师要注意分析学生的学习心态和学习方法，捕捉学生创新的火花，研究学生自主学习过程中出现的问题等。倾听还要求教师既要听正面看法，又要耐心听取反面意见；既要听取优秀学生富有创见性的回答，也要认真听取后进生不成熟的甚至是错误的见解。

4. 注意诱导

诱导，就是教师要千方百计地促使学生自己动手、动口、动脑，充分发挥学生学习的自主性、主动性、创造性，使学生通过自己的探究去获取知识，培养情趣。诱导的方法有很多，如创设情景、提出问题进行质疑、提示思维的方向等，教师要根据具体情况合理运用。

5. 多与学生交往

交往是师生之间互相增进了解、相互熟悉、相互理解的一种重要手段。无论是在课堂上，还是在课后，教师都要善于主动地、有计划地、有目的地通过多种渠道，采用多种方法与秉性各异、基础不同的学生交往。

6. 与学生合作

教师难免会有这样的想法，论阅历、凭经验、比能力，学生与教师根本就不在相同或相近的起点上。师生双方相差悬殊，怎么能够合作呢？实际上，只要教师与学生平等相处，信任学生，愿意与学生合作攻克难题，学生就会为完成任务而奋发进取，这样学生的聪明才智就可以得到最大限度的展示，从而让教学的整体效果发挥到最佳状态。

教师应该清楚，学生的知识阅历比不上教师，但他们很少有条条框框的

束缚；学生虽然不如教师考虑问题周全，但他们初生牛犊不怕虎，敢想敢干，常常能爆发出创新的火花。

苏霍姆林斯基曾警示教师，学校里的学习不是毫无热情地把知识仅从一个头脑装进另一个头脑，而是师生每时每刻都在进行心灵接触。在课堂教学中，师生之间只有充分互动起来，才能达到心与心的沟通，只有这样学生才能在一节课中得到最大的收获，教师才能既提高课堂教学质量，又从学生身上学到更好的教学方法。所以，教师要坚持以师生互动为重点课题对其加以研究，将其付诸实践。这样才能培养出主动参与、自主学习的学生，同时也能提高自身的文化素质和教学水平。

误区16 不会提问

——提问提不到点子上，效率低下

有一次，学生子禽问墨子："老师，您认为多说话有好处吗？"

墨子回答说："你看那生活在水边的蛤蟆，还有逐臭不已的苍蝇，它们不分白天黑夜叫个不停，以此显示自己的存在。但是，即使它们叫得口干舌燥、疲惫不堪，也没有谁会注意它们到底在叫些什么，人们早已对这些声音充耳不闻了。现在，你再看看司晨的雄鸡，它只是在每天黎明时按时啼叫，然而，雄鸡一叫天下白，天地都要为之震动，人人闻鸡起舞，纷纷开始新的一天的劳作。两者对比，你认为多说话能有什么好处呢？所以，只有准确把握说话的时机和火候，努力把话说到点子上，这样才能引起人们的注意，收到预想的效果。"

听着墨子的教诲，子禽频频点头称是。

话不在多，而在于准、在于精，必须句句说到点子上、句句说到人的心坎里。把话说好，人生无往而不胜。说话如此，对于课堂教学中的提问来说，也应该是这样——一问既出，点点到位。

课堂提问是教师在教学中根据具体的教学内容、教学目标以及学生的实际情况，分层次、有目的地选择问题，设置问题，然后向学生提出问题，师生共同分析问题，并且解决问题的一个过程。课堂提问在课堂上不可或缺，它是教师传授知识、优化课堂教学的重要手段。

美国教学法专家斯特林·G·卡尔汉说："提问是教师促进学生思维，评价教学效果以及推动学生实现预期目标的基本控制手段。"在课堂上，教师有效的提问可以促进师生间信息的双向交流，可以发展学生的语言能力，可以带给学生思考的动力，可以激发学生的求知欲，可以形成教学相长的和谐课堂氛围。但是，往往有些教师并不重视课堂提问，致使不会提问，如提问肤浅、提问过难、提问琐碎等，其结果严重影响了教学的质量。

爱因斯坦曾说："提出一个问题比解决一个问题更为重要。"课堂提问是一种教学设计艺术，教师要精心设计问题。在课堂上，教师要言简意赅，慎重提问，引导学生在课堂上发现问题、提出问题、解决问题、在问题中获取知识，真正做到让课堂提问成为优化课堂教学的重要手段。

（一）不要让问题偏离文本

下面是某教师讲授《周庄水韵》一课时的两个教学片断：

片断一：

师：读了课文后，大家已对周庄有了一个初步印象，你觉得周庄怎么样？

生：很美，现在的周庄有了很多烟花爆竹。

师：哪位同学再来说一说？

生：周庄给我幽静的感觉。

师：如果把周庄比做人，周庄像一个什么人？上海又像一个什么人？

生：周庄像古代人，上海像机器人。

师：像古代什么人？

生1：像青年，朝气蓬勃。

生2：像老人，饱经沧桑，具有神秘感。

师：不对，我觉得周庄像古典美女，上海像男子汉。

……

片断二：

师：请大家用5分钟的时间找出一些自己最喜欢的句子来品一品。

生："细细谛听，水声重重叠叠，如诉如泣，仿佛神秘幽远的江南丝竹，裹着万般柔情，从地下袅袅回旋上升"，这句话写得很美，体现了水声的重叠之美。

师：水声怎么重重叠叠？

生：我怀疑是水一滴滴地流，就像水龙头没拧紧。

师：大家再找找。

生：第5小节写烟花的句子体现了古典与现代交织在一起的美。

师：（感觉不对）作者第三次游周庄最重要的是用了什么手法？

（生无语，师点名）

生：第一段把周庄比作彩绸，用了比喻。

师：本体是什么？是水还是倒影？

生：倒影。

师：把倒影比作色彩，把静态写成动态是从什么角度来写的？

生：从游人的角度。

师：（着急）孩子，我们是品味文字，难道是从游人的角度？

（师和生讨论“文字品味的角度”，直至下课铃声响起）

由此可见，整堂课下来教学效果并不理想。周庄的水虽美，但被教师的橹给搅浑了。究其根源，就是教师偏离文本的问题设计。

在片断一中，教师预设的第一个问题是“你觉得周庄怎么样”，这显然就偏离了文本，因为《周庄水韵》的主要内容是写周庄的水。接着，在学生对周庄的水的特点毫无了解的基础上，教师忽然抛出问题“如果把周庄比作人，上海像一个什么人？周庄又像一个什么人”，结果学生的回答是答非所问，远离了文本。

在片断二中，学生忽而品味水声，忽而品味烟花，忽而讨论手法，忽而讨论角度……课堂活动更加混乱了，而这又无不与教师的问题设计有关。例如，“找出一些最喜欢的句子来品一品”，这个问题的题干模糊而空泛，既没有一点内容的限制，又没有一个品味的标准，学生的回答怎能不乱？

这堂课的教学内容是“周庄水韵”，而教师的多次提问都与“水”无关，没有抓住关键提问，问题明显偏离文本内容，这样的教学岂能不失败？

在实际的教学提问过程中，除了上面案例中出现的设计问题偏离文本的现象外，教师还存在着一些提问误区，主要有以下几种情况：

1. 问题肤浅

有的教师盲目追求活跃的课堂氛围，对教材和学生研究不深，使提问停留在浅层次的交流上，最典型的莫过于那种满堂脱口而出的“是不是”“对不对”之类的问题。对于这样的问题，学生只需要简单回答“是”“不是”

“对”“不对”，完全不能引起学生深层次的思考，也提不起学生回答的兴趣。这样的课堂貌似热闹非凡，气氛活跃，实则教学质量低下，流于形式。

2. 问题过难

有的教师忽视了学生的年龄特征，提问过偏或过于笼统，脱离了学生的“思维发展区”，偏题遥远，致使学生启而不发，或茫然，或沉默以对。这样，教师只好自问自答，唱独角戏，从而造成了教学的低效，甚至无效。

3. “满堂问”

有的教师错误地理解现代教学中的师生双边活动，认为教师在教学中没有提问或提问很少，就是一种“满堂灌”。所以把课堂教学中有无提问与提问数量的多少作为评价课堂教学质量高低的重要指标，这样就走向了另一个极端“满堂问”。这些教师整堂课采用问答式教学，完全不顾教材内容和学生实际，由始至终将问题一个接一个地抛给学生。结果，学生忙于应付教师的提问，精神高度紧张，思考时间少；并且，由于问题过多、过密，学生的思维受到教师的牵制，在教师步步为营的诱导下，学生的自主性和主动性难以得到发挥。

4. 提问琐碎不系统，缺乏层次感

有的教师提问时，使用冗长而凌乱的措词，使得学生不明其意，难以理解和思考，导致课堂常常出现答非所问的情形。

5. 提问偏心

在课堂教学过程中，有的教师在提问时带有偏心的心理。例如，只提问优秀生，因为省时省力省心，或者只提问后进生，哪壶不开提哪壶，以问带罚。这种偏心心理极易造成课堂机会的不公正，使整个课堂被优秀生所控制，极少有其他学生畅所欲言的机会，也使后进生心生嫌怨，失去信心，还会使中等生被忽略。

课堂提问是教学活动中的一个重要环节，它贯穿于课堂教学的始终，直接影响着课堂教学的成败。作为教师，不能随意地设计课堂提问，而要精研教材，精心设计每一个问题。倘若教师的提问肤浅，犹如蜻蜓点水，就容易让学生感到淡而无味，没有兴趣，课堂气氛虽然热闹，但教学效果甚微；问题过难，则容易挫伤学生的学习积极性，难以形成思维的力度，导致学生启而不发；“满堂问”，会让学生忙于应付教师的提问，思维受到教师的牵制，处于被动的学习中；提问琐碎不系统，缺乏层次感，致使学生答非所问，久而久之，让学生逐渐失去参与学习的积极性；提问偏心，则容易造成课堂教学的不公平，不利于学生的整体发展；等等。可见，这种抓不到点上的提问不仅完成不了教学任务，还会使学生对学习失去兴趣和信心，教学效果低下。

(二) 层层深入地提问，能训练学生的思维

关于课堂问题设计，特级教师孙双金说："教学问题的提出要像一块石头投掷到学生思维的湖海里，要能听到'扑通'一声的回响，要能看到石头激起的圈圈涟漪、层层波纹，千万不要把它扔在岸边，听不到任何声息，看不到任何反应。"孙老师是这么说的，也是这么做的。下面是孙老师教授《三顾茅庐》时的课堂实录：

师：同学们，你们喜欢《三国演义》中的哪位人物？为什么？

生1：我喜欢刘备，他待人谦虚。

生2：我喜欢诸葛亮，他神机妙算。

生3：我喜欢刘备，他胸怀大志。

……

师：诸葛亮、关羽、张飞、赵子龙这些名将都是谁的手下呢？

生（齐答）：刘备。

师：看来刘备这个人很值得我们好好研究，今天我们就来学习有关刘备的历史故事。

（师板书：三顾茅庐）

师：谁来用自己的话解释一下"三顾茅庐"是什么意思？

（生沉默）

师：说对的要表扬，说错的也要表扬，表扬他的勇气……

生：我的理解是三次去拜访。

师：噢，"三"就是三次，"顾"就是拜访——"茅庐"，就是茅草房。谁能说得更完整呢？

生：刘备三次去拜访住在茅草房里的诸葛亮。

师：这次说得很准确，看来没有前面小小的错误，就没有后面大大的正确。

（师板书：诸葛亮　孔明——卧龙）

师："诸葛"是复姓，你还知道哪些复姓呢？

生1：上官。

生2：夏侯。

生3：玄武。

生4：司马。

……

师：同学们真不简单，知道这么多。单凭这一点，你们就可以做我的老师了，有些姓我还没听过，回去我要好好查查字典。

师：（指着"三顾茅庐"）由这个题目你还想问自己或我什么问题呢？

生：刘备为什么要三次拜访诸葛亮呢？

师：下面我们就带着你的问题去读课文。如果生字你读一遍读不准可读三遍。

（生读书）

师：下面请一个同学读第一节。愿意读的请举起你们的手，举手的都是勇敢的、自信的，将来你们也一定是成功的，我就喜欢举手的同学。

（一生站起来读第一节）

师：这段讲了刘备前两次去拜访诸葛亮的情形。第一次，刘备听说诸葛亮是个了不起的人，于是在一个秋天，他和他的两个兄弟去拜访诸葛亮，但是没有见到他，他们便给童子留了口信："刘备来拜访过诸葛亮。"第二次到了寒冬腊月，刘备又决定去拜访诸葛亮，他的两个兄弟不愿意："这个诸葛亮有什么了不起的，充其量一介村夫，还劳大哥亲自去吗？"刘备仍然亲自前去，但仍没见着。冬去春来，刘备决定第三次去隆中拜访诸葛亮。课文中就写了他第三次拜访的经过。这次他拜访到了没有？谁来读第二节？

（一生读第二节）

师："结拜"这个词是什么意思？他还有个故事叫什么？

生：桃园三结义。

师：刘备、张飞、关羽在桃园结拜为兄弟，不求同年同月同日生，但求同年同月同日死，所以称为"结拜兄弟"，明白了吗？

生（齐答）：明白了。

师：第三段比较长，请同学们先读前半部分，描写卧龙岗景色的内容。

（一生读）

师：隆中是怎样的景色呢？作者写了山冈、溪流和竹林，那么，写“山冈”用了什么词？

生：蜿蜒。

师：“蜿蜒”什么意思？看它的偏旁。

生1：就是弯的意思。

生2：弯弯曲曲的，像蛇一样。

师：中国汉字的偏旁帮助我们理解。弯曲、高低在人们眼中就像一条……

生：等待时机腾飞的卧龙。

师：像谁？

生：诸葛亮。

师：等待谁让他腾飞？

生：刘备。

师：这里描写竹林还有一个成语“青翠欲滴”，这个成语是什么意思？

生：竹子绿得要滴下来了。

师：景色“秀丽宜人”，“秀丽宜人”是什么意思？

生：美丽迷人。

师：噢，真是一块宝地啊，不愧称之为“卧龙”。大家再一起读一读。

（生齐读）

师：接下来刘备是怎样拜访的？

（生读：“离诸葛亮住处还有半里多路……”）

师：这一节的内容我们将在下一节重点讨论，请大家齐读第四节。

（生读第四节）

师：这里有两个词（板书：群雄纷争　茅塞顿开），“雄”，是乱世英雄，东汉末年，你还知道有哪些乱世英雄？

生1：孙权。

生2：曹操、吕布。

生3：董卓。

……

师：纷，纷乱；争，争斗。当时战火边缘，民不聊生啊……“茅塞顿开”，你是怎样理解的呢？

生：像瓶盖一样一下被打开了，人的思想解放了。

师：你比喻得很形象，就像我手里的瓶盖一样是“砰”的一声被打开的。一下子打开的，叫“顿开”，那“茅塞”呢？就是堵在人们心里的堵塞。人们思想的茅草一下子打开了，心里就会豁然开朗。谁茅塞顿开呢？

生：刘备。

师：最后一段请女同学们读。

（女生读）

师：请同学们放下课本。我就纳闷，像诸葛亮这样的人肯定会有许多人去请他，曹操有没有请过，孙权等天下的群雄有没有请过，为什么他在刘备请他时才出山呢？刘备哪一点打动了诸葛亮？

生：诚心诚意。

师：哎，了不得。还有别的吗？

生1：别人都是派手下去的，而刘备是亲自去的。

生2：刘备是恭恭敬敬的，而别人的手下则是不礼貌的。

生3：天很冷，刘备还去了三次。

生4：刘备很尊重诸葛亮。

生5：刘备待人诚恳。

生6：刘备还有半里多路，就下马步行了。

……

师：同学们说得都很好，下面我们就到课文中找找刘备打动诸葛亮的关键词或句子。

（生开始找）

师：你认为哪些地方表现了刘备的“诚心诚意”？

生：诸葛亮出山后，刘备把他当做自己的老师，两人同桌吃饭，同榻睡觉。

师：你这是刘备请诸葛亮出山之后的“诚心诚意”，之前的呢？

生：“这次用不着大哥亲自去。他如果不来，我只要用一根麻绳就把他捆来。”刘备生气地说：“你一点儿也不懂得尊重人才，这次你就不要去了！”

师：你再帮张飞嚷一下。自己练一练，看谁来做一次“猛张飞”？你说张飞嚷时是怎样的心情？

生：生气、讨厌，“怎么搞的，又去了！”

师：“捆”只能捆来人，却捆不来人的心啊！刘备怎么说？

（生读刘备说的话）

师：这个地方能看出刘备诚心诚意，还有什么地方？

生：刘备让童子不要惊醒先生，吩咐关羽、张飞在门口休息，自己轻轻地走进去，恭恭敬敬地站在草堂的台阶下等候。

师：刘备为何让关羽、张飞两个人在门外等候？

生：刘备怕他俩打扰诸葛亮，怕张飞闹堂。

师：是啊。刘备是怎样“恭恭敬敬”的？谁来表演一下刘备恭恭敬敬的样子？

（一生表演：两手立正站好）

师：这个刘备，还有不同站法吗？

（一生表演：低头弯腰，双手抱拳）

师：弯腰低头是对一个人的恭敬，这样才能体现出刘备对人的诚意。同学们在书上看看刘备站了多久，一个时辰就是——

生：两个小时。

师：还有一个时间，半晌是多长时间？

生：半天。

师：同学们想象一下，刘备恭恭敬敬站了半晌又两个时辰……刘备是什么人？诸葛亮又是什么人？你们知道他们的年龄吗？——一位47岁的首领，对着一位27岁的毛头小伙子站了半晌，一个站另一个还躺着。哎呀，了不起啊！还有哪些地方体现了刘备的诚心诚意？

生：到了诸葛亮的家，刘备上前轻轻敲门。刘备轻轻敲门，说明他怕惊醒诸葛亮，这是对诸葛亮的尊重。

师：噢，抓住了“轻轻”，连敲门声都是那么小心翼翼，生怕惊醒了诸葛亮。

生1：这里也能体现出刘备的诚心诚意：“刘备站在台阶下等候。”封建社会是分等级的。大臣参见皇上的时候是站在阶下，而此时刘备是首领，诸葛亮不过是一介村民，刘备却站在阶下，可见他的诚意。

生2：“这次你就不要去了！”张飞是刘备的结拜兄弟，刘备却没听兄弟的话，这说明诸葛亮比张飞更重要。

师：很好，同学们找的这些地方都突出了诸葛亮的重要性。还有一些地方说明了刘备的诚心诚意，刘备是打马一路奔去的吗？

生：离诸葛亮的住处还有半里多路，刘备就下马步行。

师：他为什么不骑马到跟前呢？

生：他怕马蹄惊扰了诸葛亮。

师：刘备不至于半里多路就下马，说明他把诸葛亮当成了自己的老师。读读看，看谁能读出刘备的诚心诚意，谁就是小刘备。

（生齐读："离诸葛亮的住处还有半里多路……才悠然醒来。"）

师：刘备轻轻敲门轻轻地进去，恭恭敬敬地等，等啊等啊，诸葛亮翻了个身，又等啊等啊，等了半晌，诸葛亮才悠然醒来。刘备先前等得那样耐心，这时刘备是怎样的心情？刘备为何那么"快步"？

生1：刘备想见诸葛亮。

生2：刘备见诸葛亮醒来很兴奋，想马上进去和他讨论国家大事。

师：噢，刘备真是求贤若渴，那诸葛亮到底值不值得刘备这样"诚心诚意"地去请呢？读读最后两节。

（生读最后两节）

师：你读了有何体会，刘备为何"三顾茅庐"你看出来了吗？

师：他得到诸葛亮就像鱼儿得水一样，可以用哪个成语来表示？

师：（板书：如鱼得水）噢，我刘备是条再大的鱼，没有水又有何用啊！得到诸葛亮就像什么？

生：如鱼得水。

师：你读过《三国演义》吗？诸葛亮帮刘备打过哪些仗？

生1：火烧赤壁。

生2：草船借箭。

……

师：以"少胜多"的办法都是谁想出的？

生：诸葛亮。

师：可见，诸葛亮对刘备有多么重要，同学们再读读最后一节。

（生读最后一节）

师：（延伸）刘备"三顾茅庐"靠他的诚心诚意请出了诸葛亮。"精诚所至，金石为开"这是三国的故事，那今天我们学习了这个故事又有何作用呢？

生1：待人要诚恳，要谦虚。

生2：不要摆架子。

生3：对人要尊重。

……

师：很好。只有尊重他人，才能得到他人的帮助，自己才能成功。

在这堂课上，孙老师提出的问题由浅入深，层层递进，让学生在轻松活跃的课堂氛围中对课文内容由感性认识逐步上升到了理性认识，真正把课堂教学落到了实处。

案例中，孙老师抓住学生迫不及待想要去探究的心理，采用“设疑式导入”，由“你最喜欢《三国演义》中的哪位人物”这个问题引发学生学习的兴趣，让学生七嘴八舌地说出心中喜欢的人物，然后顺其自然地引出与刘备有关的历史故事——《三顾茅庐》，一切都是水到渠成。在讲授正文时，孙老师的课堂提问环环相扣，层层递进。例如，当孙老师提出了“刘备哪一点最打动诸葛亮？”这一问题后，学生的回答是“诚心诚意”。针对这个答案，孙老师又提出了一系列的问题，如“你认为课文的哪些地方表现了刘备的‘诚心诚意’”“刘备为何让关羽、张飞两个人在门外等候”等。这些问题帮助学生理解诸葛亮是如何被刘备请出山的，就一目了然了。随着学生对问题的思考，他们自然而然也就加深了对刘备“诚心诚意”高尚品德的感悟，所以，当孙老师在最后提出“今天我们学习了这个故事又有何作用呢？”这个扩展性的问题时，学生们都能随老师所愿正确地回答。

课堂提问最能体现教师的智慧。孙老师是智慧的，他以一个引导者的身份，利用精妙的问题来激发学生的思维，让学生在探究中享受到了学习的乐趣。

课堂提问是优化课堂教学的重要手段之一，也是教师教学艺术的重要组成部分。适宜的提问不但可以活跃课堂气氛，激发学生的学习兴趣，了解学生掌握知识的情况，而且还可以开启学生的心灵，引导学生思考。具体来说，课堂提问在教学中的作用，主要包括以下六个方面：

1. 可以激发学生的学习兴趣

好奇之心人皆有之，强烈的好奇心会增强人们对外界信息的敏感性，激发学生的思维。学生有着强烈的好奇心，教师在课堂上通过巧妙创设新颖的问题情景，可以引发学生探究问题的好奇心，进而激发学生的学习兴趣。例如，在讲《苏州园林》时，某教师在导入新课时设计了这样的问题："同学们，人们常说'上有天堂，下有苏杭'，'桂林山水甲天下'，桂林美在山水，苏州美在园林。那么苏州园林有什么特点呢？它美在何处呢？下面请同学们阅读《苏州园林》，然后回答老师的问题。"这样设疑导入，既创设了问题的情景，激发了学生的学习兴趣，又使问题的指向性变得非常明确，最终调动了学生自主学习的积极性。

2. 可以有效地传递信息

教师传授知识，即是信息的传递过程。每一堂课都有教学的基本知识点、重点、难点，教师提出的问题往往都落在这些基本知识点、重点、难点上。教师通过提问将这些知识传递给学生，并通过对学生进行引导、启发、点拨等，化难为易，进而突出重点，突破难点。

3. 可以及时得到反馈信息

在教学中，教师通过提出问题从而了解学生对知识的理解程度、对知识的巩固情况，以此获得反馈信息。这种反馈信息的方式，与其他形式的反馈相比，其所获信息具有准确性、具体性、及时性和简洁性等特点。它可以使教师当堂了解学生对知识的理解和掌握程度，及时调控教学程序，改变教学策略，从而使学生更加积极主动地参与教学活动。

4. 可以提高学生的注意力

在教学过程中，如果学生的注意力比较集中，其听课效果就比较理想。据调查，学生在答问时精力较集中，在听讲时有时较散漫。所以，在教学过程中教师光凭简单的说教是很难让学生集中注意力的，如果用一个个由浅入深、循序渐进的问题来吸引学生的注意力，紧紧地把学生的思维钳住，进而激发他们的学习兴趣，那么就会获得良好的教学效果。

5. 可以诱发学生的思维

在教学过程中，有的学生认为对于一些重要的知识只要能够复述就可以了，于是由此产生了自满情绪。实际上，这些学生对知识的理解只停留在表面，他们并没有真正理解知识。针对这种情况，教师要提出一些题意明确的实际问题，诱发学生思考，帮助学生克服盲目的自满情绪，这样对提高学生的学习效率、突破教学难点很有帮助。特别是在学生认为理当如此的地方，教师可以提出与常规看法相悖的问题，并就此展开深入讨论，以培养学生的思维灵活性、独特性和创新意识。同时，教师还可以引导学生对已解决的问题进行深入探索，或就题目本身提出疑问，或通过变换题目的条件来拓宽学生的视野，诱发学生的思维，增强学生的应变能力，培养学生思维的广阔性和深刻性。

6. 可以提高学生的语言表达能力

课堂提问是培养学生正确运用语言的契机。在教学过程中，教师一边提问，学生一边回答，教师再给予学生科学的指导，这样就可以有效地培养学生的语言表达能力。

叶圣陶说："我之意见，教师引导学生用心阅读，宜揣摩何处为学生所不易领会，即于其处提出问题，令学生思之，思之而不得，则为讲明之。"提问是一门艺术，教师通过设计有效、高效的问题，可以让学生养成爱动脑的习惯，培养他们良好的思维品质。为此，那些在课堂教学中仍不注重提问，或盲目提问、随意提问的教师，应好好反思一下，并提高自身课堂问题设计的意识，学习一些课堂提问的技巧，让自己走出无效提问的误区。

（三）规避误区，让课堂提问更有效的策略

课堂上，教师的"问"是学生的指路明灯，能够引导学生走出知识的"迷宫"。有人说，没有成功的提问就没有教学的成功，提问使课堂生机勃勃、教学有声有色。那么，教师在教学中应如何提问，才能使课堂提问更有效呢？

1. 提问要明确目标

课堂提问要有明确的目标，即要有明确的出发点和针对性。出发点就是每节课的教学目的和要求；针对性就是围绕教学的重点和难点。一堂课可以设疑的地方有很多，教师不仅要设计出紧扣目标的关键性问题，而且还要把问题提准，使各教学环节组合成有机的整体。为此，教师要尽量了解学生的情况，研究学生的思维特点以及教材的需要，可用课前征集问题的方式来发现学生对新授知识的兴趣和疑点，从而使教师在设计课堂提问时能做到有的放矢。

2. 提问要切中要害

课堂提问要切中要害，要抓到点子上。总的来说，教师要抓住以下几个

着眼点：

（1）兴趣点

兴趣点，就是能够激发学生学习兴趣，促使学生积极思考、有效思维、快乐探究的知识点。兴趣是最好的老师。当学生对所学知识有兴趣时，学生才会积极思考。所以，教师要注意把握学生这一心理，站在学生的角度设身处地来设计问题，以引发学生的思考兴趣。

（2）关键点

关键点，是指对教材内容理解有重要作用或学生不易理解的某些词句和段落。抓住关键点提问，既可以化难为易，又可以打开学生的思路，往往还可以牵一发而动全身，这对学生理解教材内容有事半功倍的效果。所以，教师在设计问题时不能眉毛胡子一把抓，要抓住教材的关键点提问。

（3）模糊点

模糊点，即困惑点，主要是学生对一些知识认识不清的地方。由于学生思维能力的限制，他们对教材的理解往往比较片面，所以教师在教学中要及时捕捉学生认识上的模糊点，提问引思，以帮助学生理解知识。

（4）发散点

发散点，就是教材中能够引起学生发散性思维的知识点。在教学中，教师要充分挖掘教材，抓住教材中最能引起学生发散性思维的发散点设问，如对在新旧教材中变化较大的知识点设问等。

（5）矛盾点

矛盾点，就是在教材内容中看似“自相矛盾”的地方。在语文教学中，有些课文内容看起来似乎“自相矛盾”，其实这正是作者落墨的着力之处。教师在这些地方提问，往往可以引导学生把课文理解得更透彻。

3. 提问巧设阶梯

课堂提问要注意根据学生的思维特点，把握好度与序，即深浅要有度，层次先后要有序，或穷追不舍逐步逼近，或引而不发适可而止，从而达到理想的提问效果。

有的教师常埋怨学生“启而不发”，却很少反问自己是否“启不得法”。例如，某教师在提问时一连问了几个问题，但学生均答不出，该教师仍用同一水平层次同一叙述方式的提问去反复问学生，却没有反思一下，这一提问是否进入了学生思维的最近发展区，是否触及了知识与学生两个方面的情况。所以，为解决一个具有一定难度的问题，教师应事先设计一些适应不同思维层次的阶梯式提问，以备在教学中酌情选用。

4. 问题要有思考的价值

苏联教育家赞可夫说：“教师提出的问题，课堂内三五秒钟就有多数人‘刷’地举起手来，是不值得称道的。”提问要有思考的价值。如问学生“是不是”“好不好”“对不对”“能不能”等问题，学生对此齐答了事，根本没有动脑筋，这就失去了提问的价值，这种提问对教学毫无作用；而提问太难，则易造成“问而不答，启而不发”的尴尬局面，还会影响学生思维的积极性，以及学生的学习兴趣和信心。所以，教师要钻研教材，并针对学生的实际认知水平和思维能力，根据“思维最近发展区”原理找到问题的切入点，选择一个“最佳的智能高度”进行提问，使学生能够“跳一跳，够得着”。

5. 提问的频率要适度

一讲到底被认为是“填鸭式”教学，是不可取的，而频繁的提问却往往借着“讨论式”的幌子而被人们容忍。事实上，如果提问过多，教学的重点、难点就难以突出。

根据心理学的研究，学生的注意力和兴奋点不可能持续较长或很长时间，学生的注意力一节课只能集中在25～35分。所以，教师的提问次数应保持在一定的范围内。例如，教师应该把一节课中最需要揭示的问题精心设计成两三个问题，并设置一定的情景加以提问，让学生有兴趣地参与思考和讨论。

课堂提问既是一门科学，也是一门艺术，它是课堂教学的重要组成部分，是高效课堂的催化剂。有效的提问是提高课堂效率的重要手段，而问题的质量则直接影响着教学的效益。所以，教师要认真研究提问的艺术，规避“徒劳的提问”，要问到点子上，要让有效的提问成为课堂教学的一把利器，从而开启学生思维的闸门，促进课堂教学质量的提升。

误区17 丢西瓜捡芝麻

——教学抓不到重点和难点，讲课浮于表面

有只小猴子，他这一天的运气特别好。每次它往前走走，总能捡到一些好东西。可是，它始终认为前面有最好的，于是捡一样丢一样。最后一次，小猴子为了捡一粒芝麻，竟然放弃了上次捡到的西瓜。结果，回到家中，小猴子手里只剩下一粒芝麻。

小猴子捡了芝麻丢了西瓜的故事，每个教师都很熟悉。但是，对小猴子的行为付之一笑的教师可曾想到，自己在教学中是否也存在只喜欢捡“芝麻”，而对“西瓜”不屑一顾的误区呢？

事实上，在教学过程中，教师经常会有这样的体会：一堂课下来，教学内容虽然面面俱到，但却流于形式；教学形式虽然云里雾里，但却不知所云。究其原因，就是教师没有分清主次，对教学重点的把握有所偏颇，对教学难点的突破流于表面。

教学重点和难点就好比小猴子丢弃的西瓜，是教学的精髓，如何把握和处理它们决定着教学效果的好坏，反映着教师水平的高低。所以，教师在教学时一定要分清主次，不能丢弃重难点而去讲授那些无关紧要的枝节，否则就会喧宾夺主，得不偿失。

（一）摒弃崇拜，不要盲目跟着教参转

在教授小学一年级语文《风》一课时，某教师按照教学参考资料上所说的把教学难点定为“学生流利地朗读诗歌”，结果在课堂上闹出了笑话。

上课后，教师手执课本，开始悠然自得地带读。教师以为这样可以比较轻松地分散教学难点。但是，当教师第二遍读到“谁也没有看——见——过——风”时，突然有一位学生站起来说：“老师，我看见过风！”

“嗯？”教师吃了一惊，问：“你看见过——风？”

“我昨天看见的。”

“我也看见了。”又一个声音说。

“我也……”教室里一片嘈杂。

教师停留在成人的思维里，人一下子懵了，瞪着眼睛不满地说：“你们都看见了风？”

霎时，教室里小眼看着大眼，大眼看着小眼，好静！

过了一会儿，教师舒缓了口气，有意压低了自己的声音，故作和蔼地对第一个站起来的学生说：“小伟，你真的看见风了？”

“我昨天回家，看见风把塑料袋吹飞了。”小伟认真地回答着。

哦，原来是这样！教师紧绷的神经终于松懈了下来。

“我也看见了，风把灰尘吹得漫天都是。”

“我看见风把小树吹倒了。”

……

学生七嘴八舌，好不热闹。

“啊，你们看见的那不是风。”教师笑了。

“那是什么？”学生睁大眼睛不解地问。

“那是间接看见了风，实实在在的风是看不见的。”

“不是简洁（一个女同学的名字）一个人看见的，我们都看见了。”学生不依不饶，以为教师只是在表扬简洁一个人。

“我是说间接，不是简洁。”教师几乎有些愠怒。

“老师，间接是什么？”

“间接是……间接……就是‘不直接’的意思。”面对五六岁的学生，教师无法解释，语塞了。

“老师，我在《忍者神龟》里看见过风，直转直转的。”

“天气预报里的台风也转。”

“《忍者神龟》里的风、天气预报里的台风，那都是大人凭想象画出来的。”教师又气又急，突然提高了说话的语调。

学生们都被教师的突然转变吓住了，没有人再说话。

“唉，这个半道杀出的程咬金，耽误了我整堂课！”教师纳闷不已。

案例中的教师满以为“流利地朗读诗歌”是本节课的难点，谁知道一个“间接”，不仅把学生难住了，也把自己难住了。为什么教参上所说的难点，竟然在教学实践中变成了“间接”，而且是一个隐性难点？这位教师因为盲目地相信了教参，没有“吃透”学生，就想当然地以为学生有对“风”的体验，有一定的生活积淀，殊不知学生的视觉在“风”上错位，他们把想象当成了真实，结果教师让自己在学生面前出了洋相。

成人的世界与孩子的世界是不一样的。只有学生的难点，才是课堂教学的真正难点，而教案预设的难点只是教师的一相情愿。另外，如果把上好课的希望寄托在教参上，教师就会失去自己的个性，课堂也就失去了活力。学生才是学习的主人，教师不能一味地相信教参，而要从学生的实际情况出发，再加上自己的分析研究，最终确定教学难点，使教学变得高效。同理，教学重点的确定也应如此。

当前，一些教师因为缺乏重难点意识，不懂得教学需要把握重难点，即使知道，也是像案例中的老师一样盲目设计教学重难点，致使讲课浮于表面，教学效率低下。其教学误区主要表现在以下三个方面：

1. 照本宣科

有的教师以为上课就是处理教材，所以把教材当教案，照本宣科。上课时，这类教师有时会设问答环节，自己说教材的上半句，学生答教材的后半句；有时会设计问题让学生自学，但答案却完全出自于教材；甚至有时会一字不落地念教材、说教材。如此照本宣科，不知道挖掘、延伸、整合和加工教材，只把处理教材的表层知识作为全部教学任务，实际上是把用教材教等同于教教材，严重误解了教材与教学之间相辅相成的关系。

当然，照本宣科不是一点价值也没有，它适合快速处理教材的表层知识，而这也是课堂教学中不可或缺的一个环节。表层知识是深层知识的载体，有了表层知识才能对深层知识进行分析。

要改变照本宣科的弊端，教师只要改变一下时间观念即可。例如，在阅读教学中给双方以时间限定，快速阅读、快速圈点、快速筛选、快速处理。这样，无论是教师做还是学生做，都增加了难度和学习强度，这样教师就可以把剩余的时间用于对重点的挖掘、强化和对难点的破解。

2. 避重就轻

由于对教材理解不深，对教学重难点把握不准，或是责任心不强，一些教师在讲课时往往避重就轻。例如，简单知识大讲特讲，疑难知识避而不谈；学生会的大讲特讲，学生不会的能回避就回避；表层知识精细讲解，深层知识浅尝辄止或不去涉及；等等。如此讲课，不管教师讲得如何详细、如何周到，也不会对学生的学习有多大帮助，相反还会使学生感到厌倦，影响教师在学生心目中的威信。

3. 重难点不够突出

有的教师虽然在教学中设计了准确的重难点，但却犯了突出力度不够的毛病，达不到应有的教学效果。例如，追求面面俱到，不敢取舍，结果对重点失去了应有的重视；或重点太多，或难点太多，没有时间去突出或没有精力去突出；方法误用，如不该让学生自学的让自学、不该让学生讨论的让学生讨论、不用提问学生的提问了，等等；这样既浪费了时间，同时也让学生理解偏颇，对重难点把握不当。

所以，教学重难点是课堂教学的灵魂。如果一堂课没有了重难点，就等于一堂课没有了灵魂，没有了灵魂，课堂将不成为课堂，教学将不成为教学。要让课堂教学有效，教师就一定要抓住教学重难点。在确定教学重难点时，教师还要注意准确把握，不能盲目。因为教学重难点正确与否，直接决定着教学过程的意义。若不正确，教学过程就失去了意义；若不明确，教学过程就失去了方向。

（二）把握重难点，运用多种教学策略帮助学生突破

《爬山》是一篇富含哲理的文章，学生在学习时对其较难理解。在教学中，河南省新安县西关小学的陈霞老师把本课教学的重点确定为理解父亲的三段话，感受父亲的智慧，难点是感受青山的沉静。因为文章的最后一句话是概括全文中心的句子，所以陈老师便从这句话切入，紧紧抓住父亲的三段话，引导学生通过品读文本、结合实际、想象画面等形式层层剖析，深入理解。下面是陈老师教学《爬山》一课时的实录：

（抓住文眼，整体感知）

师：这次爬山，“我”最大的感受是什么？

生："从青山那里，我学到了沉静；从父亲身上，我学到了智慧。"

师：再读这句话，大家有什么问题吗？

生1：为什么说从青山那里，"我"学到了沉静？

生2："我"从父亲身上学到了什么智慧？

师：同学们提的问题非常有价值。我们先来看看"沉静"是什么意思？

生1：冷静。

生2：沉着。

师：山的"沉静"是什么意思？

生1：山的寂静。

生2：山的宁静。

师：说得不错，山的"沉静"就是指山的寂静、沉着、稳定，怪不得有一个词语叫"稳如泰山"。为什么说从青山那里"我"学到了沉静？又为什么说从父亲身上"我"学到了智慧呢？让我们走进文本，细细品味。

（潜心读文，深度理解）

师：下面请同学们自由读课文，边读边划出父亲所说的值得深思的话，想一想这是父亲在什么情况下说的？

（生读文，并划句子）

生："对于我们爱流汗的人来说，爬山是一件格外辛苦的事。别人爬山是为了征服山，我们爬山是为了征服自己。"

师：这段话是在什么情况下说的？

生：在上山时。

师：还有吗？

生："爬到山顶固然令人高兴，但爬山的过程更让人愉快。其实能不能爬到山顶并不重要，重要的是你是否尽了力。"

师：那么这句话是父亲在什么地方对"我"说的？

生：是在山顶上。

师：还有其他句子吗？

生："大自然的美景，不只是用眼睛去看，还要用耳朵去听，更要用心灵去体会，最后用你的大脑去思考。"

师：这段话是父亲在什么地方说的？

生：是在下山时说的。

（自我体会，理解第一段话）

师：同学们很好地找出了父亲所说的三段话，现在就让我们一起来开始理解第一段话。

（师出示：“对于我们爱流汗的人来说，爬山是一件格外辛苦的事。别人爬山是为了征服山，我们爬山是为了征服自己。”）

师：读一读，说说这段话中的哪个词让你感受最深？

生1：征服。

生2：征服自己。

师：“征服”可以换成什么词？

生1：可以换成“克服”。

生2：战胜。

生3：打倒。

师：“征服山”是什么意思？

生1：就是爬上山。

生2：登上山顶，把山踩在脚底下。

师：征服自己呢？

生1：努力去做一件事。

生2：就是克服困难。

师：读读第二至第四自然段，划出描写我和父亲爬山时的样子的词句，想象一下我和父亲在爬山时会遇到哪些困难？

生：不知不觉已浑身是汗。

师：谈谈自己的理解。

生：太阳刚出来，我和父亲就出汗了。

师：这时可能遇到什么困难？

生：太热了，不想爬了。

师：刚走了这么一会儿，你就出汗了，山那么高，你能爬上去吗？别爬了吧？

生：不行，我相信我能爬上去。

师：真是有信心的孩子，这就叫做征服自己。你还划出了哪些词句？

生：“父亲一面说着，一面脱掉湿透了的外衣。”我体会到他们很热。

师：是啊，把外衣都湿透了，太热了，别爬了吧？

生：不行，我一定要坚持爬到山顶。

师：真是有毅力的孩子，这就叫做征服自己。还有其他句子吗？

生："阳光越来越强烈，汗水越来越多。"

师：这时，我们会遇到什么困难？

生：我们会很热，很渴，累得筋疲力尽。

师：既然你们又累又热，就坐下来休息一下吧，别爬了。

生：不行，我一定要坚持。

师：坚持到底，说得真好。这就是征服自己。现在谁来说说"征服自己"是什么意思？

生1：就是要做一个有信心的人。

生2：就是要做一个有毅力、能够坚持到底的人。

师：说得很好。只是在爬山时征服自己吗？

生1：做任何一件事都要征服自己。

生2：不论做任何事，遇到什么困难都要有信心，要坚持下去，克服困难。

师：非常棒，这就是"我"从父亲身上学到的智慧。

（生齐读父亲的话）

（联系实际，理解第二段话）

师：读一读这段话，看看父亲要告诉我们什么？

（师出示："爬到山顶固然令人高兴，但是爬山的过程更让人愉快。其实能不能爬到山顶并不重要，重要的是你是否尽了力。"）

生：父亲要告诉我们做什么事都要尽力。

师：什么是尽力？

生1：尽力就是竭尽全力。

生2：尽自己最大的努力去做。

生3：想尽一切办法去做。

师：文中的"我"尽力了吗？你从哪里能看出来？

生："'就像这次数学考试，我虽然只考了61分，不过我已尽了力，所以就没关系，对不对？'我自以为是地说。"从"自以为是"这个词中可以看出"我"没有尽力。

师：什么是"自以为是"？

生1：自己认为自己是对的。

生2：自认为自己尽了力，实际上没有尽力。

师：谁能自以为是地读读“我”说的话？

（生读）

师：你还从哪里看出“我”没有尽力？

生：“我听了以后，脸就像煮熟的虾一样红，赶紧低下头来。”从这句话中可看出，“我”当时很惭愧。

师：“我”为什么惭愧？

生：因为“我”没尽力被父亲看出来了。

师：“我”被父亲看出来了，在文中有一个词就是——

生：洞穿人心。

师：在平时的学习或生活中，你有没有尽力去做不管结果如何的事情？

生：平时我做作业时，遇到难题连想都不想就跳过去了，等着妈妈或老师讲了再做，自己没有尽力。

生：一次做手抄报，我没到半个小时就做完了，结果被老师批评，我觉得自己没有尽力。

师：以后应该怎么做？

生：尽力去做。

师：刚才大家谈的都是自己没有尽力的事，有没有尽了力的事？

生：一次，我的书包带断了，我想自己的事情自己做，不想再麻烦妈妈。但是，无论我怎样缝，书包带就是缝不好。不过，我真的尽力了。

师：无论好不好看，只要尽力就行了。

生：一次，我帮爷爷提一桶炭到楼上，结果我用了很大的力气也没提动，后来还是爷爷提上楼去的。不过，我真的尽力了。

师：只要尽力就可以了，我想爷爷一定不会怪你的。无论做什么事，不论结果，关键是自己是否尽力了。这就是“我”从父亲身上学到的智慧。

师：谁再来读读这段话？

（生读）

师：谁来评价一下？

生：我觉得他读得太快了。

师：他应当怎样读？为什么？

生：他应当读得慢一点，因为文中说父亲是“慢条斯理地说”。

师：“慢条斯理”是什么意思？

生：说话或做事慢慢悠悠，不慌不忙。

师：谁来慢条斯理地读一读？

（生再读）

（学生想象画面，理解第三段话）

（师提示：“大自然的美景，不只是用眼睛去看，还要用耳朵去听，更要用心灵去体会，最后用你的脑袋去思考。”）

师：要下山了，父亲要“我”怎么做？

生：父亲让“我”躺在山林中的草地上静静地倾听。

师：现在，请大家闭上眼睛。此时，你已躺在山林中的草地上，用你的耳朵去听，用心去体会，看你能听到什么。

（生闭眼想象）

生1：我仿佛听到了小鸟在枝头唧唧喳喳地叫着，歌声真好听。

生2：我仿佛听到了风吹树叶的沙沙声。

生3：我仿佛听到了蝉在树上不停地鸣叫，好像在唱着春天的赞歌。

师：蝉在夏天出现，它在唱着夏天的赞歌。

……

师：文中是怎么说的？

生：“我仿佛听到了微风的吹拂声、鸟鸣声、蛙叫声和清脆的蝉声……”

师：此时，同学们知道作者为什么说从青山那里学到了沉静了吗？

（生沉默）

师：同学们，如果青山像繁华的都市一样喧闹，我们能听到这些细微美妙的声音吗？

生：不能。

师：是啊，青山以它博大的胸怀和沉静的品格容纳了万物，容纳了千万种美妙的声音。而“我”怎样才能听到这种声音呢？

生：“我”只有像青山一样沉静下来，才能听到这些声音，并欣赏到大自然的美景。

师：所以，作者在最后说——

生：“从青山那里，我学到了沉静。”

师：所以父亲说——

生（齐读）：“大自然的美景，不只是用眼睛去看，还要用耳朵去听，更要用心灵去体会，最后用你的脑袋去思考。”

师：谁来谈谈从父亲的话中知道了什么？

生：要欣赏大自然的美景就要用眼睛去看，还要用耳朵去听，更要用心灵去体会，最后用你的脑袋去思考。

师：这就叫做全身心地投入。只是欣赏美景要投入吗？

生：无论做什么事情都要全身心地投入。

师：具体说说，做什么事要投入？

生1：读书要投入。

生2：做作业要投入。

生3：画画要投入。

……

师：包括我们现在的听课也要投入，谁能投入地读读父亲的话？

（生齐读）

师：这就是父亲给予“我”的智慧。

师：现在，你知道从父亲身上，“我”学到什么智慧了吗？

生1：做事要有克服困难的信心，要征服自己。

生2：做事要尽力而为，结果并不重要。

生3：无论做什么事都要全身心地投入，沉静下来，才会有所收获。

教师是教学过程的引导者和组织者。在教学中，教师应创造性地理解和使用教材，积极开发课程资源，灵活运用多种教学策略，让学生充分与文本对话，与生活对话，并根据自己的独特感受、体验和理解，与教师一起突破教学中的重点和难点。

在《爬山》一课中，陈老师以学生为本，运用多种教学手段帮助学生较好地把握了“父亲的三段话”这个重点，以及“青山的沉静”这个难点。开始，陈老师抓住文章的中心句，并提炼出“沉静”与“智慧”这两个词，使学生初步感受到了文本的重难点。接着，陈老师让学生通过读书找出父亲的三段话，这就使学生找到了解决重难点的突破口。随后，陈老师又利用学生自我体会情境、联系实际、想象画面等教学手段，让学生由浅入深地逐步领悟父亲三段话的内涵。与此同时，学生在整体理解父亲三段话的基础上，经过陈老师的引导水到渠成地突破了“青山的沉静”这个难点。

把握教学重难点，是关乎一节课成败的关键因素。教师只有明确把握每一堂课的教学重难点，对教材有充分的理解，才能在教学中游刃有余；学生只有明确认识每一堂课的教学重难点，才能在教师的指导下与文本对话，自主、合作、探究地理解、分析、研究重难点，进而突破重难点。这样，“教”和“学”才有所值，才有意义。所以，教师一定要在牢牢把握好一堂课的重难点的基础上展开教学，进而注重方法引导，层层深入，收放有度，帮助学生成功突破重难点，使教学取得高效。

（三）规避误区，有效把握教学重难点的策略

教学重难点是课堂教学的核心，它可以由一个点引出一条线，甚至一个面。伴随着它的一步步解决，整个教学过程将会顺利进行，最终使教学目标得以实现。那么，教师如何有效地把握教学重难点呢?

1. 吃透课标

课堂教学过程是为了实现目标而展开的，确定教学重点、难点是为了进一步明确教学目标，以便在教学过程中突出重点，突破难点，更好地为实现教学目标服务。因此，确定教学重难点首先要吃透课程标准，只有明确了这堂课完整的知识体系框架和教学目标，并把课程标准、教材和教师参考书整合起来，才能科学地确定静态的教学重难点。

2. 吃透教材

教学离不开教材，确定教学重难点同样离不开教材，为此，教师要认真钻研教材，要能吃透教材。教师应建立整体教材观，以教材本身为依据，抓住各章节的重点和难点，在备课时既能根据知识的特点，又能根据学生认识事物的规律，精心设计，巧妙安排，以取得事半功倍的效果。

3. 调查学情

以学生为本，把握好重难点是实现有效教学的前提。若课前不进行学情调查，不了解学生的难处，教师便很难做到因材施教、对症下药，只有真正急学生之所急，才能使教学更加具有针对性。教学重难点的确定不仅要依据教学目标、教材等，还要依据学生实际，尤其是针对学生的学习过程而言的。因此，教师要通过学情调查了解学生的现有水平以及他们在学习新知时

容易出现的困难，以便把握好教学重难点。

教师应注意，在教学过程中各种因素会不断变化，已确定的教学重难点不可能完全适应这些变化。例如，当原来确定的难点对于绝大多数学生来说并非难以理解时，教师就不必再在这个问题上花过多的时间和精力；当学生提出了教师事先未估计到的疑难问题，又需要在课堂上讲请楚时，教师就要把这些地方当做新的教学难点。

4. 注重实效

教学重难点的设计应抓住对学生有较大应用价值和实际意义的内容。如果重难点的内容对于学生现在和以后的学习、工作、生活都较实用，学生便会对这些内容特别重视。所以，教师在讲授重难点时，要善于联系实际，并加以适当的发挥。

5. 善于联系

在讲解重难点时，教师要善于联系各知识点，以提高学生的思维能力，拓宽学生的视野，从而有效地提高教学和学习效果。

（1）以旧知联系新知

知识和知识之间有着各种各样的联系，如旧里蕴新、新可化旧等，只有让学生认识知识之间的联系，才能使他们深刻理解知识，并将新旧知识融会贯通。旧知识是新知识的生长点，也是新知识的稳固点。在教学中，教师要着眼于教学内容的纵横联系，注意教学内容的整体与局部、前与后、因与果的衔接与递进，在联系中将旧知识与新知识融为一体。

（2）联系生活实际

在教学中，教师要联系丰富多彩的生活实际，将时代的气息引入课堂，以增加学生的体验，提高学生的学习兴趣。

（3）联系自己的学习经验与感悟

教学既是教与学的传导过程，也是师生双向交流沟通的过程。在教学中，教师若能联系自己的学习经验与感悟，适时地向学生介绍一些自己化解重难点的做法和体会，必能拉近师生之间的情感距离，使学生看得真切、悟得透彻、听得有味、学得有趣，从而有效地提高教学和学习效果。此外，教师还要注意不能盲目联系，要紧紧围绕重难点展开。

6. 精心设计课堂练习

精心设计课堂练习是落实教学重难点的重要保证，因为学生是通过练习来进一步理解和巩固知识的。同时，学生也必须通过练习才能把知识转化成技能和技巧，从而提高综合运用知识的能力。

精心设计课堂练习，关键在于“精”。精，就是指在新课上设计的练习要突出重难点。围绕重难点，教师要设计情境新颖、有针对性的探究问题。另外，问题设计还要注意层次性，如学生通过练习应掌握自己会做什么，到什么水平；理解什么，到什么层次。这样，才便于学生进行自我检查，确认自己是否达到标准，以此来调整自己的学习。

另一面，课堂教学要讲究分散重点、突破难点。教学重点要分散，既要让学生易于接受，又要减轻学生的负担；教学难点要分析落差的距离，搭建合适的台阶。这正是教学的艺术性之所在。

古人云：“点睛即飞去。”画龙点睛，龙即腾空而起。在教学的诸多环节中，重难点就是一堂课的“眼睛”，把它抓住了，便可以使教学获得事半功倍的效果。所以，无论在教学方案的设计上，还是在教学方式的选择上，教师都要在充分体现以学生为本的前提下，紧紧围绕教学重难点来展开教学。同时，教师在讲解重难点时，还要做到有的放矢，授之以渔。唯有如此，实现有效教学才不会成为一句空话。

误区18 不苟言笑

——缺少幽默，不会调动情绪

王老师好久没来打球了。今天他一来，孙老师就问："王老师，怎么好长时间没看见你啊?"

"别提了，我被'双规'了!"王老师一脸严肃地说。

孙老师吓了一跳，问："啊? 怎么回事儿?"

王老师一笑，说："哈哈，我媳妇找我谈话喽，宣布我必须在规定时间、规定地点接儿子放学。"

众人听完哈哈大笑，活动室气氛一下子变得轻松而融洽。

生活过于严肃，难免太沉重；生活充满幽默，就会轻松快乐，迎来一片光明。故事中，王老师的幽默诙谐给大家带来了快乐。生活离不开幽默，人人都应该有幽默的心态。同样，教育也离不开幽默，课堂需要幽默，教师还要懂幽默、会幽默，这样课堂教学才会充满活力。

虽然国家现在在大力提倡素质教育，但是一些教师仍然沿袭着传统的教学方式。这些教师一上讲台，就板着脸，说话一本正经，还常常要求学生听讲要正襟危坐，表达要中规中矩，使得学生上课紧张，不敢乱动。如果学生乱动，就要受到教师的责罚。在这样的课堂上，学生被迫学习，没有学习乐趣可言，更不用说学习积极主动了。

随着应试教育向素质教育的逐步转变，在教学中如何唤起学生的学习情感，把学生的注意力引导到教学目标的实施上来，已成为教学改革的一个重要课题。同时，教学不仅要让学生学会、会学，而且要让学生乐学，这也成了当前摆在教师面前的最高要求。要达到这两个目标，传统教学方式显然难以肩负使命，这就需要教师寻求多种多样的现代教学途径。其中，幽默不失为一条重要的途径。

（一）讲台上不需要一脸严肃

张老师是一名历史老师，自从易老师离开学校后，张老师就开始兼任易老师原来所教班级的历史课。

学生曾经都喜欢上历史课，其实他们是喜欢易老师。易老师上课风趣幽默，他总能用幽默诙谐的语言为学生营造一个轻松愉快的课堂氛围，让学生在学习中享受快乐，在快乐中享受学习。

但是现在，学生开始恐惧上历史课了。每当学生们看到课程表上的下一节课就是历史课，他们就会犯愁。其实，学生是恐惧张老师给他们上历史课。

张老师的教学很传统，他深信“严师出高徒”的古训，所以上课时总是一脸严肃，不苟言笑。他上课只做一件事，就是不断地换眼镜。

张老师有两副眼镜，一副是近视镜，一副是老花镜。他讲读课本的时候，就戴近视镜。他一旦戴上近视镜后，就不轻易抬头。有时，学生不认真听讲，在课堂上吵闹得太厉害了，张老师就换上老花镜，抬起头，板着脸，敲着桌子大吼：“闭嘴，吵什么吵！”接着，他还会把做小动作的学生拉到讲台上进行批评教育。

对于张老师的这种教学方式，学生们常常无法接受，但又怕张老师责罚。于是，他们只好战战兢兢地低头煎熬着。

听着张老师“一丝不苟”的讲课，学生想念起了离校的易老师，他们好想让易老师回来继续上课。

案例中，易老师深受学生的喜欢，而张老师却让学生恐惧，主要原因是易老师懂幽默，能够让学生在学习中享受乐趣，使学生身心放松；而张老师则深受古训的影响，放不下所谓的师道尊严，只知道严格就是对学生负责，严肃才能树立威信，过于强调教师的重要性，而忽视了学生的主体性。可见，教师在课堂上如果缺乏幽默，总是板着脸，学生就很难积极配合教师。

据调查，一名小学生曾经在“我来当校长”的征文中，这样坦陈心曲：

“让那些终日板着面孔、永远不苟言笑的老师下课!”学生竟然让一脸严肃的教师下课，这无不说明这样的教师有多么伤学生的心，又多么令学生讨厌。

也许有的教师是怕知识点讲不完，所以故作严肃；也许有的教师认为，为人师者，传道授业解惑乃是根本，不能和学生打成一片。而教学是一个双边活动，需要师生双方配合，同时，教学还需要教师为学生创造一个快乐、有趣的课堂环境，因为只有在这样的环境中学生才能轻松、快乐，他们的学习才能有所收获。所以，教师要善于运用幽默，让学生在轻松愉快的氛围中掌握知识，从而有效地实现教学目的。

（二）寓教于幽默，促使学生爱学、乐学

在福建省莆田市西厝中学宋金波教师的课上，其课堂气氛始终是活跃、积极的，究其原因是宋老师善于使用教学幽默艺术。在宋老师的幽默中，学生既享受到了快乐，又学到了知识及做人的道理。

有一次，一位同事出去培训，宋老师代课。临行前，同事在告诉了宋老师教学进度后，还特地交代：“这班学生难教，你要多留神。”

虽然是代课，但宋老师绝不敷衍。宋老师提醒自己，要给学生留下良好的第一印象。于是，宋老师花了很长的时间备课，并且在上课前还特地刮须理发，让自己的形象在学生面前更好一些。

当宋老师走进教室时，“哇”声伴着掌声响了起来。宋老师环顾教室，看到不少学生衣着时尚，发式时髦，几乎每张课桌上都贴着他们喜欢的明星，宋老师便做着跨栏的动作，自比说：“老师够帅吧！像不像刘翔?”

“哈哈，太瘦，像竹竿!”一个男同学大声说道。

全班一时安静了下来。

“我这身材让女同胞羡慕，不叫竹竿，叫‘苗条’。”说完，宋老师故意扭扭腰。

看着宋老师搞笑的动作，学生们大笑。

宋老师并没有为搞笑而搞笑，他引导着学生说：“我所说的‘老师像刘翔’本体喻体是同类，表比较，不是比喻句。这位同学懂得使用比喻很好。请大家再尽情欣赏，看‘俺’身上还有什么亮点?”

“你的脖子细长，像长颈鹿。”另一名学生毫不客气地又给了宋老师一个

雅称。

“脖子长显得高贵，天鹅不就是如此吗?”说完，宋老师来了个天鹅舞的动作，“还有什么好比喻，尽管说出来，别怕老师受不了。”

“看你那么多白发，都成白头翁了。”

又是一阵笑声。

“厉害，前两位同学用明喻，你还用了暗喻。不过，我觉得将‘白头翁’改为‘白顶鹤’更好。老师站在这里，可谓鹤立——”

“鸡群!”学生随口说出。

宋老师连忙转移话题：“有必要提醒大家，老师这白发是让粉笔尘染白的，我可是位年轻的老教师哦。给你们上课，欢迎吗?”

“欢迎!”

“衷心感谢同学们给了老师信心，我会认真上好每一堂课。今天我们就一起来学习《出师表》。”

接着，宋老师转身板书，然而却听见了学生有节奏地敲打桌子的声音。宋老师心想：“通过课前交流，我自信已拉近了与学生的距离，学生会很好地配合我……我是不是该批评一下?”但是，宋老师马上又否定了自己：“不，那样岂不前功尽弃，风度扫地。况且，若喝问一通，再数落一顿，教育效果也未必见好，还是幽默处理。”

于是，宋老师幽默地说：“李宇春唱歌需要伴奏，老师板书可不需要。”

伴随着大家的笑声，敲击声悄然隐去。

宋老师正庆幸自己教育方法得当时，不知哪个学生又大声甩出了一个问题：“老师，那你也给我们来一首。”

宋老师转过身，发现学生们都瞪大眼睛看着自己。

“怎么办?唱还是不唱?这样下去，这节课的任务怎么办?”宋老师灵机一动，“不如就抓住这个契机，以音乐导入，还可以与学生多沟通、多交流，效果应该不错。”

于是，宋老师开始轻唱：“滚滚长江东逝水，浪花淘尽英雄。是非成败转头空。青山依旧在，几度夕阳红……”一曲唱完，学生掌声不息。

宋老师走下讲台，摆出一幅歌星的架子说：“谢谢同学们热情的掌声，谢谢!只是老师觉得好像还少了点什么。”

“什么?”学生们异口同声地问道。

“歌星唱完后常有人送花哟，今天大家没准备吧？”

学生们摇摇头。

“那这样，你们回答好我的问题，算是给老师的大红花。好不好？”

“好！”

“一首歌就是一首诗，音乐与文学是难以分割的。同学们爱好音乐，没理由不喜欢语文，没理由不欢迎语文老师。刚才我唱的是《三国演义》的开篇词。请问，《三国演义》中你最佩服的人是谁？为什么？”

学生的答案五花八门，但多数学生回答是诸葛亮，而这节课要学的文章正是诸葛亮所写。终于，宋老师借机进入“正题”。

但是，又有学生打断了宋老师的话：“老师，为什么课本彩图写的是《前出师表》？”

“好！这位同学认真看了课本彩图，还找出了问题。问得好！”宋老师表扬道，“谁能回答？可以猜测。”

“是不是还有《后出师表》？”一位女生低声说道。

“Good!”宋老师跷起大拇指，“看来咱们班诸葛亮多着呢。”

对课文稍加分析后，宋老师问道：“这样写，妥当还是不妥当？”

学生们议论纷纷，已经开始专心投入到学习中了。

之后，教学进程较顺利，但偶尔还有个别学生分心。

突然，有一个学生扭转身子面朝窗外。宋老师又该出手了。

“对面的男孩看过来……”唱完，宋老师对那个学生说，“你可是‘身在曹营心在汉’啊。老师可要‘怒发冲冠’了。”这下，全班学生的注意力又都集中起来了。

借“怒发冲冠”这个词，宋老师趁机对学生进行了“星”教育：“‘怒发冲冠’是岳飞所写《满江红》的首句，《满江红》也是首好听的歌。歌手李玟得知这首歌是岳飞所写，她很兴奋地说要请岳飞帮她写歌——李玟误认为岳飞是现代人了。（学生大笑）可见，明星同样需要学习文化知识，不然会闹笑话的。”

稍稍停顿，宋老师又说：“大家都知道‘今天下三分’是分为魏、蜀、吴三国，可扬名海外的蔡依林在接受采访时，竟不知三国是哪三国。之前，她曾把成语‘牛刀小试’说成‘小刀一试’。还有超女李宇春，她在唱英文歌《Zombie》时竟然面带微笑，蹦蹦跳跳，可这首歌讲述的是两个小孩子被炸弹炸死的悲惨故事。可见，她不懂这首歌的内涵。”

听着宋老师幽默的讲述，学生不时发笑，不时若有所思。

宋老师趁热打铁：“大家说起歌星的生辰、星座、服装品牌、兴趣爱好时如数家珍，这说明大家的记忆力强。明星的存在丰富了大家的生活，追星并非不可取，但要注意一个度，不要只关注娱乐圈那些昙花一现的‘流星’，而忽视了社会上其他光彩耀目的‘恒星’。媒体曾报道，在国内某机场著名物理学家杨振宁和一歌星同下飞机，歌星立即受到了少男少女们的热烈追捧，送鲜花的人络绎不绝，大家可知道杨振宁教授有没有人围着?”

“没有!”学生们齐声回答。

“错！有一个!”宋老师接着说，“这个人走到杨振宁跟前，问道：‘你是唱什么歌的?’呜呼哀哉！人们对这位诺贝尔奖获得者竟一无所知。我们这一泱泱大国，至今仍无人获得诺贝尔奖。同学们，希望在你们身上啊!”

学生们又笑。宋老师正色道：“别笑。思维活跃有创见，乐观开朗富个性，这是我们班学生的优点。老师对你们有信心！希望我们共同珍惜美好时光，以科学明星为榜样，从现在做起，好好学习，天天向上!”

在接下来的时间里，大家听讲专心，发言踊跃。

教育家斯维特洛夫说：“教育家最主要的，也是第一位的助手，就是幽默。”案例中的宋老师运用富有哲理和情趣的教学幽默，深深感染和吸引着学生，让一群难教的孩子爱上了学习，并乐于学习，这充分说明一个教师懂得幽默有多么重要。

教师的幽默能给学生带来欢笑、带来理解、带来信心，幽默是融洽师生关系的润滑剂，是教师赢得学生喜爱、信赖和敬佩的重要条件。具体来说，教师的幽默在课堂教学中所起的作用主要体现在以下五个方面：

1. 可以拉近师生之间的距离

在人与人的交往中，幽默可以起到缓解人与人之间紧张关系的作用。它可以冰释误会、释解责难、和缓气氛、淡化矛盾、减轻焦躁，师生之间和谐关系的建立离不开幽默。幽默是师生关系的润滑剂，因为教学的适度幽默既不损伤教师个人的尊严，也不会伤害学生的自尊心，亲切的笑声，即使是片刻即逝的笑声，也能填平人们的地位或看法之间的鸿沟。

2. 可以激发学生的学习兴趣

在教学中，教师恰当使用诙谐幽默的语言，可以为学生创设出一种风趣动人的课堂情境，有利于驱除学生的学习疲劳，激发学生的学习兴趣，甚至还会收到令人忍俊不禁、余韵隽永的艺术效果。例如，于漪老师在讲《拿来主义》时，当讲到“放火烧光”的第二种人时，于老师说：“嗳！算是保全了自己的清白，‘左’得可爱！”这种时空错位、以今说古的讲法，不仅为学生创设了生动活泼的课堂情境，而且还激发了学生的学习兴趣，扩大了学生的知识容量。

3. 可以清新教学“空气”

有时课堂气氛沉闷，使学生犹如喝着白开水，平淡无味；有时学生连上几节课，已经十分疲惫，可老师讲课犹如唱催眠曲，使学生昏昏欲睡……在这种状况下，假如教师给学生一点微笑、讲一则笑话、搞一点幽默，那课堂一定会像洒了空气清新剂一样，立刻变得新鲜、活跃，同时也给学生的大脑洗了一个“澡”，让学生马上神清气爽，积极地投入到学习中。

4. 可以举重若轻地传授知识

有些教师常常感到概念和理论知识讲起来比较枯燥、抽象，实际上，只要教师具有幽默感，做到“雅俗结合”，巧妙运用风趣幽默的语言和与众不同的思维，就能将繁重沉闷化为轻松活跃，将繁杂化为简洁，将单薄变为丰富。

5. 可以陶冶学生的情操

老舍先生说过：“嬉皮笑脸并非幽默，幽默具有高雅性，它是人们高尚情操和完美人格的外显。”教师如果能恰到好处地运用幽默的语言对学生进行教育，效果必定胜过空洞的说教。

教师的幽默具有很强的情绪感染力，它可以有效地活跃课堂气氛，使学生精神振奋、情绪活跃。在这种愉快、欢乐的课堂气氛中，学生会受到教师情绪的感染；师生之间的交流不仅能变得畅通无阻，而且教师的才干、学识、教学技能也很容易转化为学生的智慧。

列宁说：“幽默是一种美丽的、健康的品质。”幽默是一种艺术，是一种情趣。没有幽默感的教师，则是一尊雕像；没有幽默的生活，则是一潭死水。每一位教师都应从教学内容和教学情境等方面去寻求契机，恰当把握和运用好幽默艺术，并将课堂上的情趣和理趣有机结合，让每一位学生都能在轻松、愉快的氛围中学习，真正让幽默艺术散发出熠熠光辉。

（三）规避误区，让课堂充满幽默的策略

据中外教育调查显示，未来最受学生欢迎的教师类型中，富有幽默感的教师居首位，可见富有幽默感是教师不可或缺的必备素质之一。也许有些教师认为幽默是一种本领，并不是每个人天生就有的。其实不然，只要教师能够认识到幽默的重要性，再加以培养，那么每一位教师都可以成为一位具有幽默感的教师。那么，教师应如何培养自己的幽默感，并运用幽默智慧让课堂充满欢乐的氛围呢？

1. 乐观向上

一个人如果能够积极乐观地面对现实，那么他肯定也是一个具有幽默感的人，因为幽默是一个人积极心态的反映。有了乐观向上的心态，教师才能感染学生。为此，教师要陶冶情操，乐观对待现实，为培养幽默感奠定基础。

2. 扩大知识面

幽默是智慧的体现，它必须建立在丰富知识的基础上。作为教师，只有具备了广博的知识，才能做到妙语成趣。要扩大知识面、增强幽默感，教师可以读一些中外幽默小品、名人趣事、歇后语等；可以试着调动起自己所看到的、听到的、读到的一切材料，或取其一点，或相反相成，或望文生义，加以联系、比较、生发……如此日积月累，教师肯定会创设出一语惊人的幽默。

3. 服务于教学

教学中运用幽默，不论是为了什么目的都要服务于教学。教师运用幽默，要适应教学的需要，不能为了幽默而幽默。如果教师只追求幽默效果，离开了教学计划和重点，东拉西扯，也许会逗得学生满堂大笑，使学生听得津津有味，但却会分散学生对教学内容的注意力，减少课堂上知识传授的容量和密度，不免给人以哗众取宠之嫌、喧宾夺主之感。

4. 注意挖掘教材中的幽默元素

教学中的幽默是为教学服务的，离开教学内容，幽默就失去了意义。而教材是知识的浓缩，其中缺少幽默的元素，这就需要教师充分挖掘教材中的幽默因素，设计富有幽默色彩的教学方法，使学生在愉悦的气氛中获取知

识、发展能力。

5. 亦庄亦谐

与相声、戏剧、电影、电视中的幽默不一样，课堂上的幽默是一种亦庄亦谐的幽默。“庄”是指教师教学内容的科学性和严肃性，“谐”是指教学形式和方法上的趣味性。没有庄重，幽默就会失去基本内涵；没有诙谐，庄重就会缺乏生动有趣的表现形式。只“庄”不“谐”会让人感觉呆板，而只“谐”不“庄”又显得滑稽，只有“亦庄亦谐”方得幽默之妙处。为此，教师要掌握“亦庄亦谐”的幽默艺术。

(1) 说笑话

教师在教学过程中，可以适时恰当地说一些富有哲理性、知识性和情趣性的笑话。在教学中，教师巧妙地穿插一些笑话，不仅可以起到弦外有音、引人深思的作用，而且有利于育人品德、沟通师生情感。

(2) 引典故

中国历史上有许多典故，这些典故大部分都有一定的教育意义。同时，这些典故中还包含着许多诙谐幽默的笑话故事。所以，教师要注意古为今用，通过引用典故帮助学生进一步理解所传授的知识，并向学生暗示事理、传递情感、愉悦课堂。

(3) 插入名人趣事或歇后语

在教育学生时，教师不能生搬硬套地向学生讲述其中的道理，应联系实际渗透一些名人趣事或歇后语。这种教育方式，既可以引发学生会心的笑，又不失教学的严肃；既能使学生开启心智，又能让学生在思想深处留下深刻的教育痕迹。

(4) 说话含蓄

含蓄是一种美，是教学语言艺术中的内涵，任何一种有效的教学都离不开含蓄性的语言艺术。在教学过程中，教师叙事说理可以不把话说尽，留给学生思考的余地；可以说古论今，让话里有话、弦外有音，使学生回味无穷；可以绕着弯子设问，以激起学生情感上的波澜和思想的飞跃，让学生在情感与理智结合处得知识、明事理、受教益；可以委婉、曲折、亲切地说教，使学生感到有一种快感、美感和亲切感，从而使教与学双方关系融洽、情感相通、和谐自然。

(5) 自我解嘲

在教学中，教师难免会出现这样或那样的纰漏，引学生发笑。这时，教师若直言批评学生，反显得不够大度，若不闻不问，也不是关心学生成长的正确处理方式，“自我解嘲”则不失为既显示教师机敏风趣，又使学生受到一定教育的良方。例如，当板书上出现了错词时，教师可以采用集体找错的方式改正错误。事后，教师可以这样说：“这是老师的马虎，却让你们改正了过来，老师真不好意思，以后一定改正。”这样，学生也会注意自己平时要少犯错误。

6. 使用适当

幽默是一种美的教学艺术形式，但它的美在于使用适当。适当表现在量与质两个方面。量，就是要注意频率；质，就是要注意品质。

教师在课堂上运用幽默要适量。一堂课中，幽默并不是越多越好。运用太多，会导致课堂气氛活泼有余，严肃不足，从而影响教学任务的完成和教学质量的提高。

教师的幽默还要注意品质。教师的幽默必须是脱离低级趣味的幽默，不是单纯为逗乐而幽默，不是过分的玩笑，而是具有较高的审美价值和教育价值的幽默。另外，教师的幽默不能伤害学生的人格和自尊。拿学生开玩笑、用幽默嘲笑学生，这不仅有损教师的德行，也有伤学生的自尊，容易使学生产生抵触情绪，从而影响教学的正常发展。

综上所述，教师在讲课时如果能运用一个生动形象的比喻营造幽默，有如画龙点睛，能为学生开启智慧之门；运用一个恰如其分的情境营造幽默，如斟一杯清新的甘泉，可让学生浅斟细酌，回味无穷；运用一个富有哲理的警句营造幽默，能给学生以启迪和警醒……在这种课堂氛围中，学生心情愉快，乐于学习，真正把课堂当成精神乐园。所以，教师要挖掘各种幽默素材，在教学中合理使用幽默，让教学幽默真正为教学目的服务。这样，课堂教学就会焕然一新，学生在学习中就会显现出生命的活力。

误区 19

把握不好切入点

——不会导入，输在起跑线上

李渔是清朝非常有名的文学家、戏剧家，当时有许多求学者常常慕名拜访他，向他讨教写文章的方法和技巧。一天，又有一位拜访者求教李渔如何写好文章。李渔告诉他开头最为重要，并且说："开卷之初，当以奇句夺目，使之一见而惊，不敢弃去。"同时，李渔还热情地告诉拜访者写正文和结尾的一些方法。

在拜访者临走时，李渔再次叮嘱他一定要注意把文章开头写好。

后来，拜访者按照李渔传授的方法去做，写作水平果然有了很大提高。

对写文章而言，写好开头非常重要。文章的开头新颖生动，不仅能给读者耳目一新的感觉，而且还能激发读者的阅读兴趣。写文章有如此要求，作为课堂教学的首要环节——导入，又何尝不是这样?

课堂导入是教师在一项新的教学内容或教学活动开始前，引导学生做好心理准备和认知准备，并让学生明确学习目标、学习内容以及学习方式的一种教学行为。

课堂导入成功与否，直接关系到整堂课的教学质量。精彩的课堂导入，能抓住学生的心理，立疑激趣，促使学生情绪高涨，有助于整堂课教学的成功。现在，课堂导入在整个教学过程中的作用越来越明显，已引起了广大教师的普遍重视。但是，由于认识片面、方法不当等原因，一些教师在进行课堂导入时往往对切入点把握不足，存在着一些误区。例如，教师自顾自话，忽视学生；牵强附会，离题万里；夸夸其谈，喧宾夺主；等等。结果，导入环节与教学各个环节严重脱节，致使课堂教学效率低下。

俗话说："良好的开端是成功的一半。"课堂导入技能是教师组织课堂教学的基本技能之一。所以，教师要把握好课堂导入的切入点，精心设计，力求声声都击到学生的心扉上，使学生消除杂念把注意力迅速集中起来，并饶有兴趣地投入到新的学习情境中去，让思维在碰撞中产生智慧的火花。

（一）不要让课堂导入脱离文本

在教学《天上的街市》时，某教师是这样导入的：

师：在晴朗的夜晚，人们喜欢在院子里乘凉，月光皎洁，星光淡淡，凉风习习，确实沁人心脾。仰望星空，我们会想到什么？

生：天上有很多星座。

师：哦，你知道有哪些星座？

生：有天蝎座、射手座、仙女座……

师：你们还会想到什么？

生：观看夜空可以预知天气变化。例如"月晕而雨"……

师：难道你们就没有想到什么神话传说吗？（时间已经过去了10分钟，教学还没有进入正题，教师只好越俎代庖，自己来"拉"了）

生：牛郎织女的故事。

师：那你能不能跟大家讲讲这个故事呢？

生：传说古代有一个人叫董永……

师：好，今天我们就来学习一首现代诗《天上的街市》。（至此，45分钟的课堂时间已经过去了三分之一）

不谈别的，就从这堂课的导入所用时间来看，这种导入的形式无疑是不成功的。实际上，从本课的导入设计来看，教师的本意是好的。但是，这位教师在导入过程中却脱离了文本，他主要犯了三个错误：一是提问指向不明，如"仰望星空，我们会想到什么"，这个问题范围太大，很容易让学生天马行空；二是引导不当，如"你知道有哪些星座"，这就把学生引入了地理课堂；三是无须复述，牛郎织女的故事已为学生所熟知，也并非本课的教学内容，因此教师没有必要在这上面浪费时间。

课堂导入的目的在于激发学生的学习兴趣，它应该为后面的课堂教学服务。导入为“客”，文本为“主”，这个关系绝不能混淆。导入一旦脱离了文本，那么再精彩的导入也只能是南辕北辙。

“导入脱离文本”这是教师在课堂导入环节中存在的最大问题，除此以外，教师常犯的错误还表现在以下四个方面：

1. 重视“入”而忽视“导”

有些教师认为课堂导入是浪费时间，所以不重视导入，一上课就直奔主题。殊不知，在经过了上课前的课间活动后，学生的兴奋点还停留在与同学的嬉笑玩耍中，这时马上进入新的教学内容，效果肯定不会理想。例如，某教师在讲解诗歌《长大的滋味》时，一上课就让学生自读诗歌，然后回答“作者认为成长的滋味是怎样的”这一问题。学生虽低头读诗，但实际上却心不在焉、面无表情。

2. 自说自话

我们时常可以看到，一些教师在课堂导入时导语不可谓不精彩，与课文的关系也不可谓不紧密，但课堂导入全部是教师一人的发挥，完全忽视了学生的存在，教师在课堂导入中陷入了自说自话的境地。课堂不是教师一人表演的舞台，它还需要学生的参与。教师一人独演所造成的结果是，学生的学与思被忽视了，学生除了在课堂上听到一些优美的句子外，其学习成绩并没有提高多少。

3. 流于形式

有些教师的导入环节完全流于形式，只是在进入正题时随便说几句。这样的导入就像温开水，寡淡无味，激发不起学生的学习乐趣。

4. 目标不明

每堂课都应该有明确的教学目标，所以教师在进行课堂导入时要紧随教学目标，不能似是而非。如果教师在导入新课时信口开河、夸夸其谈，迫切地要知识都传授给学生，完全没有重点。那么，这种导入形式无疑是失败的，它会让学生不知道该学什么，结果是学生囫囵吐枣、一无所获。

5. 讲究花哨

为了求新，为了吸引学生的眼球，有的教师片面利用现代化教育技术手段，让大量的动画、音乐、图片等多媒体形式充斥课堂，教学气氛不可谓不热闹。这种只图表面热闹的教学，表面上使学生的注意力得到了集中，但学生对课件的兴趣远远大于对文本知识的兴趣。

由上述可知，在课堂导入环节中教师如果只“入”不“导”，就不能很快地吸引学生的注意力；如果一人独演，就会阻碍学生的思维，不利于教学相长；如果流于形式，就不能激发学生的学习兴趣；如果目标不明，不仅影响正常的教学，还会使学生学无所获；如果讲究花哨，就会分散学生的有效注意；如果脱离文本，就会使导入变成画蛇添足，无任何意义，甚至还会误导教学。可见，课堂导入是否恰当，直接影响着教学的成败。

如果说课堂是“流”，那么导入便是“源”，只有“源”的功夫下足了，“流”才能畅快。面对学生厌倦的眼神，除了苦心说教，除了师威压制，教师不妨让导入深入学生的内心，为学生开创一片乐学乐教的天地。

（二）精心设计课堂导入，引发学生探究欲望

在教学中，特级教师朱乐平非常注重课堂导入。他设计的课堂导入不仅能迅速安定学生的学习情绪，集中学生的注意力，引发学生探究知识的欲望，而且还能让学生进入最佳的学习状态。下面是朱老师在教学中巧妙导入的几个案例：

案例一：

在执教《排列与组合》一课时，朱老师上课一开始就播放学生喜欢的《西游记》片断。对于《西游记》，学生百看不厌，他们兴奋的表情无以言表。

看完《西游记》片断后，朱老师适时提问：“如果孙悟空一直用‘孙行者’这三个字变姓名，可以变出哪些姓名?”同时，朱老师投影出表格，要求学生用“孙”“行”“者”三个字排出不同的姓名。

孙	行	者						
孙	者	行						

学生们对这个环节非常有兴趣，于是便积极地排列出了不同的姓名。

案例二：

在教学《买苹果问题》一课时，通过简短的师生谈话后，朱老师直接在大屏幕上出示：

问题 1：某水果店有以下两种价格的苹果，20 元钱可以买多少整数千克的苹果？

每千克 2 元

每千克 4 元

请每个同学独立思考，安静地解决问题。

接着，学生开始自己独立练习。

几分钟后，一位学生上台板演：

2×10=20（元）

4×5=20（元）

2×6+2×4
=12+8
=20（元）

2×8+4
=16+4
=20（元）

2×8+2×2
=16+4
=20（元）

3×4+2×4
=12+8
=20（元）

又过了几分钟，第二位同学上台板演：

每千克 2 元	每千克 4 元
10 千克	0 千克
0 千克	5 千克
5 千克	2 千克
8 千克	1 千克
4 千克	3 千克
2 千克	4 千克

在两位学生板演的过程中，其他学生则在下面积极地思考着，他们也想出了许多解决问题的方法。对此，朱老师都适时地给予了表扬。

又过了几分钟，朱老师在大屏幕上出示：

先准备，再小组交流。

- 每个同学整理自己的解题思路，准备小组交流；
- 四人小组交流，注意归纳与整理自己所在组的成果；
- 准备向全班汇报。（怎样汇报更容易使人看明白？）

这时，安静的教室立刻热闹了起来。

案例三：

在讲授《与众不同》一课时，朱老师一上课就提出了一系列的问题：

“你们有谁看见过我或我的照片？”

“有谁看见过牛或牛的照片？”

“我和牛有什么区别？”

……

课堂瞬间变得热闹起来，学生们众说纷纭：

“牛有尾巴，你没有尾巴。”

“你穿衣服，牛不穿衣服。”

“你不会说牛话，牛也不会说人话。”

……

“同学们回答得很好，人与牛确实有很多不同点，其实数与数也有不同，下面我们开始学习《数与数的不同》。”接着，朱老师便开始讲授新课。

案例四：

让学生通过想象、猜测去探索数学规律，是朱老师在课堂上常用的一种方法。

在教授《三角形内角和》一课时，朱老师先出示了图 1，让学生观察∠1，猜测它的度数，并度量。

接着，朱老师延长∠1 水平的一条边，形成∠2，让学生观察图 2 中的∠1 与∠2，猜测它们的度数，并度量。

最后，朱老师延长了∠1 和∠2 的两条边，使它们相交于一个点形成∠3，让学生观察图 3 中的∠1、∠2 和∠3，猜测它们的度数，并度量。以此为基础，朱老师开始了新课的讲授。

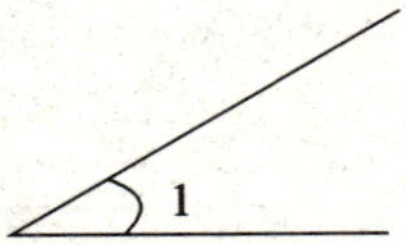

图 1

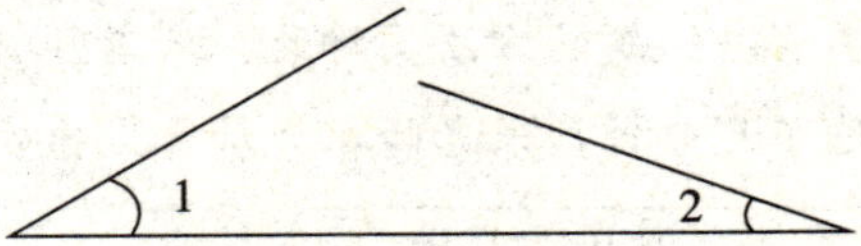

图 2

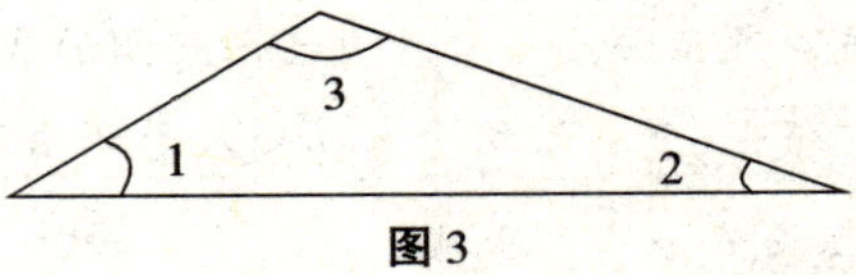

图 3

从以上四个案例可以看出，朱老师为课堂导入设计费尽了心思。他的课堂导入，或趣味横生，或幽默诙谐，或万籁俱寂……各种各样的导入方法激发了学生的学习兴趣和强烈的求知欲，引导学生积极主动地参与整个教学活动。

在案例一中，朱老师运用动画情境走进童心世界，引导学生直观体味童话故事中的“数学问题”，精心巧妙的安排调动了学生的各种感官，激活了学生的思维，奏响了课堂教学的主题曲。

在案例二中，朱老师只是将练习和要求投影到屏幕上，接着就让学生开始独立练习、探究，一直到准备小组讨论，前面整个课堂过程都是非常安静的，包括两位学生上去板演，其他学生静静地思考。虽然这里没有激情洋溢的语言描述，没有扣人心弦的故事情景，也没有异彩纷呈的变化练习，但学生的思维却是灵动的、开放的、多元的。正如朱老师所说：“在数学课上，有时我们能看到的可能只是学生十分宁静的外表，但我们能想象到和感受到的是学生的思维在流动，激情在燃烧。数学课堂只有当学生数学思维的花朵盛开时，才是最美丽的。”这里的安静是朱老师在与学生进行心与心的交融，是学生主动思考、自主探究的开始，这样的课堂是美丽的。

在案例三中，朱老师不用“人与牛有什么不同”，也不用“某某与牛有什么不同”，而用“我和牛有什么区别”来作比较，他是那样的直接、幽默，让学生的心一下子就放松了，并很快拉近了与学生的距离，师生同时进入良好的学习状态。不过，朱老师的目的并不仅仅如此，他是要通过习以为常的生活情景启发学生从不同角度去观察事物，从而让学生学会从不同角度观察问题的一般方法。这样的设计是耐人寻味的，是浓浓的数学味和“人情味”的交融，它可使学生在发现的喜悦中提高学习的兴趣，也有利于学生对新知识的理解和记忆。

在案例四中，朱老师从一个角到两个角，再到三个角的和，自然地导入了“三角形的内角和”定理的教授，让学生经历了观察、猜测、度量的过程，很好地培养了学生的观察能力、直觉能力、空间想象能力，以及熟练运用量角器这一技能。

苏霍姆林斯基说：“在人的心灵深处都有一种根深蒂固的需要，这就是希望自己是一个发现者、研究者、探索者，而在儿童的精神世界里，这种需要就特别强烈。”朱老师以用心良苦的导课艺术为学生搭建起了数学思维的运动场，激发了学生联想的热情、探索的欲望，为一堂课的成功铺下了基石。

所以，一堂课的导入做好了，就等于为学生营造了良好的学习氛围，从而大大提高了教学效果。具体来说，课堂导入环节在教学中的作用主要表现在以下五个方面：

1. 可以集中学生的注意力

对学生来说，每一堂课都是一个新的开始，其内容也各不相同，而学生的兴奋点有可能还沉浸在课前的活动之中，那么怎样才能使学生实现兴奋中心的转移呢？关键在于课堂导入，只要教师导入得法，就能使学生的注意力马上集中到课堂上来。

在进行课堂导入时，教师首先要对学生的注意力进行唤起和调控，调动学生的认知注意和情绪注意。如果课堂导入环节设计不好，学生的注意力就有可能不集中，他们对教师给予的各种刺激就会“视而不见”“听而不闻”。而富于创意的课堂导入，具有先声夺人、引人入胜的效果，能使学生在上课伊始就把注意力转移到新课的学习上来，为完成新的学习任务做好心理准备。

2. 可以激发学生的学习兴趣

精彩的导入会使学生如坐春风、如饮甘露，德国教育家第斯多惠说：“教学成功的艺术就在于使学生对你所教的东西感到有趣。”巧妙的课堂导入，不仅可以激发学生浓厚的学习兴趣，同时还能改善教学效果。

3. 可以提示学生明确学习目标

通过课堂导入，教师把教学目标转化为学生的学习目标，学生知道了学习目标就能明确学习的方向，并自觉地以目标来规范自己的行为，主动地逼近目标。

4. 可以促进新旧知识之间的联系

课堂导入也是课与课之间的桥梁和纽带，具有承上启下的作用。它既是先前教学的自然延伸，也是本节课教学的开始。巧妙的课堂导入，可以在复习与新知识相关的旧知识的基础上，使新旧知识之间建立起一种非人为的、实质性的联系，为深入学习新的知识打下基础。

5. 可以促进师生之间的情感沟通

课堂导入既是传授知识的开始，也是沟通师生情感的过程，师生间的情感会在导课中得到交流和升华。教师的一举一动都影响着学生的情感，牵动着学生的心弦。只有在和谐愉悦的气氛中，学生才能畅饮知识的琼浆，完善个性的发展。因此，教师在导入新课时必须注意激发学生的情感，注意师生情感的交流。

苏霍姆林斯基说："教师进行劳动和创造的时间好比一条大河，要靠许多小的溪流来滋养它。"如果把整个教学过程比作一条大河，那么课堂导入就是一条小小的支流，虽然其所占时间不长，但它直接影响着教学内容的展开。为此，教师要结合教材、学生、生活灵活多变地设计课堂导入环节，力求科学、合理、精彩。

（三）规避误区，让课堂导入更有效的策略

一部好电影精彩别致的开头，能迅速吸引观众，让人产生非看不可的强烈欲望；一篇好文章，开篇寥寥数语，能使人展开无限遐想，如置身其中；课堂导入就好比电影的开头、文章的开篇、乐曲的序曲，它对整个教学过程来说具有举足轻重的作用，每一个教师都不能忽视它，而要精心设计它，很好地把握它、利用它。

1. 遵循五个原则

课堂导入要遵循五个原则：

（1）趣味性

课堂导入要注意趣味性。孔子说："知之者不如好之者，好之者不如乐之者。"兴趣是最好的老师，如果课堂导入充满趣味性，学生便会把学习看做是一种精神享受，就会更加自觉地学习。

（2）针对性

课堂导入要针对教材内容，明确教学目标，抓住教学内容的重点、难点和关键点。要从学生的实际出发，抓住学生的年龄特点、知识基础、学习心理、兴趣爱好等方面的因素，从而做到有的放矢。

"导"是辅助，"入"才是根本。教师在导入时要考虑教学内容的整体性，要服从全局，不可舍本逐末。

（3）新奇性

学生对新事物容易有好奇心理，并急切地想弄清楚。事实证明，新奇的

富有时代性的信息更能引起学生的爱好。材料越新奇，越是大家关心的事，越贴近学生的生活，学生的参与度就会越高，效果也就会越好。所以，课堂导入的材料要新奇。

（4）科学性

课堂导入设计应该建立在科学的教学理论系统的基础上，要确保导入内容本身的科学性，即做到导入内容准确无误。

导入的科学系统要素包括人的要素（教师和学生）、物的要素（导入材料）和操作要素。导入材料与教学内容之间存在的逻辑关系是联系以上各要素的主线，是决定整个导入设计的关键因素。因此，课堂导入要具有科学性。

（5）简洁性

课堂导入设计要确保教学内容符合学生的认知水平和接受能力，并在一定的时间范围内力争用最精练的语言集中学生的注意力，使学生接受或掌握教学内容，并使其在课堂教学中行之有效。

2. 掌握各种课堂导入的方法

课堂导入的方法有很多，以下是一些常见的方法：

（1）以问导入

上课时，学生的注意力往往容易受到无关刺激的干扰，造成注意力分散，其注意力维持的时间也不持久。这时，教师可以运用精彩的导入把学生的注意力从课前的某个对象转移到课堂上来。在课堂导入的时候，教师可以设计几个与教学有关的问题，这样学生在明确这一节课的学习目标的情况下，便会逐渐地让学习需要转化为学习动机，并且会有意识地控制和调节自己的注意力和学习状态。

（2）以目标展示导入

这是当前教学中提倡的一种教学方法，又称“一课一得法”。它要求学生在有限的45分钟内，能够正确、完整地掌握一项重点内容。要想让学生真正做到一“得”，教师就要明确所讲重点，确定目标，一上课就直奔主题，即以“目标展示”导入。

（3）以直观教具导入

中小学生的认知特点偏重于感性认识，他们的思维正处于由形象思维向抽象思维过渡的时期。根据这种思维特点，教师在教学中应大胆采用直观教具导入。这种方法是利用实物、标体、模型或挂图等直观教具引发学生的注意力，激发学生的学习兴趣。直观教具可利用现成材料，也可自己制作。

(4) 以故事导入

故事对学生具有很大的吸引力，因为它有生动的情节、丰富的内涵，教师可以通过生动形象的故事或事例来感染学生，从而顺利、生动地导入新课。

(5) 以音乐导入

悦耳动听的音乐可以让人产生愉悦的心情，陶冶人的情操。用音乐导入新课，能使学生快乐地学习，快乐地接受新知识。

(6) 以学生动手操作导入

别人说十遍，不如自己做一遍。教师在课堂导入环节让学生动手操作演示，可以使学生体会深刻，有助于激发学生的悟性，增强学生的思维力度。因此，教师在导入设计上应尽可能组织全体学生进行实验、操作，让他们动手动脑，摆一摆、拼一拼、剪一剪和做一做。

(7) 以旧知导入

一般来说，新知识是在旧知识基础上的发展和延伸，学生是从旧知识中起步迈向新知识的。所以，教师要从已有的知识出发，抓住新旧知识之间的联系，精心设计，导入新课。这样可以使学生感到旧知识不旧，新知识不难，从而建立起新旧知识之间的联系。以旧知导入，既能帮助学生复习巩固旧知，又能引发学生对新知识的积极思维。

(8) 以名言导入

“名言”含义深刻，具有振聋发聩的作用，如“失败乃成功之母”“骄兵必败”“一寸光阴一寸金，寸金难买寸光阴”“少壮不努力，老大徒伤悲”等。教师借用这些名言并将其应用于课堂教学的导入，可使课堂导入显得格外引人注目、新颖别致，从而激发并提高学生的学习兴趣。

(9) 以情导入

古人云：感人心者，莫先乎情。在教学时，教师若注重以情感人，用情意盎然的导语导入新课，则可以感染学生，使学生产生强烈的学习动机。

3. 时间不宜过长

课堂导入要注意时间不宜过长，以 3～5 分钟为宜。若导入时间延长过多，就会使导入显得冗长，从而影响整节课的进程。

4. 因课施教

学科不同、内容不同，课堂导入的方式也应有所变化。例如，体育一般采用练习、演示的方式，先让学生练习一下上节课的动作或技巧，看其是否掌握熟练，再进行矫正和指导，然后传授新的内容；语文、政治、历史、外语等课则常借助提问、讲述、引证来进行；物理、化学、数学则以练习、实验、演示为主，或复习、巩固、印证前面所学的知识，或以此为基础展示新的矛盾和问题让学生思考；等等。“导”无定法，切忌生搬硬套。

课堂导入是教师经验、学识、智慧、创造的结晶。它好比一把钥匙，能够准确打开学生的心扉，营造愉悦的学习氛围，诱发学生的求知欲望和学习兴趣，使学生达到“课未始，兴已浓”的状态。

巧妙的开头是课堂教学成功的保障。教师要细心推敲、善于总结，努力使每节课都能引人入胜，从而把学生的注意力集中起来，让他们产生强烈的求知欲，以便达到良好的教学效果。

误区20 题海战术

——以为多练习就能掌握知识

2003年3月20日，以美国和英国为首的联合部队正式宣布对伊拉克开战。联合部队由12万人的美军、45000人的英军、2000多人的澳大利亚军队和200人的波兰军队组成，此外还有大约5万人的库尔德武装力量也参与了作战。作战的另一方，伊拉克有近40万军队。在作战过程中，美英联军凭借空中优势、机械化部队及准确的信息判断，兵分几路对伊拉克军队发起了强大的攻势，先后攻陷伊拉克南部巴士拉等重要城市和战略要地，并对巴格达形成合围之势。不到一个月，在2003年4月15日，伊拉克的军队溃不成军，联军控制了伊拉克全境，战争的主要军事行动宣告结束。随之，萨达姆领导的伊拉克政府土崩瓦解，他本人最终也被美军俘虏。

这场战争是否合法暂且不论，单从这场战争的军队数量和作战结果来看，美英联军无疑取得了压倒性的胜利。这场战争向世人全面展示了高技术信息化战争的威力，雄辩地证明：在一场高技术信息化战争中，传统兵力兵器的数量已经不再具有决定性的意义，一支建立在传统观念上的庞大军队是无法与一支精干的信息化军队相抗衡的。而掌握了控制信息权及拥有高科技装备的军队，就可以充分利用战场单向透明的优势，实现以寡击众、以少胜多。

兵法云："兵不在多而在精。"作战如此，课堂教学也应如此，将此引申到课堂练习教学上就是题不在多而在精。

课堂练习是教学的重要组成部分，是学生掌握知识、形成能力的重要途径，也是教师获得反馈信息、改进教学方式的重要手段。教学效果与课堂练习的成效有很大的联系，教学离不开课堂练习。学生的学习是一种经验性的积累过程，做练习可以帮助学生进一步理解知识，提高做题经验：有的练习题隐含概念、法则、公式等知识，通过练习可以使学生熟悉和记住它；有的练习题隐含着某种重要的解题思想与方法，通过练习可以使学生掌握这些思想与方法；有的练习题是对现实生活的浓缩，通过练习可以培养学生联系生活的意识；有的练习题是动手操作性、开放性问题，通过练习可以培养学生的创新精神与实践能力；等等。此外，做练习还可以提高学生的解题速度，让学生保持“题感”。

但是，练习并不是越多越好。当前，一些教师在教学中因为怕学生不理解所学知识，怕学生不会用公式、定义，怕学生做题做得不熟练、做得慢，怕学生再次出错，怕学生不理解解题技巧，尤其是怕学生考不出高分，所以就大搞题海战术，一味地增加课堂容量，给学生布置大量的练习，想通过这样的方式加强学生的知识储备，增强学生解决问题的能力。殊不知，这种方式往往是事倍功半，事与愿违，而且还会导致教学效率和学习效率的低下。

题海战术也许在短期内会帮助学生掌握知识，使学生在考试中获得高分，但是从长远来看，无疑是弊大于利。当然，课堂练习仍然必要，只是教师一定要精选习题，把握好度，从而提高课堂练习的质量。

（一）不要把学生当成做题工具

在讲完状语从句的相关知识点后，某教师布置了10道习题让学生练习。3分钟后，学生基本上开始动笔做了。

不过，教师认为学生做题速度太慢，为了节省时间，便让学生停下来，自己领着学生做题。不到10分钟时间，教师便领着学生做完了10道习题。此时，教师得意洋洋。

接着，这位教师为了让学生进一步巩固状语从句，又布置了10道习题。但是，学生依然做得很慢，并且错误很多。

教师本以为自己带领学生做完10道习题后，学生应该会做得快很多，并且不会出现什么错误，没想到事与愿违。此时，教师百思不得其解，既纳闷又着急。

在简单地告诉了学生答案，一一订正完学生的错误后，教师心想再让学生多做一些习题应该不会出错了吧。于是，该教师又布置了20道习题。

这次，学生做题的速度有些加快，错误也减少了不少，但是存在的问题还是很多，尤其是学生对一些有些简单变化的新题目几乎不能做对。

“一个题做了这么多遍，怎么还不会?”教师不解，“还有，这些新题目只是主谓宾作了简单的变化，怎么就不知道变通呢?”该教师很生气，再也没有耐心讲解题目，于是索性让一个学生将正确答案抄在了黑板上。

眼看快下课了，教师看到手里准备好的习题还没有做完，而学生还没有熟练掌握状语从句，便把剩下的50道习题布置给学生，让学生课后去做。

为了增大所谓的课堂容量，提高学生举一反三的能力，一些教师在让学生进行课堂练习时，往往会就知识点准备数个题目，让学生练习。这种方式确实可以起到巩固知识、熟练运用知识的目的，但是只是盲目地让学生多做练习，结果课堂效率必然是低下、无效的，上面的案例就是一个很好的佐证。

案例中的教师犯了三个错误：

第一个错误是，教师给学生思考的时间太少。在领着学生解题时，教师急于求成，没有给学生充足的时间去思考，只是诱导学生按照自己既定的思路去想解题的方法。在这个过程中，学生被教师牵着鼻子走，其所得到的答案只是教师心目中“理想”的答案，而不是学生真正理解的答案。所以，在做题时，学生只能依葫芦画瓢，而且还画不好。

第二个错误是，教师不懂得讲授做题的方法。状语从句的类型有多种，与之匹配的题型也很多，应该将它们归类让学生去练习。在这堂课上，教师每次布置练习题时都是把所有类型的状语从句习题糅合在一起让学生去做，而学生刚刚学完了状语从句，对知识点的把握尚且含糊不清，怎么能要求他们熟练运用状语从句呢?

第三个错误是，教师始终认为多做题是学生掌握知识的唯一方法。做题的确能够帮助学生熟练掌握知识，但关键是要重视质量，而不是数量。另外，掌握知识还可以通过让学生联系生活实际、让学生动手实验等方式来实现。

教学实践证明：题海战术危害很大，它对教师和学生的成长均造成了严重的影响。

1. 对教师的危害

教学是一个双向的活动，教师的教也是一个学习的过程，课堂不仅是学生学习的场所，也是教师学习的园地。只要教师认真地设计课堂教学，并善于总结反思，教师的专业水平便会随着学生一同成长。

然而，当大量的课堂练习代替了课堂智慧的生成时，当枯燥无味的练习难以值得回味和反思时，教师的专业水平不仅得不到任何成长，而且还会逐步弱化。长期如此，教师在面对烦琐的工作时心灵枯竭，职业的怠倦感便随之而来。事实上，很多教师教了一辈子仍然只是一名教书匠，没有获得任何发展，其原因就在这里。

2. 对学生的危害

题海战术对学生的危害是最深的，也是最严重的。做大量的课堂练习，不仅影响学生基础知识的巩固和能力的培养，而且还会让学生负担过重，影响学生的身心健康。具体表现为以下几个方面：

（1）不利于培养学生的发散性思维能力

题海战术漠视学生在学习过程中的主体性、主动性、能动性特征，把学生视为机械训练的对象。在大量的课堂练习中，学生获得的解题能力是在固定的问题情境和思维模式中训练出来的，这种训练往往容易导致学生形成重视知识、题型和解法的记忆，从而使学生形成了对题目和解法之间的条件反射。久而久之，学生就会形成顽固的思维定式，适应不了变化的思维情境，一旦处于新异的条件或情境中，需要创造性地解决问题时，他们就会无所适从。这种教学方式不仅从根本上背离了素质教育的目标，而且即使从追求升学率或提高学生学习成绩的角度来讲，也是不科学的。

（2）不利于培养学生的创新能力

在题海战术的影响下，很多学生一遇到问题，往往不进行认真的思考与分析，便直接机械地答题，结果往往出现会而不对、对而不畅的尴尬局面，这实际上是学生做题创新能力差造成的。

题海战术偏重于模仿、记忆、套用，它剥夺了学生独立思考、自由发挥的机会，忽视了学生掌握知识和技能的过程，其结果是学生只长于照猫画虎，却不善于触类旁通。久而久之，学生变成了接纳知识的容器，丧失了探究问题、分析问题、总结经验的勇气，做题时怕越轨，考试中更是谨小慎微怕出错，只能靠思维定式套现成结论、运用小技巧，最终丧失了自身的创造性。

（3）不利于学生的身体健康

题海战术使学生整天泡在题海中，这大大加重了学生的学业负担，并使他们的身体健康受到严重影响。其中，眼睛的健康首当其冲。方舟子在2007年4月25日出版的《中国青年报》上撰文称，世界上只有中国在推行眼保健操，而中国学生的近视率却排世界第二，小学生为28%，初中生为60%，高中生为85%。不做眼保健操的美国，近视率却只有25%。这正是题海战术对学生身体的毒害之一。

（4）不利于学生的心理健康

题海战术从根本上违反了学习的规律，不但使学生学无所获，而且严重影响了学生心理的健康成长。由于总是不停地做习题，学生便会认为学习是枯燥无味的，于是他们学习热情枯竭，丧失了对学习的兴趣，甚至产生厌学、厌师等逆反情绪；由于为完成习题而疲于奔命，学生便会产生就事论事、应付差事的行为，久而久之，学习更差；由于平时只是机械地做习题，所以在考试中遇到教师没讲过的题目就会束手无策，于是越想心越乱，从而产生烦躁、焦急的心理……学习不是单纯地获取知识，而是一个生成智慧、陶冶情操、发展个性、促进心理健康发展的过程，这样的题海战术带来的只是学生心灵的萎缩、个性的丧失。

课堂学习重要的是学懂知识。如果不把学懂学通知识当做目的，而只以做题多少"论英雄"，那岂不把学生变成了做题的工具？学生不是做题的工具，给他们编好一个程序就能机械地去做，我们要培养的是科学与人文并重、具有创新能力的新型人才。通过练习，教师应该教给学生的是做题的方法和技巧，应该培养的是学生的发散性思维、创造性思维意识。只有这样，学生才能形成良好的解题习惯，不是依葫芦画瓢，而是独立地、有创造性地去解决问题。

（二）精选习题，真正为学生减负

关于课堂练习，上海世界外国语小学的王琼老师从不进行无意义的"多练"，而主张"精练"，即以完成教学任务和学生的实际水平为依据，以科学的、艺术的训练措施为手段，让学生做典型的、精要的、适量的练习。下面是王老师在讲授《天上一群小白羊》时的课堂练习片断：

片断一：口语练习

（媒体出示：草地上走来一只羊）

师：草地上有什么？谁能把图上的内容说一说？注意发言的声音，要能让大家都听到。

生：一只羊。

（媒体出示：草地上走来一群羊）

师：现在草地上有这么多羊，可以怎么说？

生 1：许多羊。

生 2：一群羊。

师：许多只小白羊在一起，我们可以称其为一群小白羊。

（板书：一群小白羊）

（出示："群"的音节）

师："群"是个左右结构的字，左边是君子的君，右边是羊，合起来就是群。听老师拼 qún，声母是 q，韵母是 ün，跟老师读 ün（生注意口型），四声 ūn——ún——ǔn——ùn，（生齐读）q——ún——qún。今天，我们学会了"群"，除了一群小白羊，还可以说一群什么？（媒体出示：一群____）当数量很多时，我们可以用"一群"来说。

片断二：听记、朗读练习

师：让我们来听一听课文录音，看你能记住哪几句话。

（播放录音）

师：我们再来听一遍课文录音，这次边看边听边记。

（媒体出示：课文内容）

（播放录音）

师：你都听到了哪些句子？不着急，先想一想。

（生回忆所听到的内容）

师：打开书自己读读儿歌，争取做到读准字音、读通句子。

（生读）

师：天上的小白羊其实是什么呢？

生：天上的小白羊其实是白云。

师：白云千变万化，有一个小朋友看到后，觉得白云像一群可爱的小白羊。

（媒体出示：课文第一句）

师：同桌做小老师，互相读读这句话。

（同桌互读，纠正读音）

师：小作者看到的小白羊是怎样的？老师和大家合作，读读这句话。（引读）他看到的小白羊是怎样的？

（板书：有的……有的……）

师：这群天上的小白羊，除了蹲着、躺着，还会干什么呀？我们来做个接龙游戏。

（媒体出示：天上有一群小白羊，有的蹲着，有的躺着，有的______，有的______，还有的______……真是可爱极了！）

生：有的站着，有的坐着，有的跳着，有的跑着……

师：喜欢这句话的小朋友站起来读一读。

片断三：拓展训练

（媒体出示：大草原的风光）

师：看，这就是小白羊的家乡——美丽的大草原。放眼望去，遍地都是绿茵茵的青草。这里有条小河，河水清亮亮的，岸上盛开着鲜艳的花朵，有成群的马牛羊，还有牧人居住的蒙古包呢！小白羊的家乡多美呀，快把你看到的草原美景说给小白羊听。

（媒体出示：小白羊，快下来吧！地上有______，地上有______，地上才是你的家乡。）

生1：小白羊，快下来吧！地上有美丽的鲜花，地上有蒙古包，地上才是你的家乡。

生2：小白羊，快下来吧！地上有清清的小河，地上有绿绿的草原，地上才是你的家乡。

……

师：天上的白云真奇妙，除了像可爱的小白羊，还像什么？

（媒体出示：天上的白云真奇妙！有的像______，有的像______，有的像______……）

生：天上的白云真奇妙！有的像小猫，有的像大象，有的像老虎……

本堂课，王老师从学生的实际情况出发，利用口语训练、听记训练、朗读训练、拓展训练等形式精心设计练习，开拓了学生的思维，培养了学生的各种能力，真正实现了减轻学生学习负担、提高教学质量的目的。

在片断一中，王老师通过创设情境让学生观察羊的数量的变化，不仅让学生掌握了量词“群”的用法和结构，还借助该字让学生学习了新的韵母ün，从而将说话训练、生字教学以及拼音学习有机地融合在了一起；在片断二中，王老师要求学生听两遍课文录音，每次听都有不同的要求，这首先使学生对课文内容和生字等都有所了解，做到了事半功倍，然后通过让学生自由读、同桌互读、与学生合读等方式，使学生产生了朗读的兴趣，同时也有助于学生记住儿歌；在片断三中，王老师利用学生丰富的想象力安排了两道拓展性练习题，不仅发展了学生的思维，而且还开阔了学生的视野。

课堂练习只是手段，让学生巩固掌握知识才是最终的目的。目前，一些教师只是要求学生多做练习，却忽视了学生的思维训练和能力训练，且练习形式比较单一、重模仿、轻创新，这严重违背了课堂练习帮助学生更好地学习的积极意义。所以，教师要努力优化课堂练习，设计课堂练习时要做到少而精，增强练习的有效性。

（三）规避误区，让课堂练习更有效的策略

课堂练习本身的价值和意义，不在于学生做了多少习题，也不在于有多少学生做对了多少题，而在于它是否为知识的巩固、交流和反馈提供了一个及时性的平台。所以，教师想要搭好这个平台，用好这个平台，那么就要精心设计课堂练习，让学生跳出题海。

1. 坚持五个原则

在进行课堂练习时，教师要坚持以下五个原则：

（1）针对性原则

每堂课都有其既定的教学目标，只有有针对性地设计课堂练习，整个教学过程才是完整的。所以，教师在设计课堂练习时要围绕教学内容精心设计、认真筛选，做到精选精练。

（2）趣味性原则

兴趣是最好的老师。新课程标准指出：“从学生熟悉的生活情境与童话世界出发，选择学生身边的、感兴趣的事物，以激发学生学习的兴趣与动

机……”学生对习题是否感兴趣，在很大程度上取决于习题内容是否新颖有趣。所以，教师在设计课堂练习时，应从学生的年龄特征和生活经验出发，设计具有童趣性和亲近性的练习题，以激发学生的学习兴趣。例如，对于低年级的学生，教师可以设计一些游戏性习题等。

（3）自主性原则

现代教学倡导以学生为本，呼唤学生个性的张扬和创新意识的培养，这就要求教师把学习的自主权还给学生。在设计课堂练习时，教师要多设计一些可供学生自由选择，并有利于学生自由发挥的练习题，以让学生最大限度地发挥他们的潜能，使学生的学习真正自主化。

（4）层次性原则

学生有差异，教师要尊重差异。在设计课堂练习时，教师要根据教学内容和学生实际对不同层次的学生提出不同的要求。例如，对于基础较差的学生要提供基础性的练习，不宜有难度；对于学有余力的学生，要给他们提供有挑战性的练习，以激励他们去钻研和探究；等等。

（5）探究性原则

苏霍姆林斯基说：“在人的心灵深处都有一种根深蒂固的需要，这就是希望自己是一个发现者、研究者、探索者，而在儿童的精神世界里这种需要就特别强烈。”教师要利用学生的这种探究心理，通过探究性习题的设计来发挥学生的主动性和创造性。

2. 设计形式多样的习题

课堂练习的题型应丰富多彩，教师可设计基础性习题、难点性习题、疑点性习题、对比性习题、层次性习题、生活性习题、趣味性习题、探究性习题、开放性习题、综合性习题等不同类型的习题，以激发学生的学习兴趣，提高学生学习的积极性和主动性。

3. 注意课堂练习的量

现在，教师是课堂教学的组织者、引导者与合作者，教师在课堂上要把更多的时间留给学生自己练习，这样才能让学生更好地消化知识，也可让学生从中暴露出自己存在的各种问题。此外，由于学生的接受能力有限，每堂课的要求也不相同，所以课堂练习不宜过多，也不宜过少，应恰当适度。

一般来说，在练习课上教师可将课堂练习时间安排在20～30分钟；在新授课上，教师可将课堂练习时间安排在10～15分钟。

另外，优秀学生的课堂容量可多一些，且要有代表性；后进生的课堂容量则要少一些，且要精练。这样优秀生才能吃得饱，后进生也才能跟得上。

4. 巧妙引导

受“题海战术”的影响，学生在解决问题时总认为标准答案在教师那里，从而使自身的思维出现了直线性，其发散性思维和创造性思维也因此受到了阻塞。因此，在课堂练习过程中，教师要巧妙地引导学生，激发学生积极思维，以此转变学生的学习方法。

(1) 利用生活事理引导

在日常的生活实践中，学生也有许多有意识的经验活动，并通过这种活动形成了许多日常的经验或概念，而这些经验或概念与课本知识无不具有一定的联系。在引导学生解决问题时，教师如果能唤起学生的这些日常经验或概念，帮助学生搭建起课本知识与生活的桥梁，那么定会促进学生对知识的深刻理解，以及解题策略的有效生成和解决问题能力的提高。

(2) 利用实践操作引导

现在，动手实践、自主探索是学生学习的一个重要方式。在课堂练习过程中，如果教师能够让学生摸一摸、拼一拼、画一画、走一走、看一看，那么就能增强学生对知识的体验，进而激发学生主动探索的兴趣。

(3) 利用错误引导

学生在解题中出错是学习活动中的必然现象，对于学生在解题中出现的错误与疏忽，教师不要只看到消极的一面，还要看到积极的一面。心理学家盖耶说：“谁不考虑尝试错误，不允许学生犯错误，就将错过最富成效的学习时刻。”学生出错，正是教师提高学生解题能力、完善学生认知结构的一个极好机会。教师应把握好这个机会，把学生的错误看做是可以充分利用的课堂教学资源，从而利用它来提高学生的解题能力，促使课堂教学获得高效。

(4) 利用解题方法引导

在解题过程中，经常会出现一题多解、一题多变和多题一解的情况，教师要充分利用这种情形让学生掌握特殊的解题技巧，把难题变易，让学生有“柳暗花明”“豁然开朗”的感觉，以此来增强学生的学习兴趣，提高学生的解题能力。

(5) 利用交流引导

讲解作为教学的一种形式，不能只是教师一个人的独白，而应是师生之间、生生之间交往互动与共同发展的过程。有效的教学交流可以促进学生间众多信息的相互碰撞与交织，使学生的思维由表层走向深入，从而实现知识之间的沟通与联系，促进学生思维的发展。所以，在进行课堂练习时，教师要鼓励学生大胆与教师交流、与其他同学交流，并从中发现问题，及时更正，让学生的思维走向深刻。

5. 解后要评析

习题解后的评析，不仅能及时理清学生的解题思路，引导学生反思解题的过程，而且还可以训练学生的思维，提高学生分析问题、解决问题的能力。

在组织习题解后评析活动时，教师可采用“一题一评析”的策略，先让一位学生汇报结果或上讲台作解答，并要求其作适当的讲解，然后师生共同对习题进行分析、讨论。在分析、讨论习题时，教师要引导学生采用一题多解、变题讨论、错例分析等方法让知识变活，从而达到培养学生思维的变通性、创造性、开拓学生解题思路、提高解题效率的目的。此外，在这个过程中教师还要鼓励学生提出不同见解，补充不同的解法，但绝不能将习题的评析变成就题论题，而应该引导学生深化习题，挖掘习题的内涵，以此让学生在解题时做到融会贯通。

6. 优化评价

对于课堂练习的评价，教师不能单一地将其评判为对或错，而要充分关注学生的个体差异，发挥其导向、调控、激励等功能，促进学生全面、持续、和谐地发展。

（1）用赏识的眼光和心态评价

心理学研究表明，学生获得表扬、奖励的次数越多，其行为活动的再发性就越高。及时、有度地呈现激励性评价，能有效地引起师生之间的情感共鸣。所以，教师应尊重学生、赏识学生，用赏识的眼光和心态去评价学生的每次练习。例如，用赏识的语言激励学生，特别是激励那些中等生和后进生，这样可以使他们的心灵在赏识中得到舒展，使他们变得越来越自信，越来越优秀。

（2）要重视练习过程

新教学大纲强调，对学生学习的评价除了要关注学生学习的结果，还要关注学生学习的过程，关注学生学习的水平。在评价学生的练习时，教师不应以做题的正确与否作为衡量学生练习做得好坏的唯一标准，而要重视其练习的过程，看学生在解题时是怎样想的，怎样做的。

（3）运用提示符号评价

传统的课堂练习评价只是简单地运用“合格”与“不合格”的等第来评价学生的练习，受此影响，学生往往看重的是等第，而不是习题本身。显然，这种评价方式无论是对提高课堂练习的质量，还是激发学生的练习兴趣和探究欲望来说，其效果都是低下的。而现代的课堂练习评价则注重运用提示符号评价学生的练习，它符合因材施教的原则，可以促使学生主动参与练习、主动培养自己的解题能力。

在运用提示符号评价学生的练习时，教师可以这样做：在批改习题时，给对的题打“√”，对于错的题，可以用画“×”或“○”等符号表示；对于有创意、做得好的答案，在其旁边写上“好”“肯动脑筋”“你很聪明”“你真棒”等评语，对其给予肯定，鼓励学生继续努力；对于错题，针对错因，在“×”或“○”旁边写上“再想一想”“再检查一遍”“格式对吗?”“请看清楚题目”等批语，让学生主动按批语的提示去改正；对于有进步的学生和优秀的学生所做的习题，教师可以在批改完的习题后写上激励性批语或盖上激励性的符号，如小红旗、小五角星、小动物等，把老师的关爱和期待蕴涵在批语中，以此唤起和增强学生的自信心和进取心。

掌握知识、取得好的成绩，这固然离不开练习，但是大量地做习题并不一定“熟能生巧”，不能以做题多少来论英雄。课堂上，教师要求学生在准确掌握基本知识和方法的基础上做一定量的练习是很有必要的，但是千万不要搞题海战术。为此，教师要深入研究和设计习题，组织好课堂练习的各个环节让学生走出题海，充分发挥课堂练习促进学生主动学习的作用，从而开发学生的潜能。

参考文献

[1]（英）斯科特．吴晓群，秦传安译．体罚的历史［M］．北京：中央编译出版社，2010.

[2]（美）凯尼格．吕红日译．课堂纪律问题预防与应对［M］．北京：中国轻工业出版社，2010.

[3] 张经鹏．也谈“教师体罚学生”现象［J］．陕西教育，2007.

[4] 陈福新．体罚和责骂会造成心理创伤［J］．中国社区医师：医学专业，2006，(21)．

[5] 中国法制出版社主编．中华人民共和国教育法，中华人民共和国义务教育法，中华人民共和国教师法（最新修订）［M］．北京：中国法制出版社，2010.

[6] 屠荣生，唐思群．师生沟通的艺术［M］．北京：教育科学出版社，2007.

[7] 赵桂红．班主任对学生的谈心与心理健康教育［M］．长春：吉林大学出版社，2010.

[8] 祁成军．师生关系：权威解体与理性共建［J］．班主任之友，2003，(10)．

[9] 王春燕，张育．消除逆反心理，培养师生情感［J］．教育理论与实践，1997，(4)．

[10] 陶宏开．孩子都有向上的心［M］．长沙：湖南人民出版社，2005.

[11] 李淼．从教育政策看实现教育公平存在的问题及对策研究［J］．云南行政学院学报，2011，(1)．

[12] 孙新．论教育公平制度的需求——新制度教育学的视角［J］．现代教育管理，2011，(2)．

[13] 陈梦然．普通中学教育不公平问题考察［J］．教育学术月刊，2011，(2)．

[14] 余秀兰．教育改革与教育公平 [J]．江苏高教，2007，(1)．

[15] 赵桂花．关于中学生素质教育的几点思考 [J]．中学教学参考，2011，(15)．

[16] 包蔼黎．由阿莫那什维利的“学校无分数教育”想到的 [J]．江苏教育学院学报（社会科学版），2006，(5)．

[17] 周春雁．素质教育研究之研究 [J]．湖南师范大学，2010.

[18] 赵宏义，于秀华．新时期教师职业道德与修养 [M]．长春：东北师范大学出版社，2005.

[19] 鲁洁．道德教育的当代论域 [M]．北京：人民出版社，2005.

[20] 郭德侠．新世纪道德教育追求的目标——青少年道德人格的养成 [J]．当代教育论坛，2002，(9)．

[21] 崔福林．教师职业道德修养 [M]．石家庄：河北大学出版社，2005.

[22] 檀传宝等．走向新师德——师德现状与教师专业道德建设研究 [M]．北京：北京师范大学出版社，2009.

[23] 陈娟，穆维永．短板效应的再思考及其在赏识教育中的尝试[J]．中学教学参考，2010，(33)．

[24] 唐文荣．倾注情感，关爱差生 [J]．吉林教育，2008，(26)．

[25] 刘建堂．师爱——开启后进生心灵的钥匙 [J]．小学教学参考，2007，(15)．

[26] 刘智康．授人以鱼，不如授人以渔——浅谈中学生学习方法的培养 [J]．中外教育研究，2008，(11)．

[27] 董玉泉．如何确定教学内容的重点和难点 [J]．中国学校体育，2010，(4)．

[28] 王宝大．导入技能结束技能 [M]．北京：人民教育出版社，2001.